Desenvolvimento Hoteleiro no Brasil

Panorama de Mercado e Perspectivas

Dados Internacionais de Catalogação na Publicação (CIP)
(Jeane Passos Santana – CRB 8ª/6189)

Cypriano, Pedro
Desenvolvimento hoteleiro no Brasil: panorama de mercado e
perspectivas / Pedro Cypriano. – São Paulo : Editora Senac São
Paulo, 2014.

Bibliografia.
ISBN 978-85-396-0829-4

1.   Administração hoteleira 2. Desenvolvimento hoteleiro.
I.Título.

14-273s
CDD- 647.94
BISAC BUS081000

Índice para catálogo sistemático:

1. Administração hoteleira   647.94

Pedro Cypriano

Desenvolvimento Hoteleiro no Brasil

Panorama de Mercado e Perspectivas

Tradução: Maribel Rodrígues Pacheco

Editora Senac São Paulo – São Paulo – 2014

ADMINISTRAÇÃO REGIONAL DO SENAC NO ESTADO DE SÃO PAULO
Presidente do Conselho Regional: Abram Szajman
Diretor do Departamento Regional: Luiz Francisco de A. Salgado
Superintendente Universitário e de Desenvolvimento: Luiz Carlos Dourado

EDITORA SENAC SÃO PAULO
Conselho Editorial: Luiz Francisco de A. Salgado
Luiz Carlos Dourado
Darcio Sayad Maia
Lucila Mara Sbrana Sciotti
Jeane Passos Santana

Gerente/Publisher: Jeane Passos Santana (jpassos@sp.senac.br)

Coordenação Editorial: Márcia Cavalheiro Rodrigues de Almeida (mcavalhe@sp.senac.br)
Comercial: Marcelo Nogueira da Silva (marcelo.nsilva@sp.senac.br)
Administrativo: Luís Américo Tousi Botelho (luis.tbotelho@sp.senac.br)

Edição de Texto: Luiz Guasco
Preparação de Texto: Luciana Garcia
Revisão de Texto: Ivone P. B. Groenitz (coord.), ASA Assessoria e Comunicação,
Karinna A. C. Taddeo, Mariana B. Garcia e Bianca Rocha
Capa, Projeto Gráfico e Editoração Eletrônica: Sandra Regina dos Santos Santana
Foto da Capa: iStockphoto.com
Impressão e Acabamento: Vida & Consciência Gráfica

Todos os direitos desta edição reservados à
Editora Senac São Paulo
Rua Rui Barbosa, 377 – 1º andar – Bela Vista – CEP 01326-010
Caixa Postal 1120 – CEP 01032-970 – São Paulo – SP
Tel. (11) 2187-4450 – Fax (11) 2187-4486
E-mail: editora@sp.senac.br
Home page: http://www.editorasenacsp.com.br

© Editora Senac São Paulo, 2014

Sumário

Nota do editor, 9

Agradecimentos , 11

Introdução, 13
    Contextualização , 13
        Ambiente econômico, turismo e hotelaria no mundo, 13
        Ambiente econômico, turismo e hotelaria no Brasil, 16
    O livro, 28
        O porquê de sua realização, 28
        Metodologia das pesquisas realizadas, 31
        Estrutura do livro, 34

O negócio hoteleiro , 37
    Definição e características dos meios de hospedagem, 38
    Tipologia e classificação hoteleira, 40
        Sistema Brasileiro de Classificação Hoteleira, 42
    Os *stakeholders*, 45
    Requisitos de mercado (*Market requirements*), 48
        Do destino, 50
        Do negócio, 55

Fatores-chave de sucesso (*Key success factors*), 60

    Gestão do conhecimento e da qualidade, 62

    Hotel Asset Management , 63

    Alianças estratégicas, 66

    Tecnologia de Informação e Comunicação (TIC), 67

    Renovação e inovação, 68

Set competitivo, 71

Filiação hoteleira, 72

Estruturação de novos negócios, 75

    O processo , 76

    Rentabilidade esperada e custo de oportunidade, 79

    Riscos, 80

    Barreiras, 82

Estratégias de desenvolvimento e crescimento, 83

    Funding, 85

    Alianças estratégicas, 88

    Modelos de gestão, 90

    Internacionalização, 97

Análise estratégica da hotelaria brasileira, 101

Histórico de desenvolvimento, 102

    Condo-hotéis e a expansão hoteleira no Brasil, 106

    Evolução das redes hoteleiras no Brasil, 110

Panorama e perspectivas da hotelaria brasileira, 122

    O setor em números, 123

    Panorama nacional, 133

    Barreiras e riscos de investimento, 158

    Linhas de financiamento, 168

    Expectativa de rentabilidade, 177

    Oportunidades, 185

    Estratégias de desenvolvimento e expansão, 203

    Perspectivas gerais, 214

Análise SWOT, fatores-chave e diretrizes estratégicas, 219

Considerações finais, 231
 Resumo dos principais resultados, 231
 CVM e a regulamentação dos condo-hotéis, 243
 Conclusão, 245

Apêndice, 257
 Questionário da pesquisa com especialistas, 257

Lista de figuras, gráficos e tabelas, 269

Bibliografia, 273

Nota do editor

No Brasil, o aumento da atividade econômica, o incremento da renda da população e o financiamento de passagens aéreas e viagens, verificados nos últimos anos, foram alguns dos fatores que estimularam a expansão da demanda de viagens e de hospedagem domésticas.

Apesar desse crescimento, o setor de turismo e de hotelaria sofre a influência de fortes inibidores que, inclusive, afetam todos os segmentos da economia. Entre eles, a elevada carga tributária, a infraestrutura inadequada, a legislação trabalhista restritiva, a burocracia governamental ineficiente, a baixa qualificação profissional e, no caso específico da hotelaria, as restrições ao financiamento para a construção de hotéis.

Desenvolvimento hoteleiro no Brasil – panorama de mercado e perspectivas, publicado pelo Senac São Paulo, analisa detalhadamente esse contexto de avanços e entraves no que se refere ao negócio hoteleiro, discutindo as oportunidades e dificuldades que se descortinam no setor. Com enfoque essencialmente estratégico e mercadológico, o livro, destinado a estudantes e a profissionais da área, é também imprescindível a empresários e empreendedores que desejem investir em hotéis, uma atividade reconhecidamente promissora no país.

Agradecimentos

Ao longo de minha formação, como pessoa e consultor, diversas pessoas e organizações deixaram sua marca e contribuíram para o meu desenvolvimento humano e profissional. Sem elas, não conseguiria vencer o desafio de escrever sobre um tema tão amplo e complexo como o desenvolvimento hoteleiro no Brasil. Meus simples mas sinceros agradecimentos a todos que permitiram a realização desta obra e, em especial:

a meus pais e minha irmã, minha inspiração;

à Editora Senac São Paulo, por acreditar e apostar na publicação;

ao Fórum de Operadores Hoteleiros do Brasil, pelo apoio institucional e pelos dados fornecidos;

à HotelInvest e à HVS, grandes escolas;

aos especialistas participantes, pela disponibilidade e pela contribuição;

à Fundação Carolina, que financiou a pesquisa e o meu mestrado profissional na Europa;

ao professor doutor José Manoel Gonçalves Gândara, pela orientação e pelo incentivo;

à Universidade de São Paulo e à Universidade de Alicante, meus espaços de reflexão.

Introdução

A introdução da obra foi dividida em duas partes. A primeira, "Contextualização", refere-se a um breve panorama do cenário econômico, turístico e hoteleiro no mundo e, em mais detalhes, no Brasil. Já a segunda, "O livro", apresenta os objetivos da obra, a justificativa de sua idealização, a metodologia da pesquisa desenvolvida e a estrutura da publicação.

Contextualização

Ambiente econômico, turismo e hotelaria no mundo

> No final da primeira década dos anos 2000, o cenário econômico internacional tornou-se adverso e prejudicial aos negócios hoteleiros nas principais economias do mundo. O volume de investimentos diminuiu fortemente, conseguir financiamento deixou de ser algo simples e cresceu o clima de incerteza decorrente da crise.

No final de 2008, o mundo, especialmente nos Estados Unidos e na Europa, registrou o início de um grande período de crise, em um ambiente marcado por grandes incertezas, desaceleração e fragilidade da economia, aumento do risco-país, do endividamento nacional e da taxa de desemprego, entre outros fatores críticos. O ambiente macroeconômico global se tornou adverso, e deve continuar assim por um período mais longo do que o inicialmente previsto (Brasil, 2012a).

Até dezembro de 2011, as agências de classificação de risco tinham posicionado quinze das dezessete nações da Zona do Euro em perspectivas negativas de crédito – inclusive França e Áustria, que também sofreram diminuição nas suas notas de risco-país. Entre os cinco países com maiores problemas (Grécia, Portugal, Itália, Irlanda e Espanha), a dívida pública supera 3 trilhões de euros, superior ao Produto Interno Bruto (PIB) da Alemanha – a principal economia europeia. Em média, espera-se um ritmo baixo de crescimento global por um longo período, com alta probabilidade de que ocorra recessão em economias maduras, e, além disso, com condições de crédito mais restritivas (Brasil, 2012a).

Segundo o relatório da Organização das Nações Unidas (ONU, 2011), o processo de retomada do crescimento econômico global será longo e difícil, com contrastantes assimetrias de desempenho entre países emergentes, desenvolvidos e em vias de desenvolvimento. Apesar das diferentes realidades econômicas dos diversos países, algo é certo: todos estão suscetíveis aos efeitos da crise global. Na América Latina, os países devem esperar perspectivas melhores da economia, porém devem ter também cautela e preparar-se para o pior (The World Bank, 2012), pois o agravamento das condições econômicas internacionais pode pressionar a queda do crescimento econômico da região.

Evidentemente, o cenário econômico externo se reflete também no turismo, atividade que, ao longo das últimas décadas, se consolidou como uma das de maior crescimento no mundo e que tem importância inquestionável na geração de empregos, na melhoria da qualidade de vida, no aumento do fluxo de circulação de riqueza e na elevação da renda *per capita* e de divisas (Caldas, 2005; Hall, 1996; Lage, 2000;

Swarbrooke & Horner, 2002; O'Connor, 2001). A atividade é responsável por um terço do setor de serviço mundial – 6% das exportações globais – e, em 2020, deve chegar a 1,6 bilhões de turistas internacionais, segundo a Organização Mundial do Turismo (OMT) (*apud* Brasil, 2010a). Após o início da crise econômico-financeira global, alguns dos efeitos observados foram a redução do período de hospedagem dos turistas em diversos países e a priorização de viagens nacionais e intrarregionais, além de maior sensibilidade a preço da demanda. Os efeitos da crise no turismo devem ser acompanhados atentamente por governos, empresas e pesquisadores. Já há sinais de fortes mudanças no setor quanto às opções de consumo turístico e à escolha de destinos.

Especificamente no setor hoteleiro internacional, a crise resultou em uma atitude de crescente prudência. A expectativa é de crescimento moderado de investimentos, em ativos *premium*, de menor risco (Ernst & Young, 2012). Um reflexo desse comportamento é o volume vigente de transações hoteleiras globais, ainda bastante abaixo do total registrado em 2007, quando a soma dos investimentos foi superior a US$ 120 bilhões. Em 2011, por exemplo, o volume de investimentos chegou somente a 25% do total de 2007 (JLL, 2011a). Em 2014, o valor total estimado foi de US$ 50 bilhões (JLL, 2014).

Em 2011, a hotelaria mundial iniciou o ano com boas perspectivas. O desempenho do setor havia alcançado melhoras significativas na maioria das regiões do mundo e o total de investimentos no setor subiu novamente. No entanto, eventos políticos e econômicos globais, como o Verão Árabe, a diminuição da nota de risco de países desenvolvidos e o agravamento da crise financeira na Europa, desestabilizaram a recuperação. Essas preocupações globais criaram um ambiente de incerteza ainda maior para as empresas hoteleiras, que procuraram desvincular-se de ativos com baixo desempenho e refinanciar outras propriedades existentes (Ernst & Young, 2012).

Após o início da crise, o panorama da hotelaria internacional se tornou menos favorável a investimentos. Entre as constatações mais importantes, estão as alternativas de financiamento, que já são menores, restritas a projetos com excelentes perspectivas e com prováveis taxas mais onerosas; a restrição de financiamento nos Estados Unidos e na Europa Ocidental, por exemplo, que retardou a construção de novos empreendimentos nessas regiões; e o volume de transações hoteleiras globais, que ainda é tímido, bastante abaixo dos níveis pré-crise (Deloitte, 2010; JLL, 2011a). Em resumo, o grau de confiança do investidor é menor e as perspectivas de recuperação do setor são moderadas em médio prazo e incertas (Horwath, 2012a; Ernst & Young, 2012). Enquanto o crescimento do PIB nos países desenvolvidos for baixo, o desempenho do setor hoteleiro global será fraco.

As previsões de retomada de crescimento econômico nos Estados Unidos e, de forma mais tímida, na Europa ressurgiram apenas em 2014. Analistas econômicos e agências internacionais de *rating* apontam a volta de um cenário externo mais favorável, porém ainda com alto nível de incerteza e em velocidade moderada. Enquanto a recuperação econômica não se consolida nessas regiões, outros países ganham maior visibilidade no mundo – em especial, os países emergentes. Foi nesse contexto internacional adverso que o setor hoteleiro de diversas nações em desenvolvimento, como o Brasil, ganhou destaque e acelerou o ritmo de expansão no final da primeira década dos anos 2000.

Ambiente econômico, turismo e hotelaria no Brasil

O Brasil passou por mudanças socioeconômicas profundas, rumo a um cenário mais estável e com boas perspectivas de evolução. As melhorias estão presentes também no turismo e é crescente o interesse de *players* nacionais e internacionais por possibilidades de investimento no setor hoteleiro do país.

Cenário econômico

O início das reformas que conduziram o Brasil a um cenário econômico mais estável ocorreu nos anos 1990. Em 1994, foi lançado o Plano Real, entendido como a essência do novo modelo de desenvolvimento adotado no país, caracterizado pela liberalização do mercado. Com a nova moeda brasileira, chegou também o sonhado controle da inflação, o aumento do poder de compra da população, a maior concessão de crédito e a previsibilidade orçamentária para empresas e famílias. Assim, foi criada a base das condições de segurança para investimentos em médio e longo prazo no país. O Plano Real contribuiu para a modernização da estrutura produtiva nacional, com compra de bens de capital e consequente ganho de competitividade (Silva, 2007). Paralelamente, foram realizadas profundas mudanças no regime de importações do país, com redução de tarifas e abolição de regimes especiais (Azevedo & Portugal, 1997).

Evidentemente, outras medidas e programas governamentais também contribuíram para o desenvolvimento econômico nacional e o ganho de notoriedade do país no cenário externo. Porém, será dada mais ênfase à evolução recente. É possível consultar mais detalhes sobre a história econômica brasileira na obra *Economia brasileira contemporânea* (Giambiagi *et al.*, 2011).

A Tabela 1 indica uma contínua melhoria das condições macroeconômicas brasileiras nos últimos anos. Entre os principais resultados, destacam-se o maior controle da inflação; a diminuição do risco-país, da taxa de juros Sistema Especial de Liquidação e Custódia (Selic) e da taxa de desemprego; o aumento dos investimentos estrangeiros no país; e o crescimento econômico acima da média mundial. Além disso, o Banco Central do Brasil (Brasil, 2012a) destaca outros pontos positivos referentes ao desempenho recente da economia brasileira, em especial o crescimento do crédito.

Tabela 1 • Indicadores macroeconômicos brasileiros (2000-2015)

	PIB[1] (%)	Inflação[2] (%)	Risco-país[3]	Balança comercial[4]	Taxa de desemprego[5] (%)	IED[6]	Selic[7] (%)	Cotação do dólar[8] (em R$)
2000	4,31	5,97	-	-698	-	32.779	17,6	1,83
2001	1,31	7,67	-	2.651	10,0	22.457	17,5	2,35
2002	2,66	12,53	-	13.121	9,9	16.590	19,2	2,92
2003	1,15	9,30	-	24.794	10,5	10.144	23,5	3,08
2004	5,71	7,60	399	33.641	9,7	18.146	16,4	2,93
2005	3,16	5,69	314	44.703	10,2	15.066	19,1	2,43
2006	3,96	3,14	207	46.457	9,2	18.822	14,9	2,18
2007	6,09	4,46	212	40.032	8,9	34.585	12,0	1,95
2008	5,17	5,90	475	24.836	7,8	45.058	12,4	1,83
2009	-0,33	4,31	205	25.290	9,0	25.949	10,1	2,00
2010	7,53	5,91	174	20.147	-	48.506	9,9	1,76
2011	2,73	6,50	216	29.793	7,3	66.660	11,8	1,67
2012	0,87	5,84	146	19.395	6,7	65.272	8,6	1,95
2013	2,30	5,91	236	2.553	-	64.046	8,3	2,16
2014*	2,00	6,01	-	9.100	-	60.000	10,7	2,41
2015*	2,50	5,60	-	12.000	-	60.000	11,4	2,45

[1] Produto Interno Bruto (PIB): variação real anual. Fonte: Instituto Brasileiro de Geografia e Estatística, Sistema de Contas Nacionais – Referência 2000 (IBGE/SCN 2000 Anual).

[2] Índice de Preços ao Consumidor Ampliado (IPCA). Fonte: Instituto Brasileiro de Geografia e Estatística, Sistema Nacional de Índices de Preços ao Consumidor (IBGE/SNIPC).

[3] Média de dezembro. Fonte: JP Morgan.

[4] US$ (milhões). Fonte: Banco Central do Brasil, Boletim, Seção Balança de Pagamentos (BCB Boletim/BP).

[5] Taxa de desemprego. Instituto de Pesquisa Econômica Aplicada (IPEA).

[6] Investimento Estrangeiro Direto (IED). US$ (milhões). Fonte: Banco Central do Brasil, Boletim, Seção Balança de Pagamentos (BCB Boletim/BP).

[7] Taxa de juros média anual – Selic – fixada pelo Comitê de Política Monetária (Copom). Fonte: Banco Central do Brasil, Boletim, Seção mercado financeiro e de capitais (BCB Boletim/M. Finan).

[8] Taxa de câmbio comercial para compra: Real (R$)/Dólar americano (US$) – média. Fonte: Banco Central do Brasil, Boletim, Seção Balança de Pagamentos (BCB Boletim/BP).

(-) Dado não encontrado.

(*) Estimativas. Fonte: *Focus – Relatório de Mercado*. Banco Central do Brasil, 17-1-2014.

Desenvolvimento hoteleiro no Brasil: panorama de mercado e perspectivas

A melhoria histórica das condições macroeconômicas é notória e mostra um ambiente mais favorável para investimentos. Uma prova é a diminuição do risco-país, indicador da confiança do investidor estrangeiro sobre a capacidade de um país honrar suas dívidas. Desde setembro de 2009, o Brasil conta com a classificação de *investment grade* pelas três principais agências internacionais de avaliação de risco (Moody's, Fitch e Standard & Poor's), comprovando a redução da vulnerabilidade externa da economia brasileira (Brasil, 2010a). Atualmente, as reservas internacionais do país ultrapassam 378 bilhões de dólares (Brasil, 2012a; Banco Central do Brasil, 2014a).

Entre os *drivers* da melhora econômica brasileira, além das condições básicas implantadas pelo Plano Real mencionadas anteriormente, também merecem destaque as recentes reformas sociais no país. Quase 31 milhões de brasileiros ascenderam de classe social entre 2003 e 2008, dos quais 19,4 milhões saíram da linha de pobreza. A classe AB (com renda familiar mensal superior a R$ 4.807) ganhou 6 milhões de pessoas, totalizando quase 20 milhões. A classe C já é a dominante no país, com a metade da população. Esses dados evidenciam que as melhoras na composição social brasileira são irrefutáveis e abrem perspectivas para um desenvolvimento mais equilibrado (Brasil, 2010a).

Apesar da evolução econômica vivida no país, ele não está imune às incertezas decorrentes da crise, pois todos são suscetíveis a seus efeitos (The World Bank, 2012). Um exemplo são as expectativas de crescimento econômico nacional dos últimos anos, muito abaixo dos patamares até 2011. Além disso, a inflação passou a níveis acima do centro da meta estipulada pelo Banco Central e a conta-corrente da balança de pagamentos tem registrado déficits crescentes. O Brasil melhorou suas condições socioeconômicas na última década, porém ainda há fortes inibidores para a realização de negócios no país. Entre os principais obstáculos, segundo o World Economic Forum (2011a), estão os altos impostos, a infraestrutura inadequada, a legislação trabalhista restritiva, a burocracia governamental ineficiente e a baixa qualificação profissional.

Até 2015, as expectativas de crescimento econômico no Brasil são baixas. Porém, em médio e longo prazo, caso se tomem medidas para o aumento de produtividade e eficiência política e empresarial, acredita-se que o país possa voltar a uma trajetória de crescimento mais acelerado.

Turismo

As melhorias ao longo dos últimos anos são evidentes no turismo brasileiro. A criação do Ministério do Turismo, em 2003, o primeiro indicador a ser destacado, é uma prova de que a atividade turística está entre as estratégias do governo federal para o desenvolvimento socioeconômico do país, conforme apresentado no Plano Nacional de Turismo (Brasil, 2007).

Durante a última década, foram realizados importantes programas de investimentos. O principal é o Programa de Desenvolvimento do Turismo (Prodetur), que surgiu de uma associação com o Banco Interamericano de Desenvolvimento (BID) para financiar obras de infraestrutura turística, proteção e conservação ambiental e fortalecer instituições públicas e privadas dedicadas ao planejamento e desenvolvimento da atividade turística. Segundo dados do Ministério do Turismo (Brasil, 2010a), os investimentos em infraestrutura turística aumentaram de R$ 52,8 milhões em 2003 para R$ 2,72 bilhões em 2010, sem considerar investimentos em aeroportos, estimados em mais de R$ 3 bilhões somente em 2011, durante a segunda fase do Programa de Aceleração do Crescimento (PAC-2) do governo federal.

Paralelamente aos investimentos em infraestrutura, foi inaugurado o Plano Nacional de Turismo, mediante o qual se intensificaram as ações direcionadas à promoção no Brasil e no exterior, além de consolidar projetos para o fortalecimento de destinos existentes e a implantação de novos destinos no país (Brasil, 2010b). Atualmente, é notável a importância do turismo em nível nacional, entendido como uma das atividades de dinamização e desenvolvimento socioeconômico no país.

Segundo o Ministério do Turismo (Brasil, 2010a), outras conquistas relevantes do turismo nacional são a implementação de um modelo de gestão descentralizado e compartilhado, a estruturação da oferta turística a partir do modelo proposto pelo Programa de Regionalização, a realização de diversas edições do Salão do Turismo, a revisão da legislação turística e a criação da Lei do Turismo, a qualificação profissional e o desenvolvimento de um novo sistema de cadastro de prestadores de serviços turísticos, além da captação de dois dos principais megaeventos esportivos internacionais: a Copa do Mundo de 2014 e as Olimpíadas de 2016. Somente a Copa (Brasil, s/a.) trará 500 mil novos turistas internacionais ao país, e mais de R$ 30 bilhões serão investidos em infraestrutura e serviços, incluindo temas como reformas de aeroportos, capacidade hoteleira, sistemas de segurança e acessibilidade urbana. Espera-se a geração de milhares de empregos e a exposição massiva do país em âmbito internacional.

Diversos indicadores ressaltam a dimensão e a representatividade do turismo para a economia brasileira. O país ocupa a nona posição no *ranking* de realização de eventos internacionais, com 315 eventos realizados em 2013, segundo a International Congress and Convention Association (2014). Em 2003, o Brasil ocupava a 19ª posição. Dados do Instituto de Pesquisas Econômicas Aplicadas (Coelho, 2011) indicam que o número de empregos do setor turístico, 2,27 milhões em 2008, representa quase 6% do total de empregos formais do país, um incremento de 32,7% em seis anos. Até 2014, a perspectiva é de geração de mais de 2 milhões de empregos (Brasil, 2010a). Em 2007, as atividades características do turismo geraram uma produção de R$ 168 bilhões, valor que representou 3,6% de toda a economia brasileira, e um total de R$ 35,9 bilhões em salários e remunerações (IBGE, 2010). Outros indicadores são apresentados na tabela a seguir.

Tabela 2 • Indicadores turísticos brasileiros (2000-2012)

	Demanda externa[1]	Demanda doméstica[2]	Saldo da conta turismo[3]	Promoção interna[4]	Promoção externa[5]	Movimento de passageiros[6]	Financiamento do turismo[7]
2000	5,3	-	-2.084	-	-	-	-
2001	4,8	-	-1.468	-	-	-	-
2002	3,8	-	-398	-	-	-	-
2003	4,1	-	218	-	9,97	71,2	1.094
2004	4,8	-	351	22,77	23,75	82,7	1.396
2005	5,4	138,7	-858	20,96	36,72	96,1	1.979
2006	5,0	147,1	-1.448	23,34	38,32	102,2	2.170
2007	5,0	161,1	-3.258	24,43	60,73	110,6	2.570
2008	5,1	165,4	-5.178	46,97	63,85	113,3	3.592
2009	4,8	175,4	-5.594	58,10	39,87	128,1	5.584
2010	5,2	186,5	-10.718	-	-	155,4	6.678
2011	5,4	190,9	-14.709	-	-	180,0	8.609
2012	5,4	-	-15.588	-	-	193,1	11.201

[1] (Milhões de viagens). Fonte: Departamento de Polícia Federal e Ministério do Turismo.
[2] (Milhões de viagens). Fonte: Fundação Instituto de Pesquisas Econômicas (Fipe) e Ministério do Turismo (Mtur).
[3] (Milhões de dólares). Fonte: Banco Central do Brasil.
[4] (Milhões de reais). Fonte: Siafi/STN.
[5] (Milhões de reais). Fonte: Siafi/STN/Embratur.
[6] (Milhões). Embarque e desembarque aéreo de passageiros (mais conexões, sem militares). Fonte: Infraero.
[7] Financiamento das instituições financeiras federais (milhões de reais). Fontes: Banco do Brasil, Caixa Econômica Federal, BNDES, Banco do Nordeste, Banco da Amazônia.
(-) Dado não encontrado.

Entre os principais *pontos positivos*, observa-se um robusto mercado doméstico de viagens em plena expansão (Brasil, 2010a), com crescimento anual de 5,5%, e um forte aumento do movimento aéreo de passageiros, que cresceu, em média, 11,7% ao ano, principalmente por influência das viagens em território nacional. Quantitativamente, também se percebe a tendência de maiores investimentos em promoção e financiamento turístico.

Da mesma forma que o consumo doméstico está sendo um dos principais responsáveis pelo crescimento econômico brasileiro nos últimos anos, inclusive durante o período da crise global, essa demanda também é o maior *driver* da evolução do turismo no país (Brasil, 2010a). O aumento da atividade econômica, o incremento da renda da população e o financiamento de passagens aéreas e viagens foram alguns dos fatores que estimularam o aumento da demanda (BNDES, 2006; 2011). Entre os benefícios provenientes dessa constatação, estão: 1) a criação de novos postos de trabalho e a consequente ampliação da renda; e 2) a inclusão de novas parcelas de consumidores no mercado turístico nacional.

O incremento da renda é o principal propulsor da atividade turística, já que há grande correlação entre o dinamismo econômico e a expansão do turismo. Com o crescimento da classe média e as prováveis melhorias em infraestrutura, as perspectivas do turismo em mercados emergentes como o Brasil são de crescimento para os próximos anos (Ernst & Young, 2012).

Em contrapartida, entre os *pontos negativos* indicados na Tabela 2, o fluxo de demanda turística externa ao Brasil continua no mesmo nível insignificante do ano 2000, apesar do aumento dos investimentos em promoção no exterior, do crescimento da demanda global e da melhoria da conectividade aérea do país. O mundo observa uma tendência de desconcentração do fluxo internacional de turistas, mas o Brasil vem perdendo, progressivamente, participação no mercado de viagens internacionais, que atualmente é de aproximadamente 0,6%, segundo dados da OMT.[1] Adicionalmente, cada vez mais brasileiros viajam para o exterior. Estima-se que pelo menos 2,5 milhões de brasileiros viajem

---

[1] No ano 2000, o volume de turistas internacionais receptivos no Brasil representava 0,8% do fluxo turístico internacional global.

para os Estados Unidos e para a Europa todos os anos (BNDES, 2011). De 2000 a 2012, o déficit da conta turismo da Balança de Pagamentos subiu aproximadamente 650% – um claro sinal de que a competitividade internacional do país como destino turístico receptivo é baixa.

Dados do World Economic Forum (2013) indicam que, entre 129 nações avaliadas, o Brasil está na 51ª posição em um *ranking* de competitividade turística mundial, oito posições abaixo da classificação de 2009. Entre os pontos críticos assinalados no relatório, há problemas de infraestrutura de transporte, regulamentação e burocracia para abrir empresas, impostos elevados, violência, mão de obra pouco qualificada e falta de investimentos. Em contrapartida, o país ocupa a primeira posição em riqueza e diversidade natural do mundo.

Por todo o exposto, fica claro que turismo é uma atividade em crescimento e importante para o Brasil, além de ser mencionada na constituição nacional como uma atividade de desenvolvimento social e econômico que deve ser estimulada pelo governo federal, por estados e municípios (Brasil, 2002a). Apesar das barreiras ainda presentes, seu estudo é válido para aproveitar melhor seu potencial.

Em seguida, apresenta-se um breve panorama da hotelaria nacional, setor considerado estratégico e essencial não somente para o turismo, mas para toda a economia nacional, por seus impactos diretos como consumidor de bens e serviços e por dar suporte à realização de novos negócios em toda a economia.

Hotelaria

Segundo estimativas da Associação Brasileira da Indústria Hoteleira (*apud Valor Econômico*, 2010), o setor hoteleiro brasileiro possui um patrimônio imobilizado em torno de R$ 78,7 bilhões, gasta em média R$ 2 bilhões por ano em mão de obra e mais de R$ 30 milhões como Contribuição para o Financiamento da Seguridade Social (Cofins), provenientes dos 25 mil meios de hospedagem supostamente existentes no país.[2] Além disso, é um importante gerador de empregos,[3] capaz de contribuir para o desenvolvimento regional (Medlik & Ingram, 2000). No total, o setor oferece mais de 400 mil empregos diretos e pelo menos 1,5 milhão de ocupações indiretas (ABIH, 2014).

Um estudo mais recente, do IBGE (2012a), indica que, somente nas capitais, há 5.036 empreendimentos hoteleiros,[4] 250.284 apartamentos e 373.673 leitos. Do total de estabelecimentos, 37,6% são do tipo econômico, 23,2% são simples, 24,7% são de conforto médio, 11% são de muito conforto e somente 3,5% são de luxo.

São três os principais grupos de hotéis no Brasil: independentes; de redes hoteleiras nacionais; e de redes hoteleiras internacionais. Apesar da forte expansão das redes hoteleiras a partir da década de 1990, os hotéis independentes ainda são os mais representativos no país, responsáveis por mais de 70% da oferta total (em apartamentos) de alojamentos (JLL, 2013).

Apesar da fragilidade das estatísticas oficiais em esfera nacional, dados de consultorias especializadas apontam para um histórico recente de crescente performance do setor (HotelInvest, 2011; HVS, 2010a; JLL, 2012a; FOHB & HotelInvest, 2010). A última edição do estudo *Hotelaria em números*, publicado por Jones Lang LaSalle (2013) – uma das principais consultorias imobiliárias internacionais, com o Fórum de Operadores Hoteleiros do Brasil (FOHB) –, confirma essa tendência. Apesar da desaceleração recente do crescimento de *RevPAR* (Receita por Apartamento Disponível) no país como consequência do arrefecimento econômico nacional, o crescimento histórico dos índices de ocupação e da ADR (*Average Daily Rate* – Diária Média), impulsionado pela melhora da economia do país na última década e pelo baixo crescimento da

---

[2] Dados baseados em estimativas. Não há dados oficiais sobre o total da oferta hoteleira no Brasil. Segundo a consultoria imobiliária Jones Lang LaSalle (2013), a oferta total de hotéis no país não chega a 10 mil estabelecimentos.

[3] Segundo um estudo da Jones Lang LaSalle (2013), em média, cada quarto de hotel brasileiro gera 0,4 emprego.

[4] Incluem hotéis, motéis, hospedarias, condo-hotéis, albergues e outros.

oferta hoteleira nos últimos anos, indica possíveis oportunidades de negócios para investidores do mundo todo.

O mercado está saudável e, em alguns destinos, existe um claro desequilíbrio entre a crescente demanda e a oferta existentes (JLL, 2011b). Um

Tabela 3 • Indicadores hoteleiros brasileiros (2003-2012)

	Empregos[1]	ADR (R$)[2]	Taxa de ocupação[3]	RevPAR (R$)[4]
2003	305.144	138	52,0%	72
2004	324.294	124	55,0%	68
2005	344.572	131	60,0%	79
2006	352.419	140	58,0%	81
2007	346.900	148	63,0%	93
2008	-	153	65,0%	99
2009	-	165	63,0%	104
2010	-	180	68,0%	122
2011	-	211	69,5%	147
2012	-	243	65,6%	160

[1] Total de empregos formais em hotelaria. Fonte: IBGE, Direção de Pesquisa, Coordenação de Contas Nacionais.
[2] *Average Daily Rate* (Diária Média). Fonte: Jones Lang LaSalle (2013).
[3] Fonte: Jones Lang LaSalle (2013).
[4] *Revenue per Available Room* (Receita por Apartamento Disponível). Fonte: Jones Lang LaSalle (2013).
(-) Dado não disponível.

sinal de otimismo no setor é o crescimento de oferta, em cidades de pequeno a grande porte, direcionada à forte demanda nacional. Atualmente, mais de quatrocentos hotéis estão em desenvolvimento no país, com previsão de abertura até 2016 (BSH, 2013). Ainda que haja atrasos e/ou cancelamentos de parte dos projetos em desenvolvimento, não há dúvidas de que a oferta hoteleira brasileira passa por um novo ciclo de expansão.

Na América do Sul, o Brasil é o mercado mais atraente para investimentos em hotelaria (JLL, 2011b). O país chama a atenção não somente de investidores brasileiros mas também de investidores internacionais, inclusive de fundos de investimento como o Host, que entrou no país com a aquisição do JW Marriott Copacabana. A classificação do país como *investment grade* pelas principais agências de classificação de risco mundiais (Moody's, Fitch e Standard & Poor's) reforça a tendência de entrada de outros fundos de investimento no país.

A perda de atratividade de outros investimentos imobiliários, como prédios residenciais e comerciais, por causa do grande crescimento da oferta nos últimos anos, também deve estimular as incorporadoras a desenvolver mais produtos hoteleiros. Em outras palavras, o Brasil está em um novo ciclo de expansão da hotelaria nacional, incluindo renomadas redes internacionais que ainda têm fraca presença no país (como Hilton, Marriott, Hyatt e Starwood), algumas redes já consolidadas (como Accor, Atlantica e BHG) e outras redes em franca expansão (como a InterCity). São cada vez mais comuns os anúncios de operadoras hoteleiras divulgando intenções de dobrar a oferta de hotéis no país em médio prazo.

Ao cenário apresentado, acrescenta-se a visibilidade que a captação da Copa do Mundo de 2014 gerou e das Olimpíadas de 2016 irá gerar para o Brasil. De qualquer forma, mesmo que o país não recebesse tais eventos, as condições macroeconômicas nacionais têm sido suficientemente atraentes para estimular novos investimentos no setor hoteleiro desde o final da primeira década dos anos 2000. E o momento menos favorável da hotelaria internacional, em função da crise econômica, destacou ainda mais o Brasil entre os possíveis mercados para se investir (*Valor Econômico*, 2010; JLL, 2011b; HVS, 2009a).

Apesar do panorama positivo dos últimos anos, o passado recente mostra que o setor já passou por momentos difíceis. Trata-se do período conhecido como crise de condo-hotéis, entre 1998 e 2005, marcado por grandes aumentos da oferta, constante diminuição de desempenho dos hotéis, incapacidade de reinvestimento do setor, deterioração dos imóveis/equipamentos hoteleiros e uma consequente perda de qualidade na prestação de serviços. Os principais mercados brasileiros afetados foram os destinos urbanos, como Porto Alegre, Curitiba,

Campinas, Guarulhos, Fortaleza, Brasília e, especialmente, São Paulo (HVS, 2008; BNDES, 2011).

De acordo com um estudo apresentado pela consultoria hoteleira HVS (2008), o reflexo da superoferta de condo-hotéis foi tão prejudicial ao país que, do ponto de vista econômico-financeiro, novos empreendimentos passariam a ser viáveis somente a partir de 2013 – 15 anos depois do início da crise. Em outras palavras, a capacidade de renovação e ampliação do parque hoteleiro nacional foi drasticamente reduzida, e foi necessária mais de uma década para que o setor presenciasse um novo ciclo de oportunidades.

Mais adiante, no capítulo "Análise estratégica da hotelaria brasileira", no item "O setor em números", serão comentados outros dados sobre a hotelaria no Brasil.

O livro

O porquê de sua realização

O otimismo no mercado foi inegável nos últimos anos, mas qual é o panorama atual e quais são as reais perspectivas de desenvolvimento do setor hoteleiro no Brasil? Responder a essa pergunta é também um elemento-chave para estimular o crescimento ordenado e alinhado com o potencial do país.

Acredita-se, conforme apresentado anteriormente, que o Brasil se encontra em um novo ciclo de expansão hoteleira nacional. Porém, qual é o panorama atual e quais são as reais perspectivas de desenvolvimento do setor hoteleiro no Brasil?

O crescimento do setor hoteleiro e turístico nacional, em benefício do desenvolvimento socioeconômico do país, requer estudos consistentes. A busca de respostas para as inumeráveis dúvidas que permeiam a hotelaria brasileira ajuda a diminuir as incertezas e a consequente percepção de risco do setor. Nesse contexto, algumas indagações mais precisas são consideradas essenciais:

- Qual é o panorama atual da hotelaria brasileira em relação ao desempenho do mercado e aos principais fatores que incidem em sua competitividade?
- Quais são as reais barreiras e os riscos que limitam o desenvolvimento do setor hoteleiro no Brasil?
- Quais são as principais perspectivas que devem ser levadas em conta para investir em hotelaria no país?
- Quais são as estratégias de crescimento mais relevantes para o desenvolvimento do mercado hoteleiro no Brasil?

Responder a essas perguntas não é uma missão simples. Contudo, pesquisá-las é fundamental para estimular investimentos no setor hoteleiro de forma sustentável e competitiva, em longo prazo e em benefício do desenvolvimento socioeconômico do país. A compreensão do panorama atual do setor e de suas reais perspectivas de desenvolvimento trará benefícios em diversas esferas.

Em relação à *perspectiva privada*, o livro ajudará a indicar *gaps* de competitividade da oferta atual, a entender as perspectivas em médio e longo prazo do setor e a identificar barreiras, riscos e oportunidades de investimento. Serão indicados modelos de produtos e perfis de demanda com maior probabilidade de sucesso no mercado hoteleiro nacional, auxiliando potenciais investidores a definir como, para quem e com quais características se devem construir novos hotéis no Brasil. Mais do que estimular a expansão do setor, pretende-se estimular seu desenvolvimento sustentável, com mais qualidade e profissionalismo. Sem informações adequadas, as decisões de investimento podem ser impulsivas e bastante prejudiciais ao setor, tal como ocorreu no Brasil durante a primeira crise de condo-hotéis nos anos 2000.

Introdução **29**

Quanto à *perspectiva pública*, o livro servirá como subsídio para a formulação de políticas públicas e estratégias de estímulo de crescimento e aumento de competitividade hoteleira e de destinos turísticos. A hotelaria é um setor estratégico para o desenvolvimento do turismo (Ricci, 2010; Dias, 1990; Castelli, 2001; Andrade, Brito & Jorge, 2000; IBGE, 2012a), e também para a realização de negócios no país (Medlik & Ingram, 2000; Silva, 2007), tendo um impacto em toda a economia (Brasil, 2006b). A captação da Copa do Mundo de 2014 e das Olimpíadas de 2016 no país põe o setor ainda mais em evidência nas notícias e em planos de investimentos privados nacionais e internacionais, o que reforça a necessidade de estudos que ajudem a orientar o crescimento sustentável do mercado hoteleiro no Brasil.

> No Brasil, apesar do potencial inquestionável da atividade turística, as autoridades responsáveis pelo desenvolvimento do setor, de forma geral, pouco adotam indicadores e pesquisas a fim de compreender melhor essa complexa atividade, minimizar possíveis falhas e orientar suas ações. Em uma atividade que envolve diferentes setores produtivos, torna-se estratégico dispor de ferramentas que auxiliem o planejamento das ações e o investimento de recursos. (Brasil, 2010b, p. 10)

Do *ponto de vista acadêmico*, o livro diminui a escassez da produção científica sobre o setor (Johnson & Vanetti, 2005; Brasil, 2010b; Ramos, 2010; Spolon, 2006; BNDES, 2001a; Beni, 2003a; Ignarra, 1999; Sakata, 2002) e serve como fonte de informação e ponto de partida para novas pesquisas nos cursos de graduação e pós-graduação no país.

Em resumo, o objetivo do livro é analisar o panorama da hotelaria brasileira e suas perspectivas até 2020. Especificamente, objetiva-se pesquisar barreiras, riscos, oportunidades e perspectivas relacionadas a investimentos hoteleiros no Brasil.

Metodologia das pesquisas realizadas

Métodos essencialmente qualitativos foram utilizados na metodologia, inclusive pesquisas e entrevistas em profundidade com especialistas e consultores, além de revisão bibliográfica e documental de 150 publicações, entre estudos de mercado e artigos acadêmicos.

A ênfase do estudo está direcionada basicamente aos hotéis de redes nacionais e internacionais, graças à disponibilidade de informações e às suas perspectivas de crescimento no Brasil. Porém, muitos dos resultados obtidos serão úteis e aplicáveis também a hotéis independentes, pois a maior parte das variáveis avaliadas afeta, embora em diferentes intensidades, todo o setor hoteleiro nacional, inclusive os empreendimentos que não são afiliados a uma operadora. Motéis, resorts, albergues e hospedarias não fazem parte do escopo do estudo. As análises enfatizarão empreendimentos hoteleiros do tipo hotel, independentemente de tamanho, localização ou segmento de mercado.

As análises serão em âmbito nacional, relacionadas ao panorama e às perspectivas do setor. Trata-se de uma pesquisa exploratória, baseada em revisão bibliográfica e documental, em levantamentos e entrevistas em profundidade com especialistas. Utilizaram-se métodos essencialmente qualitativos na metodologia, inclusive a validação dos resultados por *pattern-matching*, técnica que permite aumentar a consistência e a confiabilidade do estudo (Laville & Dionne, 1999). Toda a bibliografia encontrada sobre o tema estudado foi comparada com os resultados alcançados, em especial, estudos de consultorias especializadas, pois ainda são escassas as publicações acadêmicas sobre o panorama e as perspectivas hoteleiras no Brasil.

A seguir, descreve-se com mais detalhe a metodologia empregada:

- *Revisão bibliográfica e documental das áreas temáticas abordadas no estudo.* Utilizaram-se fontes acadêmicas e mercadológicas, incluindo livros, páginas da web, revistas científicas e publicações oficiais de entidades setoriais e consultorias especializadas em âmbito nacional e internacional. Mais de 150 publicações foram analisadas. Em razão da amplitude e da complexidade de todos os fatores relacionados ao tema desenvolvimento hoteleiro, é impossível abordá-lo com total profundidade em apenas uma publicação. Por isso, diversos autores e obras foram referenciados ao longo do livro com o objetivo de permitir acesso a mais informações estratégicas sobre hotelaria a todos os leitores interessados.

- *Questionário com especialistas*. Foi desenhado um questionário *on-line* para analisar o panorama e as perspectivas da hotelaria brasileira. No total, havia onze perguntas de múltipla escolha (além de outras duas dissertativas), nas quais cada entrevistado deveria avaliar as variáveis indicadas em uma escala (*Likert*) de 1 a 7, com base em sua percepção sobre o item analisado. Em cada pergunta era permitido incluir abertamente observações textuais adicionais, caso o entrevistado considerasse necessário. O questionário foi aplicado de 8 de junho a 20 de julho de 2012. Antes do envio dos questionários, realizou-se um pré-teste com três profissionais das empresas entrevistadas para garantir a compreensão e a adequação do instrumento de pesquisa aos objetivos do estudo. Das cinquenta principais redes hoteleiras presentes no Brasil (JLL, 2011b), 34 foram incluídas no universo do questionário (aquelas com mais de mil apartamentos no país, além da Hilton, da Marriott e da Hyatt).[5] Dessas, vinte responderam completamente o questionário, o que equivale

---

[5] O critério "mais de mil apartamentos" foi estipulado para selecionar redes hoteleiras que possuam mais participação de mercado e que possivelmente tenham mais capacidade para avaliar as perguntas da pesquisa. Foram incluídas ainda Hilton, Marriott e Hyatt, por seus planos de investimento no Brasil. Outras redes internacionais com menos de mil apartamentos no Brasil não foram incluídas por não haver indícios de que possuam fortes planos de crescimento no país.

a empresas que representam mais de 73 mil apartamentos ou quase 450 hotéis no país – aproximadamente 72% da oferta de redes disponível no Brasil. Além disso, o mesmo questionário foi respondido também por nove especialistas de mercado – representantes das principais consultorias hoteleiras presentes no Brasil,[6] de entidades setoriais,[7] da desenvolvedora SolBrasil e do fundo de investimento *Host Hotels*.[8] No total, 29 pessoas responderam ao questionário, entre diretores de desenvolvimento de redes hoteleiras, *managing directors* de consultorias e outros executivos.

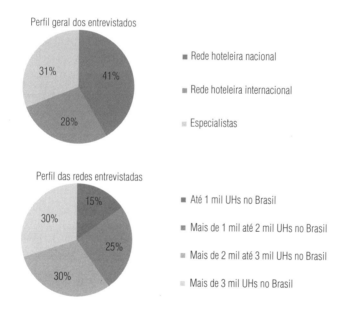

Gráfico 1 • **Perfil dos entrevistados**

---

[6] BSH International, Calfat Consulting, HotelInvest/HVS e Jones Lang LaSalle. As quatro empresas têm mais de dez anos de experiência, participam frequentemente dos principais eventos do setor e oferecem ao mercado publicações gratuitas que comprovam sua relevância profissional.
[7] Fórum de Operadores Hoteleiros do Brasil (FOHB) e Associação Brasileira da Indústria de Hotéis (ABIH). A Resorts Brasil e a ADIT não foram consultadas porque os resorts não faziam parte do escopo do estudo.
[8] Não foram conseguidos contatos de outros fundos de investimento relacionados à hotelaria no país.

- *Entrevistas em profundidade com especialistas do setor hoteleiro no Brasil.* Após exaustiva análise bibliográfica/documental e do questionário aplicado, foram conduzidas entrevistas em profundidade, de aproximadamente duas horas, com dez especialistas. As entrevistas, parcialmente estruturadas, tinham o objetivo de aprofundar a compreensão do panorama atual e das perspectivas do setor hoteleiro brasileiro no Brasil, em especial sobre as barreiras, os riscos e as oportunidades de investimento. Entrevistaram-se especialistas e consultores seniores de três grupos de organizações: entidades setoriais (dois especialistas), redes hoteleiras (quatro especialistas) e consultorias (quatro especialistas).[9] Ao longo do livro, a opinião dos entrevistados será destacada em temas-chave, priorizando a técnica de análise dos discursos individual e coletivo. Até dezembro de 2013, novas entrevistas com os mesmos entrevistados do ano anterior foram realizadas para identificar possíveis atualizações nas conclusões do estudo.

Estrutura do livro

O livro está estruturado em seis grandes partes:

- *Introdução*: contextualização da economia, do turismo e da hotelaria no mundo e no Brasil, e apresentação do livro, incluindo seu objetivo, sua justificativa e a metodologia da pesquisa.
- *O negócio hoteleiro*: embasamento conceitual do livro (definição e características dos meios de hospedagem, tipologias e classificação hoteleira, os *stakeholders*, requisitos de mercado, fatores-chave de sucesso, *set* competitivo, filiação hoteleira, estruturação de novos negócios e estratégias de desenvolvimento e crescimento).

---

[9] A confidencialidade do nome das empresas será preservada em função da solicitação de alguns dos entrevistados.

- *Análise estratégica da hotelaria brasileira*: histórico de desenvolvimento; evolução das redes hoteleiras no Brasil; panorama e perspectivas da hotelaria brasileira; análises SWOT, fatores-chave e diretrizes estratégicas.
- *Considerações finais*: resumo dos principais resultados, considerações sobre a ingerência da CVM no processo de lançamento de condo-hotéis e conclusões gerais do estudo.
- *Referências bibliográficas*: lista com a relação das publicações consultadas.
- *Apêndice*: questionário da entrevista com os especialistas.

O negócio hoteleiro

Parte conceitual do livro, com a análise dos principais tópicos relacionados ao negócio hoteleiro: definição e características dos meios de hospedagem; tipologias e classificação hoteleira; os *stakeholders*; requisitos do mercado; fatores-chave de êxito; *set* competitivo; filiação hoteleira; estruturação de novos negócios; e estratégias de desenvolvimento e crescimento.

Neste capítulo, apresentam-se os principais tópicos relacionados ao negócio hoteleiro. Não se pretende realizar uma exaustiva revisão teórica, mas abordar temas-chave relacionados com a hotelaria, desde suas características às estratégias de expansão do setor. Em especial, analisam-se tópicos que influenciam o desenvolvimento de hotéis. Apesar da validade global de muitos dos conteúdos descritos a seguir, ou seja, no setor hoteleiro de qualquer país, parte dos tópicos enfocará a realidade brasileira.

Definição e características dos meios de hospedagem

Por ser intensiva em capital, sazonal, de oferta rígida e com grande necessidade de investimentos, entre outros aspectos, a hotelaria é considerada um negócio arriscado. Sem dúvida, também é estratégico para a economia e deve receber a atenção de políticas públicas.

As definições dos meios de hospedagem variam por todo o mundo. No Brasil, a definição adotada, que consta no artigo 23 da Lei nº 11.771/2008 da legislação brasileira (Brasil, 2010d, p. 5), é estabelecida como:

> Os empreendimentos ou estabelecimentos, independentemente de sua forma de constituição, destinados a prestar serviços de alojamento temporário, ofertados em unidades de frequência individual e de uso exclusivo do hóspede, bem como outros serviços necessários aos usuários, denominados de serviços de hospedagem, mediante adoção de instrumento contratual, tácito ou expresso, e cobrança de diária.

O setor de hotelaria é dependente de grandes níveis de faturamento para sobreviver e gerar lucros adequados (Nicolau & Sellers, 2011), especialmente por possuir altos custos fixos (Rushmore & Goldhoff, 1997). Além de ele ser intensivo em capital (Contractor & Kundu, 1998a), as variações de resultado são elevadas durante períodos de flutuação de demanda, motivo pelo qual o setor se caracteriza por forte instabilidade (Graham & Harris, 1999) e conseguintes altos riscos.

Mesmo que a demanda seja instável, o nível de oferta sempre é contínuo, estático. Isto é, o setor hoteleiro implica problemas de rigidez na oferta frente às oscilações da demanda. Cada cama não ocupada se torna uma oportunidade de venda perdida, impossível de reparar (Proserpio, 2007).

Muitos serviços são oferecidos durante três jornadas de trabalho, por 24 horas diárias. O uso intensivo de mão de obra faz desse centro de custo um dos principais do setor, com manutenção e utilidades, além das taxas de gestão e performance das administradoras hoteleiras. Segundo o FOHB,

> [...] os investimentos anuais nos empreendimentos hoteleiros devem ser crescentes, entre 1% e 5% do faturamento bruto nos cinco primeiros anos de vida, passando a ser em torno de 5% após o quinto ano. As grandes reformas estruturais, que devem ocorrer a cada 10/12 anos, representam entre 20% e 30% dos aportes iniciais. (*apud Valor Econômico*, 2010, p. 40)

A necessidade de constante investimento não se justifica somente pelo intensivo e contínuo uso dos meios de hospedagem. O setor, com cada vez mais empreendimentos e serviços diferenciados, requer, além de manutenção, investimentos em modernização para sustentar sua competitividade.

Para Castelli (2001), o produto hoteleiro é estático. Não é possível levar o empreendimento aos clientes; são eles que se deslocam para o estabelecimento, motivo por que a atratividade do destino em que se encontra é um fator-chave para seu sucesso. Para o mesmo autor, as características principais que definem o setor são: intangibilidade (o serviço é mais do que seus atributos físicos); impossibilidade de armazenamento (realização de estoques) e inseparabilidade (a produção do serviço e seu consumo ocorrem ao mesmo tempo).

Em resumo, muitas das características inerentes à hotelaria caracterizam o setor como intensivo em capital, sazonal, instável diante de oscilações no macroambiente, de oferta rígida e com alta necessidade de reinvestimentos, entre outros aspectos. Todos esses elementos aumentam a percepção de risco do negócio e justificam a necessidade de atenção do governo e das empresas com relação ao setor, pois sua importância é vital para o desenvolvimento turístico e econômico da sociedade.

Tipologia e classificação hoteleira

Não existe um sistema universal de classificação hoteleira. Cada empresa/país costuma adotar os critérios mais adequados aos seus produtos e mercados. Internacionalmente, hotéis *budget*, *economy*, *midscale*, *upscale* e *luxury* são tipologias cada vez mais usadas entre os profissionais do setor.

Não existe um único sistema universal de classificação hoteleira, mas diversos, baseados em diferentes critérios (Marques, 2003; Vallen & Vallen 2003), como motivação da viagem (negócios, lazer, etc.), localização (cidade, aeroporto, estrada, etc.), preço (luxo, *upscale*, *midscale*, econômico e supereconômico), variedade de serviços (*full service*, *limited services*, etc.), número de apartamentos e formas de gestão.

Cada país e região do mundo têm critérios próprios. Na Europa, a publicação *Classification of Hotel Establishments Within the EU* (ECC-Net, 2009) comenta as principais características do sistema de classificação adotado por seus países-membros. A título de exemplo, na Espanha, é comum usar o sistema de uma a cinco estrelas. Contudo, cada Comunidade Autônoma tem liberdade para definir seus próprios critérios de classificação, motivo por que uma padronização nacional é ainda mais difícil no país.

A respeito da forma de classificação, existem três possibilidades (Castelli, 2001): autoclassificação ou sem classificação; classificação privada (realizada por entidades independentes); e classificação oficial. Redes hoteleiras, consultorias, páginas da web de reservas, entre outras empresas, cada vez mais adotam seus próprios sistemas. Entre os modelos adotados, os mais comuns estão baseados em preço e qualidade.

Tabela 4 • Exemplos de hotéis por categorias

Luxo	Upscale	Midscale	Econômico	Supereconômico
Copacabana Palace	Hilton	Courtyard by Marriott	Fairfield	Go Inn
Emiliano	Hyatt	Hilton Garden Inn	Hampton Inn	Ibis Budget
Fasano	InterContinental	Holiday Inn	Holiday Inn Express	Travelodge
Hotel das Cataratas	Marriott	Mercure	Ibis	Soft Inn
Hotel Santa Teresa	Renaissance	Quality	Sleep Inn	–
Unique	Sofitel	Ramada	Tulip Inn	–
–	Tivoli	Tryp	–	–

Cada vez é mais frequente a utilização das próprias marcas como critério de identificação da categoria de um produto hoteleiro (Kim & Canina, 2011). Em estabelecimentos pertencentes a redes hoteleiras, a marca identifica tudo – desde o padrão das instalações aos serviços oferecidos –, motivo pelo qual as classificações oficiais estão perdendo sua representatividade como sistema de categorização de alojamentos.

Duas outras formas tradicionais de classificar um meio de hospedagem se relacionam com sua afiliação: de rede hoteleira ou independente. As redes são empresas que operam três ou mais unidades hoteleiras, com atividades e processos operacionais similares, conectadas a uma matriz (Ingram & Baum, 1998), sob a mesma administração e com estratégias e objetivos comuns. São grupos hoteleiros que operam tanto estabelecimentos próprios como de terceiros. Podem, ainda, representar propriedades por meio de contratos de administração, franquia ou arrendamento.

> A característica principal dos hotéis de cadeia [rede] é a manutenção de padrões de qualidade de serviços e alojamento mais uniforme. As razões para essa concentração devem-se, especialmente, aos notáveis ganhos de escala, principalmente nos setores de compras, finanças e marketing. (*Turismo Visão e Ação*, 2000, p. 36)

Já os hotéis independentes são geralmente estabelecimentos pequenos, administrados por famílias, com estrutura administrativa simples e flexível. As atribuições de um cargo não estão bem-definidas e as funções individuais mudam de acordo com a necessidade identificada. Inclusive os gerentes e os proprietários desse tipo de estabelecimento sabem realizar funções operacionais (Teixeira, 2012, p. 104).

Em termos práticos, uma das tipologias mais comuns de classificação de hotéis no mercado hoteleiro é por padrão de produto e preço: *budget, economy, midscale, upscale* e *luxury*. Essas nomenclaturas são amplamente adotadas por consultorias, em estudos técnicos e cada vez mais por entidades setoriais e por secretarias do governo. Ao consumidor final, frequentemente lhe são feitas adaptações diversas, conforme os critérios das redes hoteleiras, das centrais de reserva e de outros canais de distribuição em hotelaria.

Na ausência de um critério único de classificação hoteleira obrigatória, destinos e empresas fazem o que consideram mais adequado. Nesses casos, a amplitude de classificações gera flexibilidade de adequação a diversas especificidades de produtos e destinos, porém também implica problemas. Alguns deles são: dificuldade na hora de comparar produtos entre diferentes empresas/fontes; dificuldade para certificação de produtos/serviços e estipulação de padrões de qualidade; dificuldade para criar bancos de dados estatísticos para análises de mercado; entre outros.

Sistema Brasileiro de Classificação Hoteleira

Desde 1996, o Brasil adotou três sistemas diferentes de classificação hoteleira, todos sem grande incorporação prática por parte dos empresários. Atualmente, os critérios usuais (e não oficiais) de classificação da oferta no país baseiam-se principalmente no preço e nas próprias marcas hoteleiras existentes.

No Brasil, a classificação hoteleira é regulamentada pelo Instituto Brasileiro de Turismo (Embratur). O primeiro sistema adotado[1] foi por estrelas (de 1 a 5), conforme os padrões da OMT, substituído pelo Sistema Brasileiro de Classificação de Meios de Hospedagem e Turismo[2] em 1998, pois o modelo anterior estava ultrapassado e sem credibilidade (Ricci, 2010; Spolon, 2006).[3] Entretanto, esse sistema de classificação tampouco foi aceito pelo mercado. A subjetividade do método continuava a comprometer sua aplicabilidade (Fantini, 2004).

O atual Sistema Brasileiro de Classificação (Brasil, 2010d; Brasil, 2010e), de adesão voluntária, foi aprovado em 2010 e estabelece sete tipologias de meios de hospedagem:

- *Hotel* (de 1 a 5 estrelas): estabelecimento com serviço de recepção e hospedagem temporal, com ou sem alimentação, ofertado em unidades individuais e de uso exclusivo dos hóspedes, mediante cobrança de pernoite.

- *Resort* (de 4 a 5 estrelas): hotel com infraestrutura de lazer e entretenimento que disponha de serviços de estética, atividades físicas, recreação e convivência com a natureza no próprio empreendimento.

- *Hotel rural* (de 1 a 5 estrelas): localizado em ambiente rural, dotado de exploração agropecuária, que oferece entretenimento e vivência do campo.

- *Bed & breakfast* (de 1 a 4 estrelas): hospedagem em residência com o máximo de três apartamentos para uso turístico, com serviços de café da manhã e limpeza, na qual o dono do estabelecimento resida.

---

[1] Vigente entre 1977 e 1996, estabelecido por meio da Lei nº 6.505, de 13-12-1977, e da Resolução Normativa CNTur número 1.118, de 23-10-1978 (*apud* Spolon, 2006, p. 32).

[2] Baseado em cinco categorias: luxo superior, luxo, *standard* superior, *standard* e simples (Brasil, 2002b).

[3] Os critérios de classificação baseavam-se exclusivamente em aspectos estruturais e de construção.

- *Hotel histórico* (de 3 a 5 estrelas): instalado em edificações preservadas em sua forma original ou restauradas, ou que tenha sido palco de um fato histórico-cultural de reconhecida importância.

- *Pousada* (1 a 5 estrelas): empreendimento de característica horizontal, composto de até trinta apartamentos e noventa leitos, com serviços de recepção, alimentação e alojamento temporário, podendo ser em um único prédio com três andares, ou com chalés ou bangalôs.

- *Condo-hotel* (3 a 5 estrelas): constituído por apartamentos que disponham de dormitório, banheiro, sala e cozinha equipada, em prédios com administração e comercialização integradas, que possuam serviço de recepção, limpeza e ordenação da habitação.

> Os requisitos [para classificação] são divididos em mandatórios (ou seja, de cumprimento obrigatório pelo meio de hospedagem) ou eletivos (ou seja, de livre escolha do meio de hospedagem, tendo como base uma lista predefinida). O meio de hospedagem para ser classificado na categoria pretendida deve ser avaliado por um representante legal do Inmetro e demonstrar o atendimento a 100% dos requisitos mandatórios e a 30% dos requisitos eletivos (para cada conjunto de requisitos). Os três grandes grupos de requisitos avaliados são: infraestrutura, serviços e sustentabilidade. (Brasil, 2010d, p. 6)

Apesar da existência de sistemas oficiais de classificação hoteleira no Brasil, sua adesão pelos hoteleiros e seu alcance pelos turistas são limitados. Na prática, a diária é usada como o principal parâmetro de segmentação em fontes diversas, assim como a marca das próprias redes presentes no país e outros tipos de classificação (como *luxury*, *upscale, midscale, economy* e *budget*) utilizados por empresas e entidades especializadas. As classificações oficiais ainda não estão consolidadas e plenamente aceitas no território nacional. De fato, cada *player* se autoclassifica como melhor lhe convém, e não há um organismo fiscalizador efetivo que controle o padrão de qualidade de cada empreendimento.

Como resultado, além dos hotéis de rede com marca forte e que reluzem no segmento no qual atuam, há grande dificuldade para classificar os demais meios de hospedagem do país quanto aos tipos de produto e serviços oferecidos ao cliente. O guia *Quatro Rodas*, da editora Abril, ainda é, sem dúvida, uma das principais referências usadas tanto pelo consumidor final como por profissionais do setor para diferenciar padrões de produtos hoteleiros.

Os *stakeholders*

A hotelaria envolve inúmeros atores. É uma atividade dinâmica, complexa e com forte impacto na economia. Conhecer e estudar cada um deles é essencial para entender quais políticas de estímulo ao setor podem ser implementadas.

Tabela 5 • Principais *stakeholders* do setor hoteleiro e suas funções primordiais

Stakeholder	Principal função
Instituições financeiras	Concessão de crédito/*funding*
Redes hoteleiras	Gestão do negócio hoteleiro
Construtoras	Construção do meio de hospedagem
Consultorias especializadas	Assessoramento estratégico e operacional
Desenvolvedor	Estruturação do negócio
Destino	Indução de demanda e oferta de serviços complementares
Entidades setoriais	Representação do setor e busca de estímulos
Governo	Regulação e criação de estímulos ao setor
Investidores	Investimento no setor (novos projetos e transações)
Meios de transporte	Deslocamento de turistas
Agências e operadoras de turismo	Canal de distribuição do produto hoteleiro
Restaurantes	Oferta de serviços de alimentação
Sociedade	Oferta de profissionais qualificados
Fornecedores	Oferta de serviços e produtos necessários
Turistas (o cliente)	Consumo de serviços hoteleiros

São diversos os *stakeholders* relacionados ao setor hoteleiro, incluindo organizações públicas e privadas, e, inclusive, a sociedade. A tabela anterior indica os principais.

Alguns comentários adicionais são importantes com relação aos agentes mencionados:

- *Construtoras*: responsáveis pela implantação do empreendimento, em todos os aspectos relacionados à edificação do imóvel. Comumente, são parte do grupo empresarial de uma incorporadora.

- *Desenvolvedor*: agente que identifica oportunidades de negócios, mobiliza os investidores e viabiliza o empreendimento. Entre suas possíveis atribuições estão a contratação de estudos de mercado para analisar a viabilidade do projeto, a busca de financiamento, a contratação de construtoras e arquitetos, a compra do terreno e a negociação com operadoras interessadas em administrar o empreendimento. É o principal agente no processo de estruturação de negócios hoteleiros. Tipicamente, não são os investidores finais do negócio hoteleiro, mas sim os idealizadores do projeto. Uma vez equacionados a ideia e os parceiros para a implantação do hotel no Brasil, os desenvolvedores geralmente buscam vender os apartamentos como condo-hotel a investidores pulverizados, sobre os quais recaem os principais riscos do empreendimento, especialmente o de retorno financeiro do capital aportado.

> [...] recai sobre ele [desenvolvedor] toda a tarefa de estruturação do empreendimento e de coordenação do processo de estruturação do produto hoteleiro [...]. Contratar a operadora hoteleira adequada, a empresa de consultoria que tenha competência para desenvolver os estudos de viabilidade econômica, a empresa de *hotel asset management* devidamente estruturada para prestar esses serviços e a correta empresa de comercialização [para o caso de venda de

condo-hotéis], [...] tudo isto é tarefa do incorporador (ou do desenvolvedor), o que torna o agente mais importante no que tange à qualidade final do produto imobiliário de investimento hoteleiro. (Secovi, 2012, p. 40)

- *Investidores*: em âmbito internacional, fundos de investimento, como de *private equity*, imobiliários e de pensão, são investidores habituais em hotéis. Outros investidores são as próprias redes hoteleiras, que cada vez mais deixam de aportar capital próprio em novos empreendimentos, com exceção de seletas oportunidades estratégicas, para dedicar-se exclusivamente à gestão dos ativos. Adicionalmente, incorporadoras e outros *players* diversos também são alguns dos possíveis investidores em hotéis. No Brasil, por causa da histórica ausência de financiamento, o principal investidor do setor foi e continua sendo o comprador de condo-hotéis.
- *Consultorias*: entre as atribuições mais comuns relacionadas às consultorias no processo de estruturação de negócios hoteleiros está a identificação de oportunidades, a realização de estudos de mercado e análises de viabilidade econômica, a conceituação do produto, o apoio no processo de seleção e negociação com a operadora, além do auxílio na estruturação do *funding* do projeto. No momento de idealização do projeto, também é comum a contratação de consultorias para serem os futuros *asset managers* do empreendimento, de forma a aumentar o valor percebido do projeto e maximizar seu potencial de rentabilidade.
- *Instituições financeiras*: no mundo, em especial na Europa e nos Estados Unidos, são um importante agente financiador do setor, com linhas de crédito de longo prazo (até vinte anos) e com taxas de juros baixas, inferiores a dois dígitos. Comumente, exigem estudos de viabilidade durante o processo de análise de crédito e concedem financiamento apenas a projetos com boas

perspectivas de rentabilidade. No Brasil, a participação de bancos comerciais no setor é pífia, e suas condições de financiamento são proibitivas, em função dos juros altos, das garantias exigidas e do curto prazo para pagamento. Como alternativa, o setor encontrou no condo-hotel uma opção de *funding* para a viabilização de hotéis no país.

O setor hoteleiro envolve numerosos atores, do poder público à iniciativa privada. Na tabela e nos comentários anteriores, destacaram-se os principais. Porém, há muitos outros, inclusive os que não se destinam exclusivamente à hotelaria, mas que oferecem ocasionalmente assistência ou fornecimento de serviços ou produtos ao setor. O estudo da Fundação Instituto de Pesquisas Econômicas (Brasil, 2006b) ilustra quão importantes os hotéis são para a economia em geral, inclusive como suporte ou base para a realização de negócios e para o desenvolvimento do país. Com esse enfoque mais amplo, porém justo e adequado, percebe-se que muitos outros agentes têm relação com a hotelaria, seja do ponto de vista da demanda, da oferta, de fornecedores ou de instituições de interesses público.

Requisitos de mercado (*Market requirements*)

Os requisitos de mercado estabelecem as condições mínimas desejadas para que um negócio funcione. No setor hoteleiro, há dez requisitos-chave, referentes ao destino e ao hotel. O seu cumprimento deveria ser o primeiro passo para um serviço de qualidade, competitivo e rentável.

Requisitos de mercado são os fatores mínimos desejados para que um negócio funcione. Apesar de não garantir competitividade a uma empresa, são a base de sustentação estratégica que deveria ser comum a qualquer empreendimento existente, independentemente do setor econômico.

Para o presente livro, os requisitos de mercado foram divididos em dois grupos:

- *Requisitos de mercado do destino*: elementos básicos que um destino deveria ter para viabilizar a existência e o desenvolvimento de um setor econômico.
- *Requisitos de mercado do negócio*: elementos básicos que uma empresa deveria ter para desenvolver negócios em um setor.

No setor hoteleiro, os principais requisitos de mercado podem ser agrupados de acordo com a tabela a seguir. Nela, aparecem alguns dos principais elementos entendidos como fundamentais para a existência de hotéis, com base na avaliação pessoal do autor. O resultado apresentado é somente indicativo e deve ser entendido como uma versão preliminar dos requisitos do mercado hoteleiro. Outras pesquisas mais específicas devem ser realizadas para validar os itens destacados. Entretanto, para o objetivo do presente livro, os resultados alcançados são suficientes para permitir uma compreensão ampla e estratégica do setor, como pretendido.

Tabela 6 • Requisitos de mercado do setor hoteleiro

Requisitos de mercado	
Do destino	Do negócio
Economia, política e legislação favoráveis	Financiamento
Atratividade turística	Marca
Performance hoteleira adequada	Localização do hotel
Existência de *partners* confiáveis	Satisfação ao cliente
Oferta de terrenos	Responsabilidade social

Nas próximas páginas, será analisado mais detalhadamente cada um dos requisitos de mercado identificados.

Do destino

Os investidores hoteleiros deveriam estruturar negócios em destinos com economia, política e legislação favoráveis, atratividade turística, performance hoteleira adequada, existência de *partners* confiáveis e oferta de terrenos com boas condições e preços acessíveis.

Economia, política e legislação favoráveis

Estabilidade econômica e política são condições básicas para o desenvolvimento de qualquer atividade econômica. Contrastantes e contínuas flutuações são percebidas como um indício de risco, elemento que exerce influência direta sobre a realização de negócios hoteleiros em um país, inclusive sobre as estratégias de internacionalização das grandes empresas para um novo mercado (Anderson & Gatignon, 1986; Erramilli, 1990; Erramilli & Rao, 1993; Gatignon & Anderson, 1988).

Alguns dos indicadores estratégicos medidos pelo mercado antes de investir em um destino são a evolução da inflação, do PIB, da taxa de câmbio, da geração de empregos, das perspectivas de investimentos públicos e privados, entre outros. A hotelaria urbana é fomentada essencialmente por viajantes a negócios. As empresas de uma região são os grandes geradores de demanda por hospedagem em um município; por isso, entender suas perspectivas de evolução econômica antes de construir um hotel é um passo essencial para maximizar as chances de sucesso do investimento.

Sob a ótica de viagens a lazer, também é importante analisar a economia nacional e de seus países emissores de turistas. O crescimento da economia pressupõe o aumento do nível de renda da população e das empresas, motivo pelo qual a quantidade de recursos para viagens também aumenta – quanto ao volume de gastos por viajante, ao total de viajantes ou aos dois fatores em conjunto (Meurer, 2010). Além disso, o câmbio influi diretamente no poder de compra de um turista em outro país (Demir, 2004), facilitando o consumo de viagens em destinos mais baratos. No momento de apreciação da moeda interna, as viagens ao exterior podem ser mais atrativas. Da mesma forma, quando há depreciação da moeda nacional, há maior estímulo para viagens domésticas.

Sobre a estabilidade política, os conflitos armados no norte africano são um claro exemplo de como o turismo é suscetível a influências dessa natureza (Ernst & Young, 2012). Tais conflitos reduziram drasticamente o número de visitantes a países com grande atratividade turística, como o Egito. No Brasil, um caso recente foram as manifestações que se espalharam pelo país a partir de junho de 2013, quando centenas de milhares de pessoas tomaram as ruas para reivindicar melhorias nos serviços públicos de cada estado e em sua governança política. Tais eventos afetaram o faturamento de diversas atividades econômicas, entre os quais o setor hoteleiro, que sofreu cancelamentos de reservas por causa do clima de incertezas que pairava sobre o país.

Legislação transparente, com carga tributária adequada e simplificação burocrática para abertura de novos negócios por empresas nacionais ou estrangeiras são outros exemplos de como estimular a realização de negócios hoteleiros em um destino (JLL, 2011a). Com relação às licenças ambientais, de construção e de funcionamento, rapidez e clareza nos critérios de avaliação do projeto são vitais para transmitir confiança e profissionalismo aos potenciais investidores na região. Em diversos casos, atrasos de um a dois anos no processo de licenciamento de um projeto afetam drasticamente sua perspectiva de rentabilidade.

Atratividade turística

Atratividade turística de um destino é um termo amplo, relacionado a numerosos fatores, como segurança pública, infraestrutura de acesso, investimentos em promoção turística, oferta de serviços complementares, disponibilidade de profissionais capacitados (em nível estratégico e operacional), riqueza dos recursos naturais e culturais, competitividade das empresas, entre outros. A literatura internacional sobre o tema é diversa (Hu & Ritchie, 1993; Enright & Newton; 2004; Cracolici, 2009).

Entre os elementos mencionados, um que merece especial atenção é a disponibilidade de profissionais qualificados. A hotelaria é intensiva em mão de obra, motivo pelo qual a qualificação dos trabalhadores é fundamental para o desenvolvimento do setor. Existem diversas cidades, especialmente aquelas com menos de 200 mil habitantes, que não possuem bons cursos técnicos e universidades, dificultando a estruturação de negócios no destino. Muitas vezes, a opção é atrair profissionais de outros municípios, encarecendo os custos operacionais do empreendimento e diminuindo seu potencial de geração de riquezas à comunidade local.

Destinos de negócios também requerem atratividade nos serviços de interesse turístico. Apesar de seus recursos naturais e culturais não serem os geradores de demanda ao município, este precisa dispor de serviços básicos que atendam às necessidades de seus visitantes, como bons aeroportos, bares e restaurantes. Destinos sem estrutura e atratividade mínima permitem que outras regiões próximas mais qualificadas recebam seus potenciais hóspedes e se beneficiem de seu poder de consumo.

Performance hoteleira adequada

O nível de desempenho histórico do mercado hoteleiro é um dos principais indicadores levados em conta para a estruturação de novos negócios e a realização de transações. Por desempenho mercadológico entende-se comumente preço médio, taxa de ocupação e RevPAR, apesar de muitos hoteleiros se fixarem muitas vezes somente na taxa de ocupação.

> [...] deve-se reforçar a ideia de que a taxa de ocupação é apenas um dos indicadores da saúde de um mercado hoteleiro. Ela não deve ser utilizada isoladamente para determinar a viabilidade de um em-

preendimento hoteleiro, nem para tomar decisões de investimento. (FOHB & HotelInvest, 2010, p. 11)

Um mercado com desempenho modesto não significa necessariamente que novos empreendimentos não sejam viáveis. "Cada projeto possui características únicas que o diferenciam da média do mercado e afetam sua rentabilidade de maneira distinta" (FOHB & HotelInvest, 2010, p. 11). Porém, mercados com excelentes níveis de performance assinalam uma maior probabilidade de viabilidade de novos desenvolvimentos.

O nível de ocupação e o preço médio adequados dependem do tipo de produto hoteleiro analisado. É importante que o faturamento obtido compense os custos do negócio e permita uma remuneração do capital investido em consonância com as perspectivas iniciais de rentabilidade. Somente assim será possível estimular novos negócios e garantir o reinvestimento naqueles já existentes.

Como performance hoteleira adequada entende-se o nível de desempenho atual e futuro. Mercados com bons índices de diária e ocupação hoje, mas com perspectiva de inauguração de diversos novos hotéis, podem sinalizar uma provável queda de performance nos anos seguintes, caso a demanda do mercado não cresça na mesma velocidade da oferta.

Existência de partners confiáveis

Na estruturação ou na operação de negócios hoteleiros, a existência de *partners* confiáveis é vital para o crescimento e o desenvolvimento do setor (Chathotha & Olsen, 2003). Para os empreendimentos existentes, dispor de uma rede de bons fornecedores, por exemplo, deveria ser uma condição básica de mercado. Sem isso, a qualidade do hotel estaria comprometida e provavelmente surgiria a necessidade de fazer acordos com empresas de regiões mais distantes, o que encareceria o preço final do serviço.

Para novos estabelecimentos, são cada vez mais comuns as relações entre redes hoteleiras e os desenvolvedores como forma de compartilhar riscos e permitir o ritmo de crescimento do setor. Grandes operadoras estão mais dedicadas à gestão do negócio hoteleiro, enquanto desenvolvedores buscam viabilizar a estrutura física do empreendimento e ficar com os ganhos.

Considerando as estratégias de expansão de redes internacionais, muitas vezes a própria legislação local exige acordos entre empresas estrangeiras e nacionais, sem os quais os negócios não seriam permitidos. Um exemplo é o mercado chinês (Guillet *et al.*, 2011).

Em resumo, sem a existência de *partners* sérios e profissionais, os hotéis existentes encontram grandes dificuldades para continuar em operação com serviços de qualidade, e a estruturação de novos negócios torna-se muito mais restrita e arriscada.

Disponibilidade de terrenos

Sem terrenos disponíveis, não é possível construir novos empreendimentos hoteleiros. E por disponibilidade entende-se a oferta de espaços na localização e com preços compatíveis com a expectativa de rentabilidade do setor.

Com o desenvolvimento imobiliário, os terrenos tornaram-se espaços cada vez mais disputados, especialmente em grandes cidades (HotelInvest, 2011), para negócios residenciais, hospitais, centros educacionais ou prédios comerciais. O aumento de demanda resultou em subidas do preço de venda e forte concorrência entre diferentes atividades econômicas por espaços onde desenvolver seus negócios. Em hotelaria, a localização do negócio é estratégica, como será comentado a seguir. O setor demanda terrenos *Premium*,[4] o que encarece ainda mais seu custo de compra.

---

[4] Estratégicos, muito bem-localizados e, portanto, com alto custo.

Além do custo por metro quadrado do terreno, é importante atentar para o seu potencial construtivo. Regiões com possibilidade de alta verticalização nas construções permitem ratear o terreno entre uma maior área construída, o que pode melhorar as perspectivas de rentabilidade do projeto.

Do negócio

Os requisitos mínimos que um negócio hoteleiro deveria garantir antes de investir em fatores de diferenciação são financiamento adequado, marca forte, boa localização, serviços e instalações que satisfaçam o cliente e responsabilidade corporativa.

Financiamento

Internacionalmente, o financiamento é um elemento-chave e básico do desenvolvimento hoteleiro.

No mundo todo, financiamentos são de grande importância para a indústria hoteleira. Praticamente todos os negócios – aquisições, renovações e implantações – são alavancados por empréstimos. Alavancar, nesse caso, significa usar financiamento de baixo custo para aumentar a rentabilidade do capital do empreendedor (o chamado *equity yield*) (HVS, 2010b).

Com a adoção de financiamentos adequados, de baixo custo e longo prazo, a rentabilidade do negócio hoteleiro pode aumentar significativamente. Projetos com Taxa Interna de Retorno (TIR) real de 11%, por exemplo, facilmente podem chegar a 20% com alavancagem (HVS, 2010b). Nesse patamar de retorno financeiro, investimentos no setor são percebidos como atrativos por diversos *players*.

Evidentemente, desenvolver um negócio com empréstimos também aumenta o risco de investir em hotéis. Caso a rentabilidade do empreendimento fique abaixo do custo de financiamento, o resultado final do negócio será ainda mais baixo. Contudo, se o projeto tiver boas perspectivas de sucesso, o *equity yield* do investidor poderá ser ainda maior se o financiamento adequado for procurado.

Internacionalmente, algumas das fontes de financiamento disponíveis são: fundos imobiliários, fundos de pensão, fundo de *private equity*, bancos comerciais, mercado de capitais e investidores diversos. A diversidade e a sofisticação dos modelos de estruturação de *funding* do negócio têm permitido o crescimento do setor em diversos países de maneira eficaz e ordenada. No Brasil, a principal estratégia de *funding* usada tem sido pelo modelo de incorporação imobiliária (venda de condo-hotéis). As demais opções de financiamento ainda estão em um estágio inicial de desenvolvimento.

Marca

Os especialistas hoteleiros são praticamente unânimes sobre o fato de um hotel precisar de uma boa marca para ser competitivo no mercado. De um elemento estratégico, a marca se tornou um requisito básico, fundamental para competir com outros estabelecimentos.

Além de uma forte marca, o hotel precisa garantir níveis mínimos de qualidade e padrão de serviço, consistência de produto, central de reservas dinâmica, centro de compras unificado, fidelização de clientes, apoio corporativo na gestão do negócio, desempenho comercial mais positivo e menor oscilação de venda em períodos econômicos menos favoráveis. Além disso, por trás da marca, há um sistema de experiências e sensações disponibilizado para o turista. A marca também está relacionada com as emoções do consumidor (Kim & Kim, 2004).

A adesão a uma marca se dá, normalmente, com o processo de filiação a uma rede hoteleira reconhecida e com forte presença em outros destinos. No entanto, apesar de menos comum, os hotéis independentes também podem ter uma marca forte. É o caso de empreendimentos como o Fasano, em São Paulo. Para isso, entretanto, alto nível de profissionalismo e acesso a recursos humanos, tecnológicos e financeiros são necessários, o que infelizmente não reflete a realidade de boa parte dos hotéis independentes mais simples.

Evidentemente, a construção de uma marca, por filiação a uma rede ou em um hotel independente, tem um custo, além de seu maior potencial de geração de receitas. Por consequência, o processo de adesão a uma marca deve ser cuidadosamente analisado, pois diferentes opções podem gerar resultados bastante distintos, impactando diretamente na rentabilidade do negócio.

No item "Filiação hoteleira" serão analisados os benefícios de uma marca em mais detalhes.

Localização do hotel

São inumeráveis as pesquisas que apontam a localização como o principal fator na eleição de um hotel pelo cliente (Aggett, 2007; Chan & Wong, 2006; Lockyer, 2005; Rivers *et al.*, 1991; Weaver & Heung, 1993; Ramos, 2010). Uma localização ideal leva em conta os seguintes fatores (Secovi, 2012):

- *Acessibilidade*: facilidade de acesso de avião, trens, estradas e transporte público;
- *Visibilidade*: facilidade de visualização do hotel na cidade, desde a rua onde está localizado e desde pontos de grande visitação turística. Os empreendimentos fáceis de serem encontrados têm vantagens sobre aqueles menos visíveis;
- *Entorno*: localização próxima a atrativos, a indutores de demanda e à oferta turística complementar, especialmente de restaurantes e lazer. O entorno ideal dependerá do tipo de hotel e do segmento no qual atua, mas regiões agradáveis, seguras e com

vida (com opção de bares, restaurantes, etc.) são geralmente bem-valorizadas.

Para cada tipologia de empreendimento hoteleiro, algumas das características mencionadas serão mais ou menos importantes. Hotéis de negócios, por exemplo, preferencialmente devem estar em localizações de fácil acesso, com boa visibilidade e em um entorno agradável, próximo a uma oferta qualificada de restaurantes e bares e aos locais de compromisso profissional do hóspede. Já em hotéis de convenções, dependendo do perfil de eventos que receba, é possível que o empreendimento esteja em uma região mais tranquila, em contato direto com a natureza e distante de centros urbanos.

O padrão do hotel também condicionará a necessidade de oferta complementar próxima em seu entorno imediato. Empreendimentos mais sofisticados geralmente devem estar em localizações exclusivas, urbanisticamente agradáveis, com total segurança e, se possível, a *walking distance* ou muito próximos a bons restaurantes. Já no caso de hotéis mais simples, a proximidade a estações de metrô e a centros comerciais populares pode ser um diferencial.

O tipo de macrolocalização também pode influenciar a rentabilidade, de um hotel (O'Neill & Mattila, 2006). Em estudos realizados nos Estado Unidos, os autores comprovaram que resorts e hotéis urbanos eram mais rentáveis do que hotéis de aeroportos, de estradas e de subúrbios. Evidentemente, os resultados poderão diferir segundo os mercados (país, região, etc.) analisados, o que dificulta sua extrapolação para outras regiões.

Como macrolocalização, também se pode entender o país no qual o hotel será construído. De forma genérica, é possível afirmar que regiões com maiores incertezas de caráter econômico, ambiental, social ou político implicam mercados de maior risco. Assim, para investir nessas localizações, é natural que os investidores exijam uma rentabilidade mais atrativa para compensar as possíveis oscilações na capacidade de geração de lucro do negócio.

Satisfação do cliente

Oferecer um serviço de qualidade é um pré-requisito para o sucesso e a sobrevivência no turismo, não um diferencial. Em algumas localidades, a qualidade dos alojamentos é estratégica para aumentar a competitividade do destino (Nicolau & Sellers, 2011). Um bom serviço afeta positivamente a satisfação do cliente, estimulando sua intenção de voltar e as indicações a terceiros (Ekinci *et al.*, 2003), além de aumentar sua fidelidade (Dubé & Renaghan, 2000).

O aumento da concorrência no setor hoteleiro requer uma maior atenção à satisfação do cliente (O'Neill & Mattila, 2010) e tem estimulado contínuos investimentos na melhoria de serviços (Benítez *et al.*, 2007). Pesquisas indicam que hotéis de marca com maiores níveis de satisfação do cliente possuem diária média mais alta e inclusive conseguem subir seus preços acima da porcentagem aplicada pela concorrência (O'Neill & Mattila, 2004). É evidente o aumento da importância da satisfação do cliente como fator determinante na geração de receita dos hotéis.

Responsabilidade social corporativa

A preocupação com a Responsabilidade Social Corporativa (RSC) no mundo é crescente. Independentemente do setor, inclusive no hoteleiro, empresas líderes impulsionadas por governos, pelos consumidores e pela sociedade, entre outros agentes, estão acelerando iniciativas que demonstram seus compromissos com essa causa (Kang *et al.*, 2010).

Por responsabilidade social corporativa entendem-se as atividades realizadas por empresas, além de seus próprios interesses, que contribuem para o bem-estar da sociedade (Kang *et al.*, 2010). Os estudos sobre o impacto financeiro da responsabilidade social corporativa nos resultados das empresas ainda são limitados (Lee & Park, 2009; García & Armas, 2007) e, muitas vezes, contraditórios (Kang *et al.*, 2010). Porém, muitos autores reconhecem que a RSC pode resultar em benefícios financeiros para as empresas que a põem em prática (Aragón-Correa *et al.*, 2008; Bird *et al.*, 2007; Nicolau, 2008; Orlitzky *et al.*, 2003).

Além dos resultados financeiros positivos, investir em responsabilidade social gera uma boa imagem para as corporações e reafirma o papel das empresas como contribuintes do desenvolvimento socioeconômico de uma região. Além disso, com o decorrer do tempo, serão crescentes as cobranças e as exigências do governo quanto a atitudes que favoreçam a sociedade. Essa prática (responsabilidade social) deveria ser considerada por todos os investidores como um requisito de mercado.

Fatores-chave de sucesso (*Key success factors*)

Para criar vantagens competitivas, são cinco os elementos principais nos quais um hotel pode investir: alianças estratégicas, tecnologia de informação e comunicação, renovação e inovação, gestão do conhecimento e da qualidade, e *hotel asset management* (gestão de ativos do hotel).

Se os requisitos de mercado estabelecem condições mínimas desejáveis para que um negócio exista, os fatores-chave de sucesso determinam os elementos estratégicos que potencializam seu sucesso mercadológico. Em outras palavras, os requisitos de mercado permitem a uma empresa estar no mercado, enquanto os fatores-chave de sucesso estimulam a criação de vantagens competitivas.

Para estar no mercado hoteleiro, as empresas devem preocupar-se principalmente com dez fatores-chave, relacionados ao destino (economia, política e legislação favoráveis; atratividade turística; performance hoteleira adequada; existência de *partners* confiáveis; e oferta de terrenos) e ao negócio (financiamento; marca; localização do hotel; satisfação do cliente; e responsabilidade social). Atendidos esses critérios, o passo seguinte seria buscar diferenciação e competitividade, ou seja, o desenvolvimento de fatores-chave de sucesso que potencializem as possibilidades de êxito do negócio hoteleiro.

De forma similar ao comentário destacado anteriormente sobre a definição dos *requisitos de mercado*, a definição dos fatores-chave de sucesso do setor hoteleiro também deve ser entendida como uma versão preliminar. Deve-se dar início às pesquisas adicionais que tratem especificamente do tema. No entanto, para o objetivo do livro, considera-se válido o esforço de sintetizar os principais elementos que incidem na competitividade e no bom resultado mercadológico de um negócio hoteleiro.

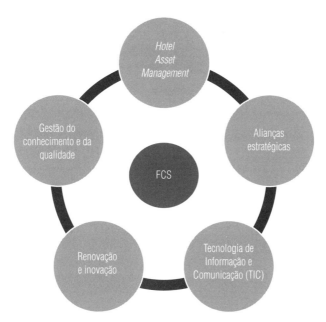

Figura 1 • Fatores-chave de sucesso (FCS) do setor hoteleiro

Dificilmente uma empresa logrará ser muito boa em todos os fatores-chave de sucesso. Contudo, quanto mais critérios forem atendidos, mais competitivo será o negócio e mais possibilidades de sucesso haverá. Os elementos indicados não são uma lista exaustiva, mas alguns dos principais exemplos de fatores que devem ser levados em conta para triunfar no setor hoteleiro, oferecendo um serviço único, de qualidade e de valor experiencial.

Gestão do conhecimento e da qualidade

A gestão do conhecimento deveria ser um dos principais instrumentos a apoiar a tomada de decisões estratégicas, rumo a um serviço de qualidade e com vantagens competitivas.

O mundo corporativo atual requer respostas rápidas para aproveitar as oportunidades e entender as ameaças inerentes às empresas. Os empreendimentos hoteleiros também começam a reconhecer a necessidade de obter dados e informação sobre clientes, fornecedores e concorrentes com o objetivo de criar estratégias personalizadas que superem as expectativas dos hóspedes (Dias & Pimenta, 2005). Nesse cenário, as ferramentas de Inteligência Competitiva auxiliam as empresas a transformar, rápida e eficientemente, dados e informação obtidos em inteligência para apoiar as decisões operacionais, táticas e estratégicas (Tomaél *et al.*, 2006), ou, em poucas palavras, para sobreviver em um mercado assediado pela concorrência.

A inteligência competitiva é uma importante ferramenta de gestão do conhecimento (Haro, 2012). Apesar de ser um campo relativamente novo na bibliografia sobre gestão, sua importância é irrefutável, pois se trata de um dos principais instrumentos que apoiam o processo de tomada de decisões (Cruz & Anjos, 2011), inclusive as prospectivas (Bose, 2008).

Para coletar, analisar e dar utilidade a dados e informações, mais do que ferramentas informatizadas, são necessárias pessoas qualificadas. Os recursos humanos impactam diretamente na gestão e na performance de um negócio, especialmente no setor hoteleiro (Crook *et al.*, 2003), que é intensivo em mão de obra.

Investir em gestão de pessoal na hotelaria é crucial. Os trabalhadores de um hotel são os principais fatores que garantem um serviço diferenciado, com impacto direto no desempenho financeiro (Sharma & Upneja, 2005; Bowen & Chen, 2001; Wong & Kwan, 2001), na competitividade do negócio (Kim & Oh, 2004; Wang & Shyu, 2008), na rotatividade de pessoas e na produtividade laboral (Huselid, 1995). O setor hoteleiro está se tornando cada vez mais complexo e demandante de profissionais com excelentes habilidades e conhecimentos em todos os níveis, do operacional ao estratégico. Por essa razão, muitos empreendimentos estão tentando reter seus colaboradores, oferecendo-lhes formação educacional e recompensas. Assim, valer-se de boas práticas já lançadas é uma estratégia aconselhável.

Esforços em gestão da qualidade também podem facilitar a gestão do conhecimento nos hotéis e, principalmente, assegurar a prestação de um serviço competitivo. Uma estratégia possível é a busca de certificação de qualidade. Mesmo que não haja evidências irrefutáveis sobre o impacto financeiro positivo de sistemas de Total Quality Management (TQM) na hotelaria, muitos de seus benefícios são inquestionáveis, como o investimento em pessoas e na melhora do sistema de gestão do negócio (Nicolau & Sellers, 2011). Além disso, a gestão da qualidade é uma estratégia para reduzir custos e maximizar as receitas (Feng & Morrison, 2007).

Hotel Asset Management

Entre as principais funções do *hotel asset manager* estão garantir uma política de preços e de eficiência operacional que assegure o alcance do potencial de rentabilidade do hotel, qualidade, controle de custos e conservação do imóvel em condições competitivas.

Hotel Asset Management, ou gestão do ativo hoteleiro, é uma prática geralmente realizada por empresas especializadas em investimentos e serviços hoteleiros a compradores individuais de condo-hotéis (Secovi, 2012) e a outros perfis de investidores hoteleiros, com o objetivo de maximizar o resultado operacional do negócio e induzir a valorização do patrimônio.

Apesar da crença, em muitos mercados, de que adotar preços baixos frequentemente é uma necessidade (Enz *et al.*, 2009), por causa do medo da baixa ocupação ou, de acordo com Watkins (2003), do chamado dilema da habitação vazia, os estudos sugerem que manter preços altos é a melhor estratégia para maximizar o faturamento de um empreendimento (Canina & Enz, 2006; Canina & Carvell, 2005; Damonte *et al.*, 1998/1999), independentemente do tipo de hotel ou do cenário econômico (Enz *et al.*, 2009). Os preços baixos podem facilitar taxas de ocupação atrativas; contudo, o reflexo nos resultados finais do hotel é geralmente inferior em comparação com um empreendimento que adota tarifas mais robustas mesmo quando com ocupação menor. "Os hotéis devem otimizar a receita por habitação disponível (RevPAR) gerenciando apropriadamente o preço médio (ADR), em vez de enfocar somente em ocupação e aceitar uma inevitável diminuição nos lucros [...]" (Butscher *et al.*, 2009, p. 406).

Também deve ser levado em conta que diminuir os preços para satisfazer a demanda não substitui a necessidade de manter um alto nível de qualidade na prestação do serviço, o que pode tornar tal estratégia muito arriscada (Hayes & Huffman, 1995). Além disso, uma vez que se baixam os preços, sua posterior subida pode ser lenta e difícil (Butscher *et al.*, 2009).

Evidentemente, baixar ou subir preços não é uma decisão individual, mas sim profundamente influenciada pela concorrência (Enz *et al.*, 2009), motivo pelo qual, em momentos de crises – seja de superoferta, seja de diminuição de demanda –, o risco de haver uma guerra de preços com perdas para todo o setor pode ser alto. Por isso, associações setoriais e estudos estratégicos têm a função de educar o mercado sobre como obter os melhores resultados, inclusive em períodos desfavoráveis.

O setor hoteleiro deve evoluir de simples estratégias de definição de preço, como o resultado da comparação com os competidores ou a adoção de margens fixas sobre os custos do negócio, e praticar preços conforme o potencial de compra de suas diferentes demandas (Sahay, 2007). Cada cliente, em diferentes momentos, tem distintas propensões ao consumo. O hoteleiro deve compreender seus comportamentos de compra e adotar preços que maximizem o potencial de faturamento do empreendimento (Collins & Parsa, 2006). A adoção de preços flutuantes no mercado hoteleiro tem sido cada vez mais comum e tem contribuído para o aumento do potencial de geração de lucro dos hotéis.

Em linhas gerais, o serviço de *hotel asset management* (HAM) permite melhorar o desempenho e diminuir o risco de investimento do negócio (Secovi, 2012). Hotéis com bons *asset managers* são menos suscetíveis a oscilações do mercado e tendem a ter uma performance acima de seus concorrentes com atributos similares.

Além do auxílio nas estratégias de *revenue* ou *pricing*, outros componentes importantes relacionados ao serviço de HAM seriam a gestão de custos e do fundo de reposição de ativos, além da representação de investidores individuais (no caso de condo-hotéis) perante as operadoras hoteleiras. No Brasil, graças à popularização do modelo de condo-hotel como estratégia de expansão das redes, muitos investidores sem conhecimentos sobre hotelaria passaram a fazer parte do setor quando compraram unidades hoteleiras pulverizadas. Para esses investidores, contar com a representação de uma empresa especialista que acompanhe a gestão do condo-hotel é uma excelente forma de aumentar o potencial de rentabilidade dos seus investimentos.

Alianças estratégicas

> As alianças estratégicas contribuem para a entrada e a permanência de um hotel no mercado. Elas estão diretamente relacionadas às opções de expansão do negócio e de ganhos de eficiência operacional.

No setor hoteleiro, não basta existirem *players* sérios com relações comerciais superficiais. Para que uma empresa conquiste reais vantagens competitivas, é necessário criar alianças estratégicas sólidas com fornecedores e potenciais investidores. Hotéis de uma rede, por exemplo, podem fazer acordos individuais com bons prestadores de serviço. Ou então a sede corporativa pode negociar por todos os seus hotéis juntos, obtendo vantagens de negociação. A concretização de acordos permite maior eficiência operacional, com diminuição de custos, melhor produção e aumento de penetração de mercado.

Além de acordos estratégicos com fornecedores, outras formas de alianças também podem beneficiar a operação de hotéis. O uso de centrais de reserva de operadoras globais (Contractor & Kundu, 1998a) e alianças com clientes e também com a concorrência (Lewis, 1990) são exemplos de como potencializar as forças do setor.

Sob o ponto de vista de estruturação de novos negócios, também é possível fazer acordos pontuais ou buscar alternativas que aumentem significativamente o potencial de expansão da empresa. As alianças estratégicas são importantes em diversos momentos de um negócio hoteleiro – não somente na operação mas inclusive na estruturação de projetos.

Uma empresa é obrigada a investir sozinha no negócio caso não queira submeter-se ao risco de oportunismo e incompetência ao aliar--se a parceiros desqualificados. Paralelamente, a aliança com empresas sérias aumenta as opções de investimento em um destino e, automaticamente, as possibilidades de sucesso e de crescimento acelerado

(Anderson & Gatignon, 1986; Luo, 1999). Sem um *partner* estratégico, as oportunidades de crescimento de qualquer *player* seriam limitadas (Chathotha & Olsen, 2003).

Uma aliança estratégica pode ser definida como um acordo de cooperação envolvendo duas ou mais organizações, com o objetivo de compartilhar recursos e alcançar objetivos em comum (Parkhe, 1991). De acordo com Gulati (1995), as alianças também resultam em mudanças entre as partes envolvidas e no desenvolvimento de iniciativas em conjunto. Entre as modalidades de alianças envolvendo diferentes *stakeholders* do setor, podem ser mencionadas *joint ventures*, acordos de administração, franquias, entre outros (Chathotha & Olsen, 2003), como será explicado detalhadamente no tópico "Estratégias de desenvolvimento e crescimento".

Tecnologia de Informação e Comunicação (TIC)

Algumas das vantagens de investir em tecnologia da informação e comunicação são o ganho de produtividade, a proximidade com o cliente e o desenvolvimento de sistemas de inteligência competitiva e de gestão do conhecimento.

As estratégias de Tecnologia de Informação e Comunicação (TIC) podem ser um elemento de valor agregado aos empreendimentos hoteleiros orientados à satisfação do cliente (Camison, 2000), capaz de trazer conveniência ao turista e aos trabalhadores. Os investimentos em tecnologia reduzem os procedimentos operacionais, geram eficiência e produtividade, e também permitem a criação de ferramentas de inteligência competitiva, como um banco de dados para análises estratégicas (Tavitiyaman *et al.*, 2011) e de gestão do conhecimento (Biz *et al.*, 2010). Da perspectiva do cliente, as TICs podem melhorar a qualidade dos serviços, com formas de comunicação mais dinâmicas e interativas (Mulligan & Gorgon, 2002).

Para estabelecimentos que tenham orçamento limitado, as estratégias de *outsourcing* são uma boa alternativa para investir em TICs. Alugar ou contratar sistemas de tecnologia e informação tem um custo mais baixo, comparado ao custo de desenvolvimento próprio, e resulta interessante, uma vez que podem ser aumentadas as facilidades de consumo e serviços aos hóspedes (Tavitiyaman *et al.*, 2011). Segundo Tavitiyaman e outros (2011), outros benefícios gerados por investimentos em TICs merecem destaque, como: a contribuição para gerar mais receita e aumentar o alcance aos clientes potenciais; a criação de ferramentas operacionais para o controle interno de qualidade; o desenvolvimento de vantagens competitivas e de elementos de diferenciação; e a melhoria da prestação do serviço.

O fato de que as TICs permitem criar estratégias para ganhar vantagens competitivas é inquestionável. Agora, mais do que oferecer serviços básicos, como internet rápida, eficientes check-in e check-out e páginas da web seguras – todos importantes para a satisfação dos clientes (Tavitiyaman *et al.*, 2011), mesmo que não suficientes –, o desafio é encontrar formas inovadoras e criativas de oferecer ao cliente tecnologias e comodidades que realmente diferenciem o empreendimento da concorrência.

Renovação e inovação

Renovar e inovar na hotelaria deve ser uma estratégia contínua, que permita prolongar a vida útil do imóvel e garantir uma posição competitiva de destaque no mercado. A criação de um fundo de reserva para investimentos dessa natureza é aconselhável para qualquer empreendimento.

Toda empresa encontra-se em um processo contínuo de obsolescência e desgaste para o futuro (Prahalad & Ramaswamy, 2004), especialmente em hotelaria, pela alta utilização e deterioração física do ativo imobiliário. Contínuos reparos e reinvestimentos são imprescindíveis no setor, a fim de manter o empreendimento sempre competitivo e atualizado às novas tendências de mercado (Ernst & Young, 2012). Para isso, a criação de um fundo de reservas é de extrema importância, pois este serve de fonte de financiamento para as reformas necessárias.

A renovação de um hotel permite prolongar sua vida útil, ganhando, assim, eficiência operacional e melhora de imagem (Hassanien & Baum, 2002). Essa é uma necessidade onerosa, contínua e essencial para que os hotéis sigam concorrendo no mercado (Proserpio, 2007). A desatualização ou o envelhecimento do empreendimento pode gerar desvantagens e a conseguinte piora do desempenho financeiro do negócio.

> Segundo o Fórum de Operadores Hoteleiros do Brasil (FOHB), os hotéis necessitam realizar investimentos anuais em montantes crescentes da ordem de 1% a 5% de seu faturamento bruto, permanecendo ao redor de 5% a partir do quinto ano de implantação, destinados à formação de um fundo para reposição de ativos. Além disso, de forma geral, devem passar por grandes reformas estruturais (retrofit), com investimentos da ordem de 20% a 30% de seu investimento inicial, a cada 10/12 anos. (*apud* BNDES, 2006, p. 116)

Os investimentos em renovação não devem ser entendidos como meras reformas pontuais. Apesar de serem necessárias, não são suficientes para manter um empreendimento competitivo e com bom desempenho financeiro.

Seja em renovações, seja em investimentos *green field*, a busca por inovação é uma estratégia-chave, capaz de gerar vantagens competitivas sólidas para um estabelecimento. E, para que esse comportamento pró-inovação seja adotado, é necessário ter, em nível local, *know-how*, profissionais qualificados e instituições de R&D (*Research & Development*) (Fernández *et al.*, 2011), sempre com ênfase nas preferências dos clientes, em qualidade e em tecnologia (Karmarkar, 2004). Leonard--Barton (1995) e Markides (1999) são exemplos de autores que estudaram a relação estratégica entre inovação e crescimento.

Empresas e governos devem estar comprometidos com a modernização do setor hoteleiro nacional. Em linhas gerais, alguns dos aspectos que podem estimular mais investimentos são (Silva, 2007):

- estímulos fiscais;
- investimentos em pesquisas e desenvolvimento;
- crédito subsidiado;
- acordos de parceria público-privados.

Ainda, a decisão de investir em inovação também está relacionada com o incremento de concorrência no setor (Porter, 1980), com as características e os requisitos dos clientes e com a disponibilidade de tecnologia (Namasivayam *et al.*, 2000; Wei *et al.*, 2001).

Também se deve destacar que todo empreendimento passa por uma evolução, e que os níveis de faturamento variam conforme seu estágio no ciclo de vida do produto (Tse, 1991). Em um determinado momento, os hotéis encontrarão dificuldades para concorrer, e o caminho para retomar o crescimento é a renovação (Churchill & Peter, 2000). Contudo, o reposicionamento não deve ser realizado na fase de declive do negócio (Olson & Derek, 2008), mas na sua maturidade (Adizes, 2004), quando há volume de recursos e estabilidade necessários para realizar grandes reformas.

O processo de renovação pode levar a uma mudança de marca e até de segmento. A realização de uma alteração tão drástica é especialmente importante quando uma propriedade tiver perdido eficiência competitiva, estiver obsoleta ou for afetada por nova dinâmica do mercado (Frigo, 2002; Kwortnik, 2006). As condições de cada ambiente mercadológico definirão as reais necessidades de renovação de um hotel.

Set competitivo

A adoção de um critério ou outro para a definição de um *set* competitivo dependerá do mercado e da disponibilidade de informações existentes. Sugere-se que sejam avaliadas diferentes alternativas, considerando-se os atributos do produto, do consumidor e do destino.

A definição da concorrência de um negócio não é uma tarefa simples. O agrupamento de empresas em um *set* competitivo pode basear-se em diferentes critérios, como similitude de recursos (Chen, 1996), atributos da empresa, atributos dos consumidores (Clark & Montgomery, 1999) e tipo de produto (Peteraf, 1993). Alguns dos mais comuns em hotelaria se referem a características do estabelecimento, como sua categoria, localização e preços médios (Ingram & Inman, 1996; Baum & Haveman, 1997).

Apesar de o tipo de hotel ser o enfoque mais comum entre as técnicas para definição de um *set* competitivo, este pode resultar insuficiente por possivelmente não refletir o posicionamento competitivo atual da propriedade e por não considerar as perspectivas do hóspede. Levando em consideração as características do consumidor, a identificação de um *set* competitivo pode estar relacionada, por exemplo, ao motivo da viagem, à satisfação do cliente e a variáveis demográficas (Morgan & Dev, 1994).

> Mesmo que o tipo de produto seja [o critério] frequentemente usado para identificar competidores no mercado hoteleiro, similitude baseada exclusivamente no tipo de produto pode não ser suficiente para identificar todos os competidores, pois as características dos hotéis não são uniformes. Também, [o critério] tipo de produto pode falhar em refletir o posicionamento competitivo de uma propriedade ou o grupo de concorrentes da perspectiva do consumidor. (Kim & Canina, 2011, p. 20)

Não necessariamente propriedades de um mesmo tipo são agrupadas em um único *set* competitivo, pois características como idade, grau de renovação e modos de operação são determinantes na definição dos competidores de um hotel (Kim & Canina, 2011). É natural, por exemplo, que hotéis que se tornem obsoletos sofram *downgrades* em seu grupo de concorrentes, ou seja, que migrem de categorias superiores para outras mais simples.

Outra variável bastante usada para definir a concorrência de um hotel é o preço. Em comparação com o critério tipo de produto, Kim & Canina (2011) afirmam que este reflete a orientação estratégica inicial do empreendimento, enquanto a primeira (o preço) expressa sua posição competitiva atual. Por preço é mais conveniente que se entenda o preço médio efetivo, não a tarifa balcão.

Em resumo, são muitos os possíveis critérios para definir o *set* competitivo de hotéis. A adoção de um ou mais critérios dependerá do mercado e da disponibilidade de informação existente. Em geral, sugere-se que diferentes alternativas sejam avaliadas levando em conta atributos do produto, do consumidor e do mercado.

Filiação hoteleira

Acredita-se, em geral, que os benefícios adicionais da associação a uma rede hoteleira sejam maiores que os custos inerentes à associação. Além disso, a tendência é de que as grandes corporações ganhem cada vez mais participação de mercado no setor hoteleiro global.

No momento da estruturação de um hotel, o desenvolvedor deve eleger entre aderir ou não a uma marca. Apesar de parecer fácil, essa simples opção pode condicionar o futuro mercadológico e financeiro do negócio (O'Neill & Carlbäck, 2011).

A evolução do mercado hoteleiro implicou uma ruptura na forma de administrar as empresas. Internacionalmente, do tradicional cenário dominado por empreendimentos independentes e pequenos, vive-se na atualidade o crescente predomínio das grandes multinacionais e das múltiplas marcas globais (Bailey & Ball, 2006; Cai & Hobson, 2004). O mercado se profissionalizou, a concorrência aumentou e a busca por diferenciação também se intensificou. Se a hotelaria de antes levou em conta diversos motivos para existir, que não eram exatamente seu potencial de geração de capital, hoje a rentabilidade do investimento é crucial para viabilizar novos empreendimentos (Martorell Cunill, 2006).

Nesse contexto, as marcas estão se tornando cada vez mais importantes (O'Neill & Mattila, 2004), não em um, mas em todos os segmentos e tipos de produtos hoteleiros (O'Neill & Carlbäck, 2011). Seu valor como ativo estratégico é amplamente reconhecido (Dev *et al.*, 2009; Tollington, 2002; Keller & Lehmann, 2003; Johnson & Vanetti, 2005). Evidentemente, não se trata somente de possuir uma marca qualquer, mas de procurar aquela adequada ao empreendimento e ao posicionamento de mercado requerido para ter sucesso (Jiang *et al.*, 2002; Leone *et al.* 2006).

As principais vantagens de hotéis de marca em comparação com empreendimentos independentes são:

- *Performance superior*: geração de receita e lucro acima dos níveis da concorrência, como resultado da combinação de uma forte marca e de uma gestão profissional (Brown & Dev, 2000). Espera-se ainda que os consumidores estejam dispostos a pagar um preço *Premium* em marcas percebidas como de alta qualidade (O'Neill & Mattila, 2006; Holverson & Revaz, 2006). Quanto mais forte a marca, também menor o poder de negociação do consumidor para baixar os preços (Tavitiyaman *et al.*, 2011). Quanto à gestão de custos, hotéis filiados a redes possuem acordos vantajosos com fornecedores e ganham em economia de escala (Proserpio, 2007).

- Market share *superior*: geralmente, produtos de marca captam uma maior parcela do mercado do que outros independentes

(O'Neill & Mattila, 2004; Szymanski & Busch, 1987). Eles também estão mais presentes na mente do consumidor, ou seja, possuem maior *mind share* (Gobé, 2001).

- *Diminuição do risco do negócio hoteleiro*: a geração de benefícios em um hotel de marca é mais constante do que em empreendimentos independentes, inclusive durante momentos de crise. Essa maior estabilidade financeira indica que estabelecimentos de marca são um investimento hoteleiro de menor risco (O'Neill & Carlbäck, 2011) e com mais facilidade de obter financiamento bancário (O'Neill & Xiao, 2006). Da perspectiva do consumidor, hóspedes que procuram hotéis de marca reduzem o risco de optar por uma propriedade desconhecida (O'Neill & Xiao, 2006).

- *Maior percepção de qualidade e de serviço tangível*: o nome de uma marca agrega um valor tangível àquilo que é essencialmente intangível. Mesmo que um turista desconheça um hotel, o fato de identificar sua marca lhe permite estabelecer um vínculo de qualidade com o empreendimento (Brucks *et al.*, 2000). Diferentes hotéis de uma mesma marca possuem serviços padronizados e uniformidade no nível de qualidade (O'Neill & Xiao, 2006).

- *Eficiência de marketing*: maior lealdade à marca (O'Neill & Xiao, 2006; Prasad & Dev, 2002), *brand equity* e facilidade para expansão da marca em outros mercados (Mahajan *et al.*, 1994; Lane & Jacobson, 1995), especialmente por contratos de franquia. Marcas de redes hoteleiras consolidadas também oferecem um profundo conhecimento sobre requisitos do consumidor, equipe qualificada, bons sistemas de reserva e gestão (Dunning & Kundu, 1995; Dunning & McQueen, 1982), programas de fidelidade, utilização de novas tecnologias (Proserpio, 2007), programas de *revenue management* e sistemas de distribuição global (O'Neill & Carlbäck, 2011), entre outras vantagens de marketing.

- *Desincentivo a novos hotéis*: marcas bem-estabelecidas em mercados pequenos podem servir como barreira e inibição à construção de novos empreendimentos (Dev *et al.*, 1995; Harrison, 2003).

- *Diferenciação de produto*: mesmo que as características funcionais de muitos hotéis sejam parecidas, os que possuem uma marca forte são percebidos como estabelecimentos com alta diferenciação mercadológica (O'Neill & Mattila, 2010) e vantagens competitivas sobre a concorrência (Tavitiyaman *et al.*, 2011).

Também há pesquisas que demonstram que estabelecimentos independentes podem ter vantagens sobre os hotéis de marca (Mieyal Higgins, 2006), que atributos individuais (como localização e facilidades) podem ser mais importantes que uma marca (Hanson *et al.*, 2009) e que o custo associado a uma marca pode não compensar seus prováveis benefícios agregados. Ainda, operar independentemente não implica custos de *royalty* e *marketing fees*, permitindo mais liberdade ao hotel para promover-se como uma propriedade única (O'Neill & Carlbäck, 2011). Porém, acredita-se que essas afirmações são válidas para exceções de mercado e que, na maioria dos casos, hotéis de marca têm melhor desempenho mercadológico e são mais competitivos e rentáveis que propriedades independentes.

Estruturação de novos negócios

Estruturar um hotel não é um trabalho simples. É preciso conhecer os detalhes do processo de desenvolvimento do negócio e analisar em profundidade os riscos e as barreiras do mercado para decidir se a rentabilidade esperada para um projeto é compatível com as perspectivas de retorno financeiro do investidor.

A estruturação de novos negócios hoteleiros será analisada em quatro tópicos: processo (simplificação das etapas aconselháveis para estudar a construção de um hotel); rentabilidade esperada e custo de oportunidade; riscos; e barreiras.

O processo

É importante seguir cuidadosamente a metodologia de estudos de mercado e de análise econômico-financeira dos hotéis antes de construir novos projetos. A realização de estudos com rigor técnico é essencial para o sucesso do negócio e a evolução sólida do mercado.

Segundo o Secovi (2012), as principais etapas de estruturação de um novo negócio hoteleiro[5] são:

- *Identificação do mercado ou do nicho de mercado*: o mercado deve apresentar evidências preliminares de que a implantação de um novo empreendimento hoteleiro seja economicamente viável. Algumas das possíveis evidências são: alto nível de desempenho dos hotéis; perspectivas de crescimento econômico da cidade; e oferta atual com produtos desgastados e pouco diversificados.

- *Identificação do local*: pode ser um terreno sem edificação ou um edifício já existente para ser transformado em um hotel. A localização é fundamental para o sucesso de um negócio hoteleiro. Sua escolha deve levar em conta principalmente a adequação para futuros hóspedes. As três principais variáveis a serem analisadas são visibilidade, acessibilidade e qualificação do entorno.

- *Desenvolvimento do conceito do produto hoteleiro e elaboração da análise de viabilidade econômica*: o conceito proposto a um futuro hotel deve proceder do estudo de mercado e de viabilidade econômica, realizado por especialistas de mercado, em conformidade com a metodologia internacionalmente aceita, segundo as normas do *Appraisal Institute*, dos Estados Unidos.

---

[5] Etapas sugeridas para a estruturação de negócios hoteleiros a investidores individuais de condo-hotéis. Para esse estudo, alguns itens foram adaptados a fim de tornar a descrição mais genérica, aplicável a qualquer negócio hoteleiro.

A análise de viabilidade econômica deve envolver os seguintes tópicos: a) análises de localização elegida; b) análises do entorno; c) análises dos concorrentes primários e secundários; d) análises das tendências e perspectivas macroeconômicas; e) recomendações com relação ao projeto e ao conceito de produto hoteleiro sugerido; f) análises do mercado hoteleiro por segmento, perspectivas de sua evolução e análises de penetração do produto hoteleiro no mercado estudado; g) projeções de receitas, gastos e resultado para um período de, pelo menos, cinco anos de operação hoteleira; h) estimativas de custos de construção, montagem, FF&E (Furniture, Fixture & Equipment), gastos pré-operacionais, assessorias, taxas de afiliação à operadora e capital de giro inicial; i) avaliação da viabilidade econômica completa do projeto; j) conclusões e recomendações sobre a viabilidade do negócio, que incluem indicações sobre a marca hoteleira adequada ao empreendimento.

- *Contratação da operadora hoteleira*: entre os critérios analisados, estão: a) adequação da marca ao conceito de negócio definido para o hotel; b) histórico de desempenho da operadora em outros empreendimentos; c) experiência da operadora; d) estabilidade econômica da operadora e do grupo econômico a ela relacionado; e) estratégias empresariais da operadora, seu plano de desenvolvimento, perspectivas de crescimento e acesso a fontes de recurso.

- *Contratação do Hotel Asset Manager*: pode ser uma empresa ou um profissional autônomo. Sua principal função é a de monitorar sistematicamente a gestão do empreendimento, propondo correções sempre que necessário. No caso de condo-hotéis com investidores individuais, a figura do *Asset Manager* desempenha os olhos do dono no empreendimento. Para a seleção de um *Asset Manager*, devem ser levados em conta os seguintes aspectos:

a) histórico da empresa ou do profissional; b) experiência em prestação de serviços de *hotel asset management*.

- *Desenvolvimento de projetos de arquitetura e dos detalhes das características físicas do empreendimento*: nesta etapa, além do arquiteto, devem estar envolvidos os consultores responsáveis pela elaboração do conceito do hotel e a operadora hoteleira selecionada, a fim de adaptar o projeto aos padrões operacionais da marca.
- *Estruturação legal do empreendimento*: é a formalização jurídica do negócio, que poderá adotar diferentes estruturas, até mesmo de um fundo de investimento imobiliário, por exemplo.

Além das etapas mencionadas, também merecem destaque as obtenções de licenças (ambiental, de construção e funcionamento) e o período de obras. Com relação às licenças, atrasos expressivos podem corroer a rentabilidade do projeto, razão pela qual elas devem ser obtidas o mais breve possível. No Brasil, a autorização para o início da construção tem levado em média de seis meses a dois anos. Projetos mais complexos tendem a levar mais tempo para aprovação. No entanto, o que realmente tem atrasado mais o processo são a burocracia, a falta de transparência nas exigências requeridas e a ineficiência de parte dos órgãos competentes.

Internacionalmente, o tempo de obras de um hotel é, em média, de dezoito meses a três anos, período que em poucos projetos reflete a realidade brasileira. Também vale comentar que o tamanho, a categoria e a localização do empreendimento, além da disponibilidade de mão de obra, podem impactar nos meses de construção.

No Brasil, entre a idealização, a análise de viabilidade, a estruturação do projeto, a realização de parcerias, a obtenção das licenças, a efetiva construção e o início de operação do hotel, o processo total dura geralmente entre três e quatro anos, dependendo da agilidade do desenvolvedor, da complexidade do projeto e da rapidez para a obtenção das licenças. Caso o *funding* do projeto seja equacionado via incorporação, o processo tende a ser ainda mais longo, pois o início da construção geralmente se dá após o término das vendas do condo-hotel, o que pode levar de dias a um ano, havendo o risco de que não se consigam vender todas as unidades habitacionais do empreendimento. Nesse caso, ou o incorporador aporta o restante do capital necessário para viabilizar a obra ou cancela o lançamento e devolve o dinheiro dos investidores.

Ao longo desta exposição, essas fases não serão detalhadas. Sua inclusão no livro pretende somente ilustrar a complexidade do processo de estruturação de um negócio hoteleiro, independentemente do tipo de produto ou do mercado de atuação. Cada um dos elementos comentados deve ser minuciosamente analisado antes que se opte por investir no setor. Recentemente, o Secovi (2012) criou o *Manual de Melhores Práticas para Hotéis de Investidores Imobiliários Pulverizados*, iniciativa positiva que deve auxiliar potenciais investidores no processo de estruturação de negócios hoteleiros no Brasil.

Para mais detalhes sobre a metodologia de análise de viabilidade econômico-financeira em hotelaria, Rushmore e Baum (2001) são excelentes referências.

Rentabilidade esperada e custo de oportunidade

A rentabilidade ideal de um projeto está diretamente associada aos riscos do negócio e ao custo de oportunidade do investidor. Quanto maiores forem as incertezas do mercado e as boas opções de aplicação do investidor, maior será a rentabilidade exigida para os investimentos em hotéis.

Uma das perguntas mais importantes para um investidor em seu processo de tomada de decisão sobre investir ou não em um negócio é: qual é a minha perspectiva de retorno financeiro? Simplificando o raciocínio, se a rentabilidade esperada do negócio for maior do que o custo de oportunidade do investidor, em um nível suficiente para compensar os riscos e as incertezas do projeto, a decisão de investir poderá ser favorável.

Evidentemente, outros fatores, como existência de *players* confiáveis, valor estratégico do negócio, conhecimento do setor, existência de *funding* apropriado, entre outros, são levados em consideração no processo de decisão. No entanto, por enquanto, fiquemos com o raciocínio simplificado: as perspectivas financeiras do projeto alcançam a rentabilidade mínima exigida pelo investidor?

A avaliação financeira é realizada sobre o custo total de implantação e o fluxo de caixa descontado, já que se acredita ser este o método mais comumente utilizado por empreendedores no processo de decisão, entre diversas alternativas de negócios, para realização de novos investimentos. Genericamente, alguns dos indicadores de rentabilidade mais usados no mercado são a Taxa Interna de Retorno (TIR) e o Valor Presente Líquido (VPL). Já para os investidores de condo-hotéis, os dois principais parâmetros para analisar a rentabilidade de um negócio são as perspectivas de distribuição mensal de resultados (ROI) e de valorização do patrimônio.

Riscos

Um hotel é um investimento de longo prazo, com extenso período de construção e de chegada à estabilidade operacional. Há diversos riscos inerentes ao setor, que vão do desenvolvimento às condições de mercado. Estudá-los bem é essencial antes de iniciar novos projetos.

Conceitualmente, entende-se por risco as incertezas relacionadas às possíveis variações na capacidade de geração de riqueza de um negócio perante um cenário de referência. Em outras palavras, é a possibilidade de um resultado previsto diferir de forma significativa do padrão de comportamento esperado ao longo do tempo.

A análise de riscos é bastante complexa. Em geral, dois grupos de risco são destacados por Secovi (2012): *risco de desenvolvimento* (risco de a construção do empreendimento não ser finalizada, por diversas razões – falta de financiamento, não obtenção de licenças ambientais, falência do grupo empreendedor, entre outras); e *risco de novos concorrentes* (risco de surgirem novos concorrentes para atuar no mesmo mercado que o empreendimento em desenvolvimento, pressionando a rentabilidade do negócio para baixo).

Além disso, outro importante grupo de risco refere-se à estabilidade política e econômica. Apesar de um hotel ser construído no prazo planejado e não aparecerem concorrentes não previstos, sua rentabilidade pode ser fortemente afetada por causa de crises locais, nacionais ou globais.

O risco político apresenta-se em decorrência de mudanças inesperadas na gestão governamental e da consequente confusão no regime político de um país ou região (Fladmoe-Lindquist & Laurent, 1995). Esse risco também está relacionado a possíveis restrições do controle de um negócio, além da repatriação de lucros e *royalties*. Quanto ao risco econômico, alguns dos exemplos podem ser incertezas sobre a evolução da demanda (Chen & Dimou, 2005).

Em ambientes de alta incerteza, maior controle do capital investido pode resultar em maiores perdas para a operadora hoteleira (Gatignon & Anderson, 1988). Em mercados com alto risco político e econômico, recomenda-se a adoção de modelos de gestão mais flexíveis, como as franquias (Chen & Dimou, 2005). A principal vantagem dos acordos de parceria é o compartilhamento de riscos (Chathotha & Olsen, 2003).

Para a consultoria hoteleira BSH (2009a), em resumo, o risco fundamental de um investimento hoteleiro é a possibilidade de o hotel não gerar o fluxo de caixa estimado. Em termos concretos, algumas das tipologias de risco mencionadas pela empresa são: risco de demanda;

risco mercadológico (como guerra de preços); riscos financeiros; entre outros.

É importante mencionar que construir um hotel é um investimento de longo prazo. O período de construção em mercados maduros internacionais geralmente varia entre dezoito meses e três anos, dependendo da complexidade do projeto e da obtenção das permissões necessárias. Além disso, uma vez inaugurado, o empreendimento demora ao menos dois anos para alcançar sua estabilidade operacional. A expectativa de *payback* de um negócio com essas características pode superar dez anos (BNDES, 2006) em mercados pouco atrativos, motivo pelo qual seus riscos devem ser muito bem estudados antes de empreender no setor.

Barreiras

As barreiras de mercado podem ser – e são – fatores limitantes para novos investimentos em um destino. No entanto, quando superadas, transformam-se em uma vantagem competitiva para os projetos durante o período de operação. Identificá-las e estudá-las em detalhes deve fazer parte da avaliação do risco do negócio.

Do ponto de vista econômico, as barreiras de investimento são fatores que limitam, desestimulam ou inibem a concretização de novos negócios, seja em âmbito local, regional ou nacional. O setor hoteleiro apresenta fortes barreiras à entrada a novos negócios, como dificuldade para obter economia de escala, falta de reconhecimento da marca, ausência de fontes de financiamento, dificuldades para aceder a canais de distribuição, políticas governamentais desfavoráveis, insuficiente disponibilidade de profissionais e subida de custos associados à construção (Ernst & Young, 2012). Tavitiyaman *et al.* (2011) completam a lista indicando a necessidade de altos volumes de capital e bom *network* com *players* locais.

Segundo Baum e Murray (2010), as barreiras podem ser sintetizadas em doze itens: habilidade para investir; restrição de capital; barreiras legais; taxas e custos; desejo de investir; risco legal (de posse da propriedade); risco político; estabilidade econômica; risco cambial; risco de liquidez; barreiras culturais; e barreiras geográficas. Dependendo do mercado e do tipo de investimento, as barreiras podem variar ou ter pesos diferenciados.

Entender as barreiras de entrada em um mercado é um tema-chave para aqueles interessados em investir em qualquer atividade econômica ou, do ponto de vista do poder público, em incentivar ou frear seu crescimento. Conhecê-las a fundo é o primeiro passo para a adoção de estratégias com o objetivo de atenuar as limitações e os problemas relacionados ao setor hoteleiro em um destino.

Estratégias de desenvolvimento e crescimento

No mundo, as tendências de estratégia de expansão das redes hoteleiras são *non-equity*. No entanto, não existe um padrão único ideal a seguir. É importante conhecer as vantagens e as desvantagens de cada modelo antes de optar por um que seja adequado ao mercado e à empresa em questão.

Não há um consenso sobre o que significa *estratégia*. Sua concepção moderna remete à competição, ao caminho que a organização deve seguir para diferenciar-se, sobreviver (Thompson Jr. *et al.*, 2004) e desenvolver vantagens competitivas (Porter, 1996). Ela determina a orientação geral e o enfoque da ação organizacional (Mintzberg & Quinn, 2001), materializada em um plano de ações com o objetivo de direcionar a empresa para a realização de seus objetivos no curto e no longo prazo (Enz, 2010).

Além de definir estratégia, vale a pena apresentar indagações relacionadas a esse termo (Thompson Jr. *et al.*, 2004), entre as quais: como fazer o negócio crescer? Como satisfazer os clientes? Como responder às mudanças do mercado? A busca de direcionamento empresarial para responder a essas e a muitas outras perguntas faz parte do âmbito da estratégia.

Independentemente da organização, as decisões estratégicas permeiam três níveis (Mintzberg & Quinn, 2001; Camargos & Dias, 2003):

- *Estratégias corporativas*: estabelecem o setor no qual a organização atuará.
- *Estratégias de negócio*: estabelecem a maneira de competir no setor ou negócio eleito.
- *Estratégias funcionais*: estabelecem a maneira como uma área funcional deve trabalhar a partir da estratégia de negócio eleita.

Não existe um padrão ideal e único de estratégia quanto ao seu processo de formulação e implantação. Cada organização, dependendo das características dos ambientes externo e interno que a circundam, encontrará diferentes caminhos e respostas às suas indagações estratégicas (Mintzberg *et al.*, 2000). As condições particulares nas quais uma empresa está imersa requerem soluções exclusivas, necessárias para corrigir seus problemas específicos, considerando seus recursos internos disponíveis (Prahalad & Hamel, 1990) e o ambiente externo (Porter, 1996).

No caso da hotelaria, crescer é um objetivo constante, percebido como essencial para a prosperidade do negócio (Ingram, 1999; Knowles, 1996). Embora não haja um único padrão de expansão, cada empresa é influenciada por diferentes fatores na hora de definir suas estratégias. Entre eles, Ramón Rodríguez (2002) destaca o capital financeiro requerido, a estrutura organizacional interna, os recursos e as capacidades da empresa, o nível de conhecimento disponível, entre outros. O sucesso da estratégia seguida por um hotel não depende exclusivamente de suas decisões internas, mas também das estratégias realizadas pela concorrência (Boeker, 1991).

A seguir, analisam-se as principais estratégias de expansão hoteleira em quatro tópicos: *funding,* alianças estratégicas, modelos de gestão e internacionalização.

Funding

Das estratégias de *funding* hoteleiro em âmbito internacional, a utilização de financiamentos com prazos, taxas, volumes e exigências de garantias adequados às características do setor foi uma das principais formas que o setor utilizou para crescer e reinvestir em hotéis.

O *funding* do negócio refere-se à origem e à forma de captação do capital financeiro necessário para viabilizar o projeto. Atualmente, há uma clara tendência de utilização de métodos que não impliquem o uso de capital próprio nos planos de expansão das grandes redes hoteleiras (Contractor & Kundu, 1998b). Uma das razões pelas quais esse tipo de estratégia está sendo adotado é a minimização de riscos (Davé, 1984).

As estratégias comuns no setor hoteleiro quanto à estruturação do *funding* do negócio podem ser sintetizadas em dois grupos, diferenciados pela origem do capital: próprio ou de terceiros.

Utilização de capital próprio

A decisão de investir com capital próprio, embora cada vez menos comum, é a que permite maior possibilidade de controle do negócio e, em contrapartida, os mais altos riscos financeiros (Agarwal & Ramaswami, 1992), pois os resultados, positivos ou negativos, não são compartilhados com ninguém.

> [A propriedade total do negócio] supõe maior compromisso de recursos financeiros, tecnológicos e de gerência, mas também implica em que a empresa controle plenamente a atividade. A propriedade

total reduz os riscos de perda do controle das vantagens competitivas, enquanto assegura o incremento do controle de suas operações [...] e é claro, 100% dos lucros obtidos. Uma das mais notáveis desvantagens consiste nos custos de capital, pois é a modalidade de entrada mais custosa. (Driha, 2012, p. 35)

Durante os anos 1950 e 1960, a maioria dos investimentos em hotelaria era feita com capital próprio, modalidade que deixou de ser majoritária somente nas décadas de 1970 e 1980, com a popularização de contratos de administração e franquia (Bull, 1994). Décadas de investimento com capital próprio permitiram às redes uma forte acumulação de ativos imobiliários.

Atualmente, a posse da propriedade dos imóveis e a gestão hoteleira são entendidas como dois negócios distintos (Martorell Cunill, 2002; Ramón Rodríguez, 2002; Proserpio, 2007). Até operadoras europeias começaram a aceitar esse fato e a reconhecer as limitações de expandir-se com capital próprio (Martorell Cunill & Forteza, 2010). Como resultado, ao longo das últimas décadas, grandes grupos hoteleiros internacionais, como Marriott e Starwood, passaram a vender suas propriedades, concentrando-se na gestão do negócio. Em 2004, a Accor, por exemplo, era dona de 60% dos hotéis vinculados às suas marcas. O objetivo atual é manter a posse de somente 20% dos ativos e usar parte dos recursos da venda para reinvestir em projetos estratégicos (*Valor Econômico*, 2010).

Investir capital próprio em um projeto não implica necessariamente o controle de 100% do negócio. São possíveis participações acionárias mistas, compartilhando lucros e riscos. Algumas dessas possibilidades serão descritas no tópico "Alianças estratégicas".

Utilização de capital de terceiros

São diversas as estratégias de expansão hoteleira utilizando capital de terceiros. Entre elas, destacam-se:

- *Financiamento*: em todo o mundo, os investimentos em hotelaria são alavancados com empréstimos de instituições financeiras ou órgãos governamentais. A concessão de crédito barato, de longo prazo e em condições favoráveis ao setor foi essencial para o crescimento hoteleiro em nível global.

- Initial Public Offering (*IPO*): refere-se à venda de ativos financeiros de uma organização por meio da bolsa de valores. É uma estratégia comum, em âmbito internacional, para recapitalizar a empresa e aumentar sua capacidade de expansão. No Brasil, apenas uma rede hoteleira tem capital aberto na Bolsa de Valores (BM&F), a Brazil Hospitality Group (BHG).

- *Fundos imobiliários*: a lógica é parecida à de um IPO; um negócio é repartido em cotas e estas são vendidas no mercado. No Brasil, essa modalidade de investimento está se popularizando. Entre suas vantagens, estão os benefícios fiscais. Em geral, os acionistas de fundos imobiliários pagam impostos somente sobre o ganho de capital no momento da venda da ação. Os lucros provenientes do fundo são livres de impostos (Lima Jr. & Alencar, 2008).

- *Estruturação de condo-hotéis*: nesta estratégia, as unidades habitacionais do projeto são vendidas a grandes *players* ou a investidores individuais. Com o Valor Geral de Vendas (VGV) da comercialização, o hotel é construído e o desenvolvedor é remunerado. Os compradores do condo-hotel adquirem o direito de receber os resultados líquidos do hotel (após descontada também a remuneração da operadora), de acordo com sua participação no negócio.

- *Outras*: outros exemplos envolvem fundos de pensão, REITs[6] (Real Estate Investment Trust) e alianças estratégicas. Estas últimas serão comentadas no tópico a seguir.

---

[6] Para mais informações sobre REITs que atuam em investimentos hoteleiros, pode-se consultar o estudo de Liu (2010).

Alianças estratégicas

Uma aliança estratégica é um acordo entre duas ou mais empresas com o objetivo de somar forças e aumentar as oportunidades de negócios no setor. Podem envolver aquisição, renovação da oferta existente, novas construções, *joint ventures*, entre outros modelos de expansão.

O conceito e a importância das alianças estratégicas já foram apresentados em tópicos anteriores. A seguir, serão descritas algumas das modalidades mais comuns no setor hoteleiro, levando-se em conta as estratégias de expansão adotadas por corporações líderes no mundo:

- *Aquisição*: significa a compra de um mínimo de ações de uma empresa que garanta o controle do negócio (Kogut & Singh, 1988). Driha (2012) destaca os seguintes motivos para que empresas invistam em aquisições: minimização de custos e riscos, ganho de participação de mercado e sinergia, ambição empresarial, desenvolvimento de vantagens competitivas, entre outros. Essa pode ser a estratégia mais rápida para entrar em uma região de interesse. É também uma forma de conseguir informação de mercado sobre hotéis já em operação e de evitar fusões entre empresas da concorrência. O maior risco dessa estratégia seria a compra de ativos não competitivos ou inadequados.

- *Brownfield*: é um tipo de investimento que combina aquisição com novas construções. Uma vez comprado o negócio, este é submetido a reconstruções significativas para que seu processo de produção e estrutura empresarial se amoldem aos critérios da nova empresa. Essa estratégia também está relacionada a renovações e modernizações de propriedades que perderam efetividade e se tornaram obsoletas, podendo relacionar-se a mudanças de marca e de segmentos de mercado como forma de reforçar a performance financeira do hotel e sua competitividade (Hanson et al., 2009; O'Neill & Mattila, 2010).

- *Greenfield*: refere-se a investimentos em novas construções, seja diretamente, com recursos próprios, seja por *partners* estratégicos. Essa estratégia anula o risco de aquisição de um ativo pouco competitivo, embora esteja submetida à lentidão e aos altos preços comuns aos processos de novas construções.

- *Joint venture*: é uma aliança estratégica acionária, caracterizada pelo compartilhamento de ativos, riscos e resultados do negócio entre duas empresas. As principais razões para a criação de *joint ventures*, segundo Driha (2012), Benavides e outros (2003) e Preble e outros (2000) são: familiarização com o entorno econômico de mercados desconhecidos; regulamentações governamentais que obrigam alianças entre empresas internacionais e locais; melhoria da posição competitiva da empresa em nível mundial; acesso a novos canais de distribuição; proteção contra potenciais rivais; soma de conhecimentos de mercado; ganho de eficiência; e acesso a novos mercados, conhecimentos, tecnologias e clientes. Também há possíveis inconvenientes relacionados a esse tipo de aliança, como conhecimento não aprofundado da empresa ao se aliar a ela, eleição errônea de diretivos (Benavides *et al.*, 2003), perda de independência, surgimento de fricções decorrentes de diferenças culturais e de gestão (Pla & León, 2004), entre outros.

As transações hoteleiras, uma prática muito comum nos mercados desenvolvidos (JLL, 2011a), podem estar relacionadas a estratégias de aquisição ou *brownfield*. Desde a crise, esse tipo de investimento diminuiu bastante (Ecole Hôtelière de Lausanne, 2012; JLL, 2011a), em especial, por causa da maior restrição de financiamento no setor.

Aquisições, *joint ventures, brownfield* e *greenfield* foram estratégias usadas por grandes corporações para aumentar sua presença de mercado em âmbito nacional e internacional. Para os próximos anos, essas e novas formas de alianças continuarão sendo importantes para o sucesso dos planos de expansão global no setor (Chathotha & Olsen, 2003). Paralelamente, também existem alianças estratégicas, sem investimento direto de capital, e de irrefutável importância para o setor, como a adoção de acordos de franquias e de administração. Esses e outros modelos de gestão serão analisados a seguir.

Modelos de gestão

Os modelos de gestão mais comuns em hotelaria são os contratos de administração e de franquia. Foi a maneira que muitas redes norte--americanas escolheram para expandir-se globalmente, sem capital próprio e assumindo riscos menores.

Outro tipo de aliança estratégica em hotelaria refere-se aos modelos de gestão adotados pelas redes hoteleiras em seu portfólio de estabelecimentos. Excetuando-se os hotéis próprios, geralmente operados pela própria rede, as propriedades de terceiros podem estar vinculadas à empresa por três tipos de contrato: administração, franquia ou arrendamento.

As estratégias de expansão sem investimento de capital próprio são cada vez mais comuns e já predominam no setor, embora permitam controle limitado do negócio hoteleiro (Contractor & Kundu, 1998a; Driha, 2012; deRoos, 2010). Do total de apartamentos (4.990.918) vinculados às maiores redes hoteleiras globais em 2005, 60% referiam-se a contratos de franquia e 20% a contratos de administração (Martorell Cunill & Forteza, 2010). Essa tendência de expansão global sem investimentos diretos se intensificou a partir dos anos 1970 e 1980[7] (Bull, 1994), ganhando ainda mais força em 2000. Sem investimento próprio, as redes desvincularam-se do risco imobiliário da posse do hotel (deRoos, 2010) e ganharam mais flexibilidade e rapidez para se expandir.

Após a crise mundial, a disponibilidade de crédito passou a ser mais restrita, seja por financiamento bancário, seja por alianças com outras organizações. Nesse ambiente, as grandes corporações hoteleiras estão direcionando ainda mais seus esforços de expansão como empresas *asset light* (Ernst & Young, 2012).

Contrato de administração

Segundo a *American Hotel & Lodging Association* (AH&LA, 2009), existem oitocentas companhias de gestão hoteleira, responsáveis por um ativo de 12 mil propriedades em todo o mundo. Mais de um terço dessa oferta é administrado por uma das nove maiores operadoras globais (Eyster & deRoos, 2009).

O contrato de administração é firmado entre o proprietário do imóvel hoteleiro e a empresa gestora do negócio. O proprietário, que não quer ou não sabe administrar um hotel, contrata uma empresa especializada (Dunning & McQueen, 1981) e a remunera por isso. Contudo, não pode interferir nas decisões operacionais do empreendimento, embora seja o único responsável pelo risco do negócio (Pérez Moriones, 1998), ou seja, pelas incertezas do resultado operacional (Eyster, 1993). Os poucos momentos sobre os quais o proprietário tem alguma influência são em pontuais decisões estratégicas, como a aprovação do orçamento anual e de investimento do hotel e, possivelmente, a aprovação de contratação de pessoal-chave.

---

[7] Os contratos de administração foram desenvolvidos a partir dos anos 1950, quando grandes operadoras – particularmente, Hilton, InterContinental, Sheraton e Hyatt – expandiram-se no estrangeiro (deRoos, 2010).

Desenvolvimento hoteleiro no Brasil: panorama de mercado e perspectivas

Tabela 7 • Características dos contratos de gestão hoteleira

Tipo de contrato	Definição	Forma de remuneração da operadora	Riscos	Controle do negócio pela operadora	Duração do contrato	Aplicabilidade
Administração	Investidor contrata uma rede para que administre seu hotel.	Fee de adesão e percentual sobre receita total (basic fee) e GOP (incentive fee), mais taxas corporativas (reservas, marketing, etc.).	Proprietário assume o risco financeiro, trabalhista e legal do negócio. A rede é apenas uma prestadora de serviço.	Alto. Porém, decisões estratégicas, como a aprovação do orçamento e de reinvestimento, dependem, geralmente, da aprovação dos investidores.	Entre dez e vinte anos.	Geralmente em cidades prioritárias às redes, em produtos de todos os padrões.
Franquia	Investidor paga pelo direito de uso de uma marca hoteleira e recebe suporte técnico e estratégico para administrar o hotel.	Fee de adesão e percentual sobre receita total, mais taxas corporativas (reserva, marketing, etc.). As taxas são geralmente mais baixas que de contratos de administração e arrendamento.	Proprietário assume o risco financeiro, trabalhista e legal do negócio. A rede é submetida ao risco de imagem, caso o investidor não atenda aos padrões de qualidade da marca.	Baixo. A gestão do negócio está sob a responsabilidade do investidor.	Entre cinco e dez anos.	Geralmente em cidades secundárias e terciárias às redes, em produtos de pequeno porte e padrão supereconômico a midscale. Adequado também para conversão de hotéis independentes.
Arrendamento	Contrato de locação entre uma rede e o proprietário de um imóvel para fins hoteleiros.	Pagamento de um aluguel pela rede ao proprietário, podendo ser fixo ou variável. A operadora pode cobrar um percentual sobre receita e GOP, mais taxas corporativas (reservas, marketing, etc.). É a modalidade de contrato com taxas mais altas.	A rede assume o risco financeiro, trabalhista e legal do negócio. Em contrato de aluguel variável, o risco financeiro é compartilhado; porém, em caso de prejuízo, será a operadora a responsável por aportar capital.	Alto. Porém, decisões de reinvestimento dependem de um consenso entre a rede e o proprietário do imóvel.	Entre cinco e dez anos.	Tipo de contrato menos usado na atualidade. Geralmente adotado em mercados prioritários às redes, com alto valor estratégico.

Quanto à forma de remuneração da operadora, há principalmente duas taxas: uma *basic fee* e uma *incentive fee*. A ideia de combinar uma remuneração básica sobre a receita total e outra pelos resultados é uma forma de conciliar os interesses do proprietário e da operadora. Com a *incentive fee*, a gestora hoteleira assume o risco de ganhar menos caso ela não gere um resultado positivo. Sua base de cálculo é tipicamente o Gross Operating Profit (GOP), que é calculado como faturamento menos gastos operacionais,[8] antes de serem realizadas diversas saídas do fluxo de caixa final do proprietário (deRoos, 2010). Segundo Eyster e deRoos (2009), a *basic fee* pode variar de 2% a 7% dos rendimentos brutos, enquanto a *incentive fee* oscila entre 5% e 12% do GOP. No Brasil, a *basic fee* geralmente é de 3% a 5% do faturamento bruto e a *incentive* de 8% a 17% do resultado operacional. Em propriedades maiores, de alto valor estratégico e com boa perspectiva de lucro, as taxas podem ser menores, especialmente em projetos *upscale*.

Entre os anos 1980 e 1990, houve mudanças importantes nos contratos de administração (Lloyd-Jones & Rushmore, 1996; deRoos, 2010). Alguns dos aspectos destacados pelos autores são:

1. redução das taxas básicas de gestão e maior ênfase nas *incentive fees*, relacionando-as ao alcance de um nível mínimo de rentabilidade;
2. estipulação de cláusulas de término de contrato;
3. aumento do poder de influência do proprietário nas decisões estratégicas do negócio (aprovação de orçamentos, de planos de investimento em FF&E e de contratação de pessoal-chave);
4. direitos de o operador reforçar o padrão da marca e cobrar taxas por serviços centrais, como *loyalty*, reservas, marketing, formação, etc.;
5. exigência, por parte dos proprietários, de uma contrapartida em investimento direto pela operadora.[9]

---

[8] Os gastos operacionais não incluem as taxas de propriedade, seguros, fundos de reserva de FF&E ou qualquer outra cobrança de capital, como juros e amortizações de dívidas.

[9] Apesar dessa mudança, as operadoras investem cada vez menos capital próprio nos hotéis vinculados a sua marca, com exceção de ativos estratégicos (deRoos, 2010).

Os exemplos de mudanças destacadas (ver também Eyster, 1997) são uma evolução natural resultante da experiência de proprietários e das operadoras no negócio hoteleiro. Em resumo, em negociações de contratos de administração, os *players* envolvidos se concentram em cinco itens fundamentais (deRoos, 2010):

- o marco legal;
- a necessidade de investimento pela operadora;
- prazos, renovação e direitos de recisão;
- taxas e cobranças;
- mecanismos de controle e comunicação de resultados.

Apesar da maior experiência de proprietários e operadoras, assinar um contrato de administração não é uma tarefa simples. Seu marco legal pode incluir até oito acordos simultâneos: gestão durante o período de *pre-opening*, gestão após o período de *pre-opening*, licença de marca, *royalty* ou acordo de franquia, acordo de marketing, acordo de tecnologia, acordo de contratação de pessoal e acordo de serviços técnicos. Observa-se ainda uma busca, por parte das operadoras, por desvincular a licença da marca do contrato de administração, separando-os em contratos diferentes (deRoos, 2010).

Contrato de franquia

São diversos os conceitos existentes de franquia (Hoy & Stanworth, 2002). Em geral, ela pode ser definida como um acordo não acionário que implica a transferência de tecnologia entre duas partes – do franqueador ao franqueado (Shane, 1994). O primeiro oferece um pacote de negócios (produtos e/ou serviços) já avaliado no mercado, e o segundo o adquire, sob um contrato de representação da marca (Stanworth & Curran, 1999). No pacote de negócios estão incluídos o nome comercial e o *know-how* do franqueador, a assistência técnica e financeira, e a publicidade conjunta (Young *et al.*, 1989).

A franquia é a forma de expansão que apresenta menor risco financeiro (Contractor & Kundu, 1998b) e maior rapidez de crescimento às redes hoteleiras (Aliouche & Schlentrich, 2011). Com esse modelo, as operadoras podem se expandir e fortalecer sua marca investindo somente uma fração do capital que seria necessário para comprar ou construir um novo hotel (Martorell Cunill *et al.*, 2008). Porém, é também a estratégia que implica menor controle sobre o negócio e maiores riscos em termos de imagem e prestígio, pois a qualidade do serviço prestado pelo franqueado não pode ser controlada diariamente pelo franqueador (Martorell Cunill & Forteza, 2010).

Nem todas as empresas podem optar por crescer por meio de franquias. Por isso, as redes hoteleiras precisam desfrutar de uma marca forte no mercado desejado, em âmbito regional, nacional e, por último, global (Townsend *et al.*, 2009). Empresas pequenas costumam ter marca pouco reconhecida. Contudo, a partir do momento em que passam a crescer, o valor de seus ativos intangíveis também se torna mais conhecido, o que permite à companhia começar a utilizar as franquias como estratégia de crescimento (Scott, 1995).

Do ponto de vista do franqueado, algumas de suas vantagens merecem destaque. Há menor necessidade de capital no investimento, as redes comerciais são estabelecidas com maior rapidez, as restrições legais impostas por governos para a abertura do negócio diminuem (Driha, 2012), o franqueador oferece assistência inicial aos novos empresários e todos os hotéis aderem a um sistema de reservas, relações públicas, controle de qualidade, publicidade e marketing oferecidos pela rede hoteleira (Martorell Cunill & Forteza, 2010). Para aproveitar esses benefícios, paga-se ao franqueador uma remuneração, geralmente sobre o total de receita, além de gastos de reserva, formação de pessoal, entre outros (Contractor & Kundu, 1998b). No total, os custos de cada franqueado tornam-se acessíveis em decorrência do grande número de associados (Martorell Cunill, 2006). Segundo Martorell Cunill & Forteza (2010), em

2005 o custo de uma franquia da InterContinental, por exemplo, implicava um aporte inicial de quinhentos dólares por habilitação, e em uma taxa anual entre 7% e 8,5% dos rendimentos brutos totais do negócio. No Brasil, em contratos de franquias para hotéis econômicos as taxas de assessoria técnica e afiliação podem chegar a R$ 3 mil por apartamento; as taxas de *royalties* e marketing, a 9% do faturamento bruto.

No setor hoteleiro, a franquia costuma ser mais popular em empreendimentos pequenos, de padrão econômico ou *midscale* (Martorell Cunill & Forteza, 2010). Em hotéis grandes, as operadoras geralmente adotam modelos de gestão de maior controle, especialmente em estabelecimentos mais sofisticados, pois a qualidade dos seus serviços é um elemento estratégico para o sucesso do negócio (Dev *et al.*, 2002; Aliouche & Schlentrich, 2011; Martorell Cunill & Forteza, 2010).

O modelo de crescimento por franquias se tornou o modelo de expansão mais comum, e permitiu que os maiores grupos hoteleiros americanos e ingleses se consolidassem como líderes em nível mundial (Martorell Cunill & Forteza, 2010). Aquele momento em que as distintas possibilidades de crescimento eram bastante equilibradas (Alexander & Lockwood, 1996), sem fortes predominâncias de um único modelo, já é parte do passado.

Contrato de arrendamento

Embora cada vez mais em desuso, por causa da popularização de contratos como o de administração (Martorell Cunill & Mulet Forteza, 2003), o arrendamento hoteleiro ainda está presente entre as estratégias de crescimento no setor.

Trata-se de um contrato de aluguel de um negócio hoteleiro assinado geralmente por um período mínimo de cinco anos, prorrogáveis. Por um lado, o arrendador facilita o espaço em ótimas condições de uso. Por outro, o arrendatário, ou seja, a rede hoteleira, assume a responsabilidade da gestão do espaço e compromete-se a mantê-lo em boas condições de uso durante o contrato (Martorell Cunill, 2002; Such Devesa, 2007), além de pagar ao proprietário do imóvel um *fee* sobre o resultado do hotel ou um valor fixo de aluguel, dependendo do acordado entre as partes. No caso de um aluguel fixo, o proprietário não se expõe ao risco financeiro do negócio, pois sua remuneração não dependerá do desempenho operacional do hotel.

O contrato de arrendamento pode se transformar em um contrato de *leasing*, dependendo do seu período de vigência. Nesse modelo, em médio ou em longo prazo, oferece-se ao arrendatário a opção de compra do imóvel, uma vez finalizado o período estipulado de locação (Such Devesa, 2007).

Na tabela a seguir, são resumidas as principais vantagens e desvantagens desse tipo de contrato, da perspectiva do proprietário e do operador do imóvel.

Tabela 8 • Vantagens e desvantagens do contrato de arrendamento para o proprietário e para o gestor hoteleiro

Contrato de arrendamento			
Proprietário		Gestor hoteleiro	
Vantagens	Desvantagens	Vantagens	Desvantagens
Menor incerteza quanto à rentabilidade.	Controle limitado sobre a gestão hoteleira.	Possibilidade de crescer sem um IED.	Maior risco financeiro.
Exposição limitada ao risco hoteleiro.	Rentabilidade sujeita à renda pactuada.	Exploração plena mediante o controle total da gestão.	Perda do hotel ao finalizar o contrato.
A obtenção de financiamento é mais simples.		Maior rentabilidade.	

Fonte: Driha (2012).

Internacionalização

A hotelaria é uma atividade global. As necessidades de expansão das redes são constantes, e as buscas por novos projetos reafirmam sua posição competitiva no mercado, inclusive em diferentes países.

Uma rede hoteleira toma a decisão de se internacionalizar por diversos motivos: saturação dos mercados de origem, busca por novos clientes, demonstração de sucesso e progresso, melhoria da rentabilidade da empresa, acesso a novas tecnologias e informação, consolidação de sua posição no mercado, exploração de economias de escala, entre outros (Martín, 2003; Ramón Rodriguez, 2002). A decisão de se internacionalizar é uma estratégia realizada com o objetivo de manter ou estender a participação no mercado e de ganhar vantagem competitiva em um ambiente complexo e dinâmico (Littlejohn & Beattie, 1992).

Foi entre a crise econômica dos anos 1970 e a saturação de mercado dos anos 1980 que o processo de internacionalização hoteleira ganhou força, inicialmente com empresas norte-americanas (Alexander & Lockwood, 1996). Hoje, hotéis não somente dos Estados Unidos, mas de diversas regiões, possuem forte presença em mercados internacionais, recebendo rendimentos de numerosas partes do mundo.

Planos de expansão hoteleira em nível nacional e internacional são plenamente factíveis e, muitas vezes, interdependentes. Uma corporação pode aproveitar, ao mesmo tempo, oportunidades de crescimento em seu país de origem e no exterior (Pla & León, 2004). A estratégia mais adequada dependerá dos objetivos da corporação, de seus recursos disponíveis e das condições do ambiente externo.

Diferentes formas de *funding*, modelos de gestão e alianças estratégicas podem ser adotados pelas redes hoteleiras no momento de se internacionalizar. As estratégias dependerão do grau de controle e risco que a corporação desejar assumir e, especialmente, de quanto estará disposta a investir (Gatignon & Anderson, 1988; Kogut & Singh, 1988). Atualmente, os modelos de expansão sem capital próprio são os mais comuns (Contractor & Kundu, 1998a e 1998b; Martorell Cunill & Forteza, 2010).

Antes de decidir se internacionalizar, existem algumas condições básicas nas quais as redes hoteleiras devem se fixar. A primeira se refere ao seu tamanho. Essa estratégia é comumente adotada por grandes empresas, por causa de suas vantagens, como um potente sistema de reserva, da disponibilidade de recursos humanos, da posse de tecnologias avançadas e da força da marca (Johnson & Vanetti, 2005). Devem ser estudadas, ainda, as condições de negócios, as características e o potencial de crescimento do mercado desejado e suas particularidades socioculturais. Nesse contexto, a capacidade da empresa de dispor de profissionais capacitados e de *partners* locais confiáveis é uma das primeiras condições básicas que devem ser garantidas (Dev *et al.*, 2007).

Análise estratégica da hotelaria brasileira

Além dos resultados da pesquisa sobre o panorama e as perspectivas da hotelaria brasileira, no final desta seção encontram-se direcionamentos estratégicos para aumentar a competitividade do setor no país e para estimular seu desenvolvimento ordenado.

Neste capítulo serão enfatizados os resultados da pesquisa e das entrevistas em profundidade com especialistas do setor hoteleiro brasileiro. Além dos resultados primários, também serão analisadas as conclusões de estudos anteriores que abordavam o tema desenvolvimento hoteleiro no Brasil. O capítulo está estruturado em quatro tópicos: "Histórico de desenvolvimento" (da hotelaria no Brasil); "Evolução das redes hoteleiras no Brasil"; "Panorama e perspectivas da hotelaria brasileira"; e "Análise SWOT, fatores-chave e diretrizes estratégicas".

Histórico de desenvolvimento

A hotelaria de rede surgiu no país na década de 1970. Entre as estratégias de expansão do setor, financiamento público e incentivos fiscais foram vitais. Posteriormente, os modelos de parceria e a estruturação dos condo-hotéis ganharam destaque.

São diversas as publicações que fazem referência ao histórico de desenvolvimento da hotelaria brasileira (Proserpio, 2007; Lima, 2003; BSH, 2005, 2008 e 2011; Ribeiro, 2005; Pinheiro, 2002; Miguel, 2001; Spolon, 2006; Pereira & Lucena, 2008; Santos & Bastos, 2010; Silva, 2007; Butuhy, 2005; BNDES, 2001a, 2001b, 2006 e 2011; Secovi, 2012; *Valor Econômico*, 2010; Klement, 2007; Ramos, 2010; HVS, 2009a, 2009b e 2010a; JLL, 2008, 2009 e 2010; HIA, 2003, 2004, 2005, 2006 e 2007; Haro, 2012; Piccolo, 2011). A seguir, serão apresentados um breve resumo dos eventos e as conclusões mais destacáveis desde a década de 1960:

- *Década de 1960*: foi no final dos anos 1960 que se iniciou a atuação do poder público na atividade turística no Brasil. De fato, o ato inaugural de interesse do governo no turismo foi a criação da Embratur, atual Instituto Brasileiro de Turismo. As primeiras políticas de incentivo ao turismo foram concebidas nesse período, estimulando também a construção de novos hotéis no país.
- *Década de 1970*: período de forte crescimento econômico no Brasil – conhecido por "o milagre econômico brasileiro" – e de desenvolvimento de infraestrutura básica e turística. Paralelamente, também se inicia a profissionalização da hotelaria no país, com investimentos de redes internacionais e nacionais, além de projetos independentes, diversos deles beneficiados com financiamento estatal e incentivos fiscais pensados no final da década de 1960, com destaque para o Fundo Geral de Turismo (Fungetur).

Esse período marca um forte salto quantitativo e qualitativo da oferta hoteleira brasileira, embora concentrada em grandes cidades e com hotéis *full service*. Naquela época, havia expectativas de que a demanda internacional crescesse fortemente no Brasil, motivo pelo qual muitos hotéis foram planejados pensando nesse público.

- *Década de 1980* – a "década perdida": momento de crise econômica nacional e hiperinflação, drástica diminuição de investimentos (seja em construção, seja em renovação de oferta) e perda de competitividade no setor hoteleiro. Nessa década, surge o modelo de investimento de condo-hotel no Brasil, como alternativa à falta de financiamento para ampliação da oferta hoteleira nacional, pois o Fungetur já havia perdido sua relevância e os estímulos fiscais tinham se esgotado. A principal novidade do início desse novo modelo de expansão (por condo-hotel) foi a participação de pequenos e médios investidores na estruturação do *funding* do negócio. Apesar do mau momento econômico nacional, a intensificação da competição hoteleira em nível global pôs o Brasil – e outros destinos em desenvolvimento – entre os mercados de interesse de *players* internacionais, gerando negócios no país, embora em velocidade muito inferior à registrada nos anos 1970. As grandes cidades, como Rio de Janeiro e São Paulo, foram os destinos prioritários.

- *Década de 1990*: apesar dos primeiros anos ainda marcados por crise econômica e baixos níveis de investimento, em meados dos anos 1990 houve um importante fato para a expansão da hotelaria brasileira: a abertura e a desregulamentação do mercado. O início da estabilidade político-econômica no país foi o primeiro passo para um setor turístico e hoteleiro mais dinâmico e robusto, favorável à realização de investimentos internacionais e domésticos, não somente no segmento de negócio mas também de lazer, que passou a se desenvolver com o aumento da renda nacional e com maior a facilitação para o consumo de viagens. Nessa época, foram intensificadas as iniciativas de fusões e aquisições no setor hoteleiro brasileiro e, inclusive, teve início o despertar de interesse de fundos de pensão por investimentos em hotéis no Brasil. Também foi um dos períodos de maior expansão da oferta de redes internacionais no território nacional (geralmente em acordos de parceria com um *player* local responsável pela edificação do hotel), viabilizados especialmente como condo-hotéis, entre o final dos anos 1990 e início de 2000, com ênfase nos segmentos econômico e *midscale*. Realizaram-se, ainda, investimentos pontuais na modernização de propriedades antigas.

- *Década de 2000*: entre o final dos anos 1990 e início de 2000, houve o maior crescimento de oferta já registrado no Brasil, essencialmente por condo-hotel de categoria econômica e *midscale*. Tal período é conhecido como a crise ou o excesso de oferta de condo-hotéis, comum a inúmeras capitais e a outras grandes cidades brasileiras. Em meados de 2005, o mercado iniciou seu período de recuperação, estimulado pelo crescimento e pela melhoria da economia do país e das condições de vida do brasileiro. Após o início da crise internacional, o Brasil ganhou ainda mais visibilidade como um promissor mercado de oportunidades, não somente em hotelaria, mas em muitas atividades econômicas. Nesse cenário, grandes *players* internacionais, além das redes nacionais, apresentaram planos de expansão no país. Fundos de investimento, pensão e imobiliários são alguns dos exemplos de potenciais investidores que intensificaram o interesse de estudar oportunidades no setor hoteleiro brasileiro. O modelo de condo-hotel também voltou a despertar novamente o interesse de desenvolvedores e começaram a surgir, ainda que em fase inicial, condições de financiamento mais adequadas. Em resumo, no final da década de 2000 um novo momento de grandes expectativas de crescimento surgiu, não somente em grandes cidades mas também em mercados secundários, beneficiados pelo crescimento econômico em todo o território nacional.

- *Década de 2010*: o início da presente década foi marcado pelas grandes expectativas de crescimento econômico e hoteleiro no país. Como nunca antes vivenciado, o Brasil ganhou destaque internacional e a busca por oportunidades de negócios se intensificou. Inúmeros hotéis, principalmente de padrão econômico, começaram a ser viabilizados, mais uma vez pelo modelo de condo-hotel, em todas as regiões do território nacional. No entanto, a partir de 2012, com o início de arrefecimento econômico no país, as perspectivas em curto prazo começaram a se deteriorar, assim como o interesse de investidores internacionais por negócios em uma das maiores nações da América Latina. Apesar da inversão de expectativas, e do pessimismo nas projeções até 2015, os fundamentos econômicos do Brasil são sólidos e as apostas em retomada de crescimento em médio prazo persistem. Ao menos até 2017, o *pipeline* de novos projetos hoteleiros é expressivo. Além da mudança recente no ambiente macroeconômico, outro elemento que ganhou destaque foi o interesse da CVM em passar a regulamentar o lançamento de condo-hotéis no Brasil, o que pode mudar o modelo de desenvolvimento hoteleiro no país nos próximos anos.

A seguir, será aprofundada um pouco mais a explicação do motivo por que os condo-hotéis ganharam tanta relevância entre as estratégias de expansão hoteleira no Brasil, fator que justifica o receio do setor, em especial das redes e das incorporadoras, sobre uma possível ingerência da CVM no processo de estruturação desses empreendimentos no país.

Condo-hotéis e a expansão hoteleira no Brasil

> Apesar de ter sido o principal modelo de expansão da hotelaria brasileira a partir dos anos 1990, também foi responsável pela maior superoferta de alojamentos no país, conhecida como "crise dos flats" (crise dos condo-hotéis).

O conceito atual de condo-hotel é definido pelo Secovi (2012, p. 17) como:

> É o empreendimento aprovado nos órgãos públicos como hotel e submetido ao regime do condomínio edilício. O proprietário ou titular de direitos aquisitivos sobre unidade autônoma não poderá usar sua unidade autônoma para moradia, como também não poderá fazer a cessão de seu uso a terceiros que não seja o gestor hoteleiro, sendo obrigatória a sua participação no *pool*.

No Brasil, o modelo de condo-hotel foi adotado inicialmente por causa da falta de financiamento e de incentivos fiscais para investimentos no setor a partir dos anos 1980. Sem linhas de financiamento de longo prazo e em condições favoráveis, a alternativa encontrada para captar recursos foi vender no mercado imobiliário os apartamentos dos empreendimentos estruturados. Essa foi a maneira encontrada para investir no setor, especialmente em propriedades de categoria econômica e *midscale*. Os típicos compradores eram pequenos e médios investidores, que adquiriam o ativo imobiliário com o objetivo de receber rendas mensais geradas pelo resultado da operação do negócio.

Passado o difícil momento econômico nacional vivido na década de 1980 e até o início dos anos 1990, a hotelaria brasileira viveu seu momento de maior crescimento no começo dos anos 2000. Durante esse período, o modelo de expansão adotado foi majoritariamente o de condo-hotel. Contudo, o que inicialmente foi a solução para o crescimento do setor resultou, em médio prazo, em uma grande crise de excesso de oferta e a consequente estagnação de investimentos, seja em novas construções, seja na renovação dos estabelecimentos existentes. O exemplo mais emblemático das discrepâncias de evolução de oferta e demanda hoteleiras no Brasil durante a época comentada é a cidade de São Paulo, pioneira no desenvolvimento de condo-hotéis, e onde mais foi construído esse tipo de empreendimento hoteleiro.

> [...] o aumento da oferta entre 1998 e 2004 foi tão maior do que a evolução da demanda que os empreendimentos derrubaram suas diárias na disputa por hóspedes. O resultado foi uma queda, no início da década, de nada menos do que 70% na receita por apartamento e um enorme mal-estar entre as redes hoteleiras e os investidores – muitos dos quais pessoas físicas que foram atraídas pela promessa de rentabilidade feita pelas próprias redes e incorporadoras. O excesso de oferta ocorrido no início da década teve como principal impulsionador o fenômeno do financiamento pulverizado dos flats e condo-hotéis [...], que viveu seu apogeu entre 1997 e 2001. (*Valor Econômico*, 2010, p. 11)

A disparidade entre as taxas de crescimento da demanda hoteleira e a de inauguração de novos condo-hotéis tem uma explicação lógica, pelo menos da perspectiva de incorporação: a decisão de desenvolvimento de um novo empreendimento foi resultado da conjuntura imobiliária, e não do potencial de crescimento de *room nights* (pernoites). Ou seja, se o desenvolvedor acreditava que havia potenciais compradores de condo-hotel, novos negócios eram viabilizados, independentemente da performance do mercado hoteleiro. Cabe mencionar que os investidores desses ativos imobiliários eram persuadidos por promessas de rentabilidade média mensal que podiam chegar a 1,5% ou 2% (Beni, 2003b). No entanto, no clímax da crise, muitos de seus compradores, em lugar de lucro, tiveram significativas perdas, sendo necessário aportar mais capital para cobrir os custos da operação.

> O investidor que adquire uma unidade de *flat* geralmente não conhece o ramo de hospedagem e, normalmente, não lhe são apresentados os estudos, pesquisas e análises [...] tão necessários à avaliação segura e competente do risco negocial. [...] A decisão de comprar é, assim, fortemente induzida pelo prestígio do incorporador, seja pela reputação do futuro operador, seja ainda pelos endossos explícitos dos tais especialistas. (Asmussen, 1998, p. 2, *apud* Spolon, 2006)

A crise do condo-hotel também foi vivida em cidades como Belo Horizonte, Porto Alegre, Curitiba, Campinas, Brasília, Guarulhos, entre outras metrópoles brasileiras (BNDES, 2006; Ribeiro, 2005; HVS, 2008). Nesse período, foram investidos no Brasil US$ 6 bilhões em hotelaria (em valores correntes), sendo a metade destinada à construção de condo-hotéis (Beni, 2003b).

Outra crítica ao modelo de condo-hotéis dos anos 1990 referia-se a diferenças legais e fiscais entre estes e outros estabelecimentos hoteleiros (Beni, 2003b; Ramos, 2010; BNDES, 2001b e 2006). Inicialmente, os condo-hotéis eram considerados edifícios residenciais, motivo pelo qual tinham uma série de vantagens quanto a, por exemplo, leis urbanísticas mais permissivas e menores impostos e gastos com pessoal e com serviços públicos, inclusive taxas de água, eletricidade e lixo. Seus custos de operação eram mais baixos em comparação aos gastos dos hotéis, permitindo-lhes praticar preços mais competitivos. Esse período de desigualdades perdurou até 2003, quando se decretou a paridade tributária e fiscal entre as empresas hoteleiras.

> Devido às desigualdades fiscais existentes à época, a Associação Brasileira da Indústria de Hotéis (ABIH) iniciou um movimento de busca pela igualdade social, política e econômica na classificação das empresas hoteleiras. Este movimento resultou em 6 de janeiro de 2003 na publicação no Diário Oficial da Deliberação Normativa nº 433, de dezembro de 2002, [na qual] o Instituto Brasileiro de Turismo (Embratur) determinou a obrigatoriedade [a] todos os *flats*, apart-

-hotéis, ou condo-hotéis [que se cadastrassem] como empresas hoteleiras, [...] e que [utilizarem] procedimentos operacionais e jurídicos que não [prejudicassem] as isonomias fiscal, tributária, de serviços públicos e [...] legais [no setor]". (Ramos, 2010, p. 130)

Atualmente, o conceito de investimentos no condo-hotel evoluiu, em parte pela experiência acumulada de períodos anteriores. Uma ação que corrobora essa afirmação foi a criação do *Manual de melhores práticas para hotéis de investidores imobiliários pulverizados* pelo Sindicato da Habitação (Secovi, 2012). A iniciativa conta com o apoio e a participação das principais associações do setor hoteleiro, como a ABIH, o FOHB, a Associação para o Desenvolvimento Imobiliário e Turístico do Brasil (ADIT Brasil) e a Federação de Hotéis, Restaurantes, Bares e Similares do Estado de São Paulo (FHORESP), e tem o objetivo de "informar o mercado hoteleiro e estabelecer referências que permitam definir com mais clareza os direitos e as obrigações de todos os envolvidos no negócio [hoteleiro]: desenvolvedores, empresas de gestão, consultores hoteleiros, imobiliárias, agentes financeiros e investidores" (Secovi, 2012, p. 6). Apesar de seu caráter instrutivo, não obrigatório, a iniciativa é um bom exemplo de práticas que ajudam a educar o mercado a investir com consciência.

Os condo-hotéis foram e continuam sendo o principal vetor de construção de empreendimentos hoteleiros no Brasil. O mercado deve se valer da experiência do passado para que os mesmos erros não sejam cometidos e esse modelo de expansão possa favorecer o desenvolvimento sustentável da hotelaria brasileira. Por isso, todos têm responsabilidades, desde o desenvolvedor (que deve se comprometer a respeitar a capacidade do mercado de absolver novos estabelecimentos) até o comprador final (que deve se assegurar de que as promessas de rentabilidade sejam factíveis, comprovadas com estudos técnicos realizados por empresas sérias e independentes). Também se destaca o papel do governo como responsável pela ordenação do crescimento hoteleiro (Hall, 2001;

Butuhy, 2005), por meio de leis de uso do solo, garantindo estudos e informação de mercado, financiamento adequado, etc.

A partir de 2014, com o anúncio de que a CVM passaria a regulamentar o lançamento de condo-hotéis no Brasil, é possível que o crescimento da oferta hoteleira passe a ser mais ordenado e em linha com o potencial de absorção de novos empreendimentos do mercado.

Para mais detalhes sobre o mercado de condo-hotéis, como suas tipologias, histórico de desenvolvimento, direitos e obrigações dos envolvidos na estruturação do negócio, sugere-se consultar o Secovi (2012).

Evolução das redes hoteleiras no Brasil

Antes de analisar as perspectivas de desenvolvimento do setor hoteleiro no Brasil, é interessante entender como se deu a evolução recente do setor. Apesar do ainda claro predomínio de hotéis independentes no país, as redes são as que mais crescem no território nacional.

Em "Evolução das redes hoteleiras no Brasil" serão analisados os seguintes tópicos: fotografia atual (do mercado) e evolução recente (desde 2004). Em razão da escassez de dados oficiais, foi utilizado como base para as análises o estudo *Hotelaria em números* (HIA, 2004, 2005, 2006 e 2007; JLL, 2008, 2009, 2010, 2011b e 2012b, 2013).[1]

---

[1] Excluíram-se os empreendimentos independentes da análise, pois estes provavelmente não refletiam o universo existente no país. E as grandes oscilações de oferta de um ano a outro mencionadas no estudo provavelmente indicam mudanças de metodologia na forma como se contabilizaram tais hotéis ao longo dos últimos anos, motivo pelo qual se acredita que a análise da evolução dos meios de hospedagem independentes com base no estudo *Hotelaria em números* seria inconsistente. Não acontece o mesmo com os hotéis de redes, pois o acompanhamento de sua contabilização é mais simples e coerente com a realidade do mercado.

Fotografia atual

> Quase três quartos da oferta hoteleira nacional (em UHs) é independente. Entre as redes, a Accor, a Atlantica e a BHG são as administradoras com mais destaque no país – as líderes do mercado nacional.

No Brasil, a oferta hoteleira é majoritariamente independente (HIA, 2003, 2004, 2005, 2006 e 2007; JLL, 2008, 2009, 2010, 2011b, 2012b e 2013). Dados recentes da consultoria imobiliária Jones Lang LaSalle (2013) indicam que somente 8% dos hotéis existentes pertencem a ou representam alguma rede hoteleira, nacional ou internacional. Em número de apartamentos, essa porcentagem sobe para 28%, pois, em comparação com os hotéis independentes, a oferta de rede costuma ser maior – com mais quartos.

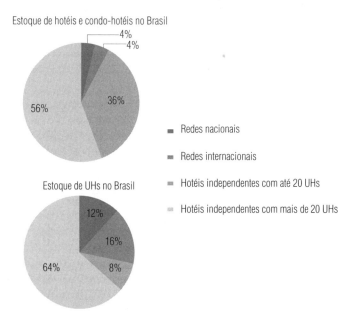

Gráfico 2 • Estoque de hotéis e condo-hotéis no Brasil
Fonte: Jones Lang LaSalle (2013).

Considerando o *ranking* das principais marcas hoteleiras presentes no Brasil, ou seja, de todos os hotéis que operam com a marca de uma rede nacional ou internacional, independentemente da posse do imóvel (hotéis próprios ou de terceiros) ou do tipo de contrato existente (franquia, arrendamento ou administração), as três mais bem-pontuadas representam marcas estrangeiras. Na primeira posição está a francesa Accor, seguida pela norte-americana Choice e pela Louvre Hotels – esta última pertencente ao fundo de *private equity* Starwood Capital Group. Juntas, tais empresas possuem um *fair share* de 35,5% dos apartamentos de redes hoteleiras no país.

Tabela 9 • *Ranking* das Top 50 marcas hoteleiras presentes no Brasil

Ranking	Empresa	Hotéis	Apartamentos	Ranking	Empresa	Hotéis	Apartamentos
1	Accor	181	30.260	26	Promenade	12	1.259
2	Choice	62	9.446	27	Marriott	5	1.246
3	Louvre Hotels	38	6.737	28	Deville	8	1.204
4	Blue Tree	24	4.838	29	Iberostar	2	1.168
5	Nacional Inn	41	4.593	30	Rio Quente Resorts	7	1.079
6	Transamérica	22	4.447	31	Sol Express	5	1.027
7	Windsor	12	3.010	32	Plaza Inn	12	1.020
8	Wyndham	15	2.860	33	Solare	5	1.005
9	IHG	12	2.803	34	Rede Plaza	6	982
10	Bourbon	12	2.791	35	Grupo Roma	6	965
11	Slaviero	21	2.740	36	Hotéis Ritz	7	944
12	Othon	15	2.450	37	Club Med	3	908
13	Starwood	8	2.158	38	Mabu	6	890
14	Carlson	9	2.060	39	Meliá	3	866
15	Vila Galé	6	2.055	40	Tropical	3	865
16	Intercity	14	1.916	41	Harbor	11	850
17	Best Western	17	1.767	42	Hilton	2	848

(continua)

(continuação)

Ranking	Empresa	Hotéis	Apartamentos	Ranking	Empresa	Hotéis	Apartamentos
18	Estanplaza	12	1.733	43	Tauá	3	841
19	Bristol Hotelaria	13	1.660	44	Hotéis Arco	7	812
20	Pestana	9	1.566	45	Arco Hotel	9	801
21	Sauipe	6	1.564	46	Hotelaria Brasil	5	728
22	Rede Bristol	16	1.543	47	GJP	4	720
23	Nobile	11	1.495	48	Go Inn	3	673
24	Master Hotéis	11	1.485	49	Royal Palm	4	662
25	Travel Inn	18	1.390	50	Pontes Hotéis	3	657

Fonte: Jones Lang LaSalle (2013).

Nem todos os hotéis representados por uma marca são administrados por sua própria rede de origem. Na Tabela 10, serão apresentados somente os empreendimentos administrados pela própria rede, sejam hotéis próprios, sejam de terceiros (com contrato de administração ou arrendamento). As franquias não estão representadas nesse grupo.

O grande número de hotéis administrados pela própria rede hoteleira indica a pouca adesão ao modelo de franquias no mercado brasileiro. Entre as marcas presentes no país, a que representa a maior quantidade de franquias é a Accor, embora, do total de apartamentos vinculados à rede hoteleira, menos de 10% refira-se aos empreendimentos já em operação administrados por contratos dessa natureza. Diferentemente do panorama dos principais mercados internacionais, em que predominam os contratos por franquia (Martorell Cunill & Forteza, 2010), no Brasil, esse modelo de gestão ainda não é comum até mesmo para a líder de mercado – a empresa com a principal marca hoteleira presente no país e que, supostamente, teria mais facilidade para se expandir utilizando tal estratégia.

Tabela 10 • *Ranking* das Top 50 administradoras hoteleiras presentes no Brasil

Ranking	Empresa	Hotéis	Apartamentos	*Ranking*	Empresa	Hotéis	Apartamentos
1	Accor	159	27.551	26	Promenade	12	1.259
2	Atlantica	79	13.253	27	Iberostar	2	1.168
3	BHG	48	8.271	28	Starwood	4	1.168
4	Blue Tree	24	4.838	29	Rio Quente Resorts	7	1.079
5	Nacional Inn	41	4.593	30	Sol Express	5	1.027
6	Transamérica	22	4.447	31	Rede Plaza	6	982
7	Windsor	12	3.010	32	diRoma	6	965
8	Meliá Hotels	12	2.873	33	Club Med	3	908
9	Hotéis Slaviero	21	2.740	34	Mabu Hotéis	6	890
10	Allia Hotels	29	2.733	35	Tropical	3	865
11	Intercity	19	2.610	36	Harbor	11	850
12	Othon	15	2.450	37	Hilton	2	848
13	GJP	15	2.159	38	Tauá	3	841
14	Bourbon	11	2.135	39	Hotelaria Brasil	6	837
15	IHG	7	2.127	40	Rede Atlantico	6	832
16	Nobile	14	2.089	41	Hotéis Arco	7	812
17	Vila Galé	6	2.055	42	Marriott	3	804
18	Átrio	14	1.794	43	Arco Hotel	9	801
19	Estanplaza	12	1.733	44	Royal Palm	4	662
20	Bristol Hotelaria	13	1.660	45	Pontes Hotéis	3	657
21	Master Hotéis	12	1.658	46	Fiesta Hoteles	1	654
22	Pestana	9	1.566	47	Bittar	6	651
23	Sauipe	6	1.564	48	Continental	4	639
24	Deville	9	1.518	49	Astron	6	623
25	Travel Inn	18	1.390	50	Rede Hotéis OK	4	620

Fonte: Jones Lang LaSalle (2013).

Entre os obstáculos para a expansão das franquias no Brasil está a dificuldade para conversão de propriedades independentes às redes presentes no país. A estrutura física de diversos hotéis familiares não atende às exigências mínimas das principais marcas hoteleiras, como a existência de duas escadas de emergência no edifício. Como consequência, uma importante estratégia de crescimento de franquias no mundo, a conversão, encontra fortes barreiras de aplicabilidade no Brasil.

A pouca representatividade das franquias no Brasil também tem relação com as estratégias de crescimento das principais operadoras no país. Até o último ciclo de expansão de hotéis, entre o final dos anos 1990 e o início dos anos 2000, os destinos principais eram as grandes cidades, onde se priorizaram os contratos de administração. Atualmente, com o crescimento de hotéis por cidades de pequeno a médio porte, espera-se que as franquias comecem a ganhar mais participação de mercado no setor hoteleiro do Brasil.

Evolução recente

A evolução recente da oferta do mercado é moderada, com maior destaque para as companhias internacionais, fato que contribuiu para que seus hotéis ganhassem mais *fair share* entre os hotéis de rede presentes no país nos últimos nove anos.

Em número de apartamentos, desde 2004 o total da oferta de redes hoteleiras cresce no Brasil a uma média anual de 4,6%, porcentagem moderada em virtude da crise de superoferta vivida entre o final dos anos 1990 e o início dos anos 2000. Quanto à velocidade de evolução entre as redes nacionais e internacionais, as duas apresentaram ritmo anual parecido, de 4,1% e 5,1% respectivamente.

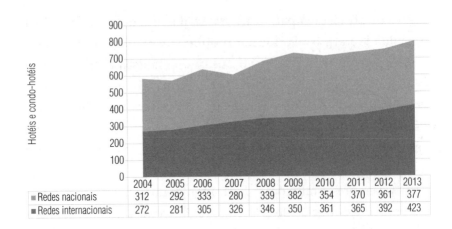

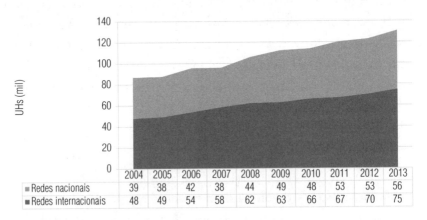

Gráfico 3 • **Evolução da oferta de redes hoteleiras no Brasil**
Fonte: HIA (2004, 2005, 2006 e 2007) e Jones Lang LaSalle (2008, 2009, 2010, 2011b e 2012b, 2013).

Apesar das taxas de crescimento similares, algumas diferenças devem ser destacadas entre a evolução das redes hoteleiras nacionais e das internacionais:

- *Redes nacionais*: evolução irregular, com oscilações entre diminuições e crescimento de oferta ao longo do período analisado. Durante os momentos de crescimento, a incorporação de hotéis independentes ao modelo de marcas hoteleiras foi, provavelmente, a estratégia mais comum. No período de diminuição de oferta, a provável explicação é a finalização de contratos e o início de operações independentes por algumas propriedades. Entre as redes nacionais, é comum a adoção de contratos de administração por um período mais curto, o que aumenta a possibilidade de troca de operadoras no médio prazo.

- *Redes internacionais*: evolução constante, apesar de apresentar menor velocidade a partir de 2009. Entre 2004 e 2008 a oferta de rede internacional cresceu 6,7% ao ano (em apartamentos), enquanto, a partir de 2009, a evolução média passou a 4,5% ao ano – embora com retomada de crescimento em 2012. Até 2020, espera-se que as taxas de crescimento sejam ainda mais altas como decorrência da intensificação do ritmo de expansão das redes no país nos últimos anos.

Embora com taxas de crescimento similares, a pequena vantagem das redes internacionais lhes possibilita um crescente ganho de *fair share* em número de hotéis e apartamentos. Em 2013, as marcas estrangeiras passaram a representar 53% dos estabelecimentos e 57% dos apartamentos de redes no país. Em 2004, essas porcentagens eram de 47% e 55%, respectivamente. Para os próximos anos, a participação das marcas internacionais no Brasil deve aumentar ainda mais em função das perspectivas de expansão hoteleira no país.

Entre as redes hoteleiras no Brasil, a oferta ainda é bastante concentrada em poucas empresas. As dez principais marcas presentes no país representam 55% da oferta de rede em apartamentos e 52% em número de empreendimentos. Destas, as cinco principais são responsáveis por mais de três quartos da referida oferta. No mundo, apesar de a oferta também ser concentrada em poucos *players*, as nove maiores operadoras hoteleiras representam, aproximadamente, um terço da oferta global de redes (Eyster & deRoos, 2009).

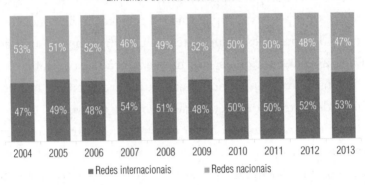

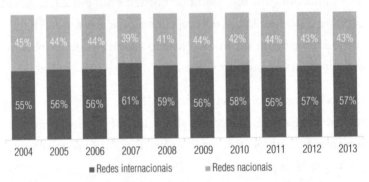

Gráfico 4 • Evolução do *fair share* no mercado de redes hoteleiras no Brasil
Fonte: HIA (2004, 2005, 2006 e 2007) e Jones Lang LaSalle (2008, 2009, 2010, 2011b e 2012b, 2013).

A concentração de mercado diminuiu nos últimos dez anos como consequência do crescimento de outras marcas, embora em ritmo lento. Em 2004, as dez maiores empresas possuíam mais de 60% da oferta em apartamentos das redes do país. Em 2013, a concentração passou para pouco mais de 50%. No entanto, em médio ou em longo prazo, essa tímida tendência de desconcentração pode ser revertida, tal como ocorre em mercados internacionais (Miguel, 2001). Segundo Jones (1999), não há dúvida de que o mercado hoteleiro será cada vez mais concentrado. As vantagens das grandes corporações (como economia de escala, marketing e acesso aos especialistas de mercado) as transformarão em empresas ainda maiores (Martorell Cunill & Forteza, 2010). Segundo todos os consultores entrevistados em profundidade, do total de estudos de viabilidade para implantação de novos hotéis no Brasil, a maior parte procura se incorporar às empresas líderes de mercado.

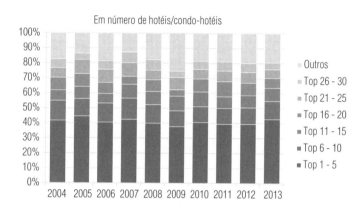

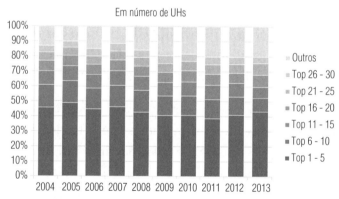

Gráfico 5 • **Concentração da oferta de rede hoteleira no Brasil**
Fonte: HIA (2004, 2005, 2006 e 2007) e Jones Lang LaSalle (2008, 2009, 2010, 2011b e 2012b, 2013).

O gráfico a seguir apresenta a evolução do *fair share* (desconsiderando-se as propriedades independentes) das seis maiores redes hoteleiras presentes no Brasil.

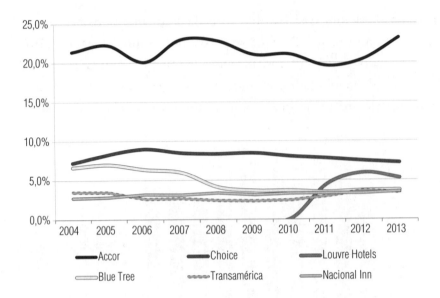

Gráfico 6 • Evolução do *fair share*[2] das Top 6 redes hoteleiras presentes no Brasil
Fonte: HIA (2004, 2005, 2006 e 2007) e Jones Lang LaSalle (2008, 2009, 2010, 2011b e 2012b, 2013).

Conforme mencionado, a participação de mercado das atuais Top 6 redes hoteleiras no Brasil, todas com mais de 4.400 apartamentos no país, evoluiu de forma distinta ao longo dos últimos anos:

- *Accor*: sempre manteve a liderança no histórico recente, com pequenas oscilações de *fair share* e uma tímida tendência de perda de participação entre 2007 e 2011, porém com uma nova retomada de crescimento em 2012. A empresa representa 23,1% da oferta de apartamentos de redes hoteleiras existentes no país. A sensível perda de participação de mercado entre 2007 e 2011 ocorreu porque o aumento global da oferta de rede no Brasil foi superior às taxas de crescimento registradas pela Accor nesse período. Para os próximos anos, essa tendência deverá ser

---

[2] Em relação ao total de UHs de hotéis de redes nacionais e internacionais presentes no país.

revertida, pois são muitos os hotéis em desenvolvimento pela operadora francesa no país.

- *Choice*: as marcas da Choice, representadas pela Atlantica no Brasil, são a segunda com maior *fair share* no país. Apesar da participação de mercado sem fortes oscilações ao longo do período analisado, percebe-se uma pequena tendência de diminuição a partir de 2006, quando os hotéis Choice representavam 9% da oferta de rede do país. Em 2013, representavam 7,2%.

- *Louvre Hotels*: no Brasil, algumas das marcas da Louvre Hotels são representadas pela BHG. Essa empresa, criada em 2009, é atualmente a terceira maior rede hoteleira do país e uma das que estão crescendo com mais rapidez, especialmente por meio de compra de hotéis existentes. Sua participação atual de mercado é de 5,2%.[3] Entre as líderes de mercado, é a única operadora hoteleira com capital aberto no país.

- *Blue Tree*: a brasileira Blue Tree chegou a ser a terceira principal rede hoteleira presente no Brasil durante o histórico analisado. Em 2004 e em 2005, possuía aproximadamente 7% da oferta de rede do país, porcentagem que passou a cair continuadamente até chegar ao atual 3,7%, como resultado da perda de alguns dos seus contratos. O período mais crítico para a empresa foi de 2005 a 2008, quando perdeu 29% de sua oferta, passando de 6.135 para 4.358 apartamentos. A partir de então, a Blue Tree vive pequenas oscilações, sem grandes mudanças.

- *Transamérica*: o *fair share* atual dos hotéis Transamérica no Brasil é praticamente o mesmo registrado em 2004. Apesar das perdas registradas entre 2005 e 2009, a partir de 2010 seus hotéis voltaram a crescer, retomando participação no mercado.

- *Nacional Inn*: do grupo analisado, os hotéis representados pela Nacional Inn são os que mantiveram a participação mais

---

[3] Apesar de criada em 2009, o gráfico apresenta sua evolução somente a partir de 2010, conforme a fonte consultada.

constante no mercado. Desde 2006, sua *fair share* tem ficado próxima a 3%.

Até 2020, a lista das seis redes hoteleiras líderes de mercado no Brasil deve mudar bastante. Apesar do provável contínuo destaque à Accor e à Choice, outras marcas ganharão notoriedade em razão de seus agressivos planos de expansão.

Panorama e perspectivas da hotelaria brasileira

Quais são as barreiras e os riscos de investimento no setor hoteleiro brasileiro? Quais são as alternativas de *funding* existentes? Quais são as exigências de rentabilidade dos investidores? Existem oportunidades de investimento? Onde? Em que tipo de produtos? Quais são as perspectivas até 2020?

Nesta seção, serão enfatizados os resultados primários obtidos na pesquisa com os especialistas e executivos de algumas das principais empresas do setor hoteleiro brasileiro. As análises também levarão em conta as entrevistas em profundidade realizadas com os profissionais entrevistados. Sempre que for possível, serão contrastados os dados apresentados com as principais conclusões de outros estudos existentes sobre o tema investigado. Além dos resultados globais da pesquisa, também será analisado se há diferenças significativas[4] nas respostas representantes dos seguintes subgrupos: redes hoteleiras nacionais; redes hoteleiras internacionais; especialistas (diretores de consultorias, fundos de investimento, desenvolvedores e entidades setoriais); e Top 3 (representantes das três redes hoteleiras com maior quantidade de oferta de apartamentos no país, ou seja, Accor, Atlantica e BHG).

---

[4] Para esse estudo, serão considerados desvios significativos os resultados superiores a 1,5, levando em conta a diferença entre as notas máxima e mínima de um mesmo item avaliado, considerando-se as notas médias dos quatro subgrupos.

Oito grandes tópicos compõem esta seção:

- *O setor em números*: informação sobre a oferta hoteleira no Brasil, segundo fontes diversas, entre as quais o Instituto Brasileiro de Geografia e Estatística (IBGE) e as consultorias HotelInvest e Jones Lang LaSalle.
- *Panorama nacional*: avaliação de tópicos gerais concernentes à hotelaria no Brasil.
- *Barreiras e riscos de investimento*: menção e hierarquização das principais barreiras e riscos relacionados à hotelaria no Brasil.
- *Fontes de financiamento*: avaliação de condições e volume de crédito no setor hoteleiro nacional.
- *Expectativas de rentabilidade*: TIR exigida por diferentes tipos de investidores no setor.
- *Oportunidades*: indicação das principais localizações geográficas, dos perfis de demanda, dos padrões de produto e dos tipos de investidores relacionados às possíveis oportunidades de investimento hoteleiro no Brasil.
- *Estratégias de desenvolvimento e expansão*: de investimentos diretos a alianças estratégicas, em novos empreendimentos ou hotéis existentes.
- *Perspectivas gerais*: em relação às expectativas de desenvolvimento hoteleiro no Brasil até 2020.

O setor em números

O Brasil carece de indicadores hoteleiros oficiais. Entre as informações disponíveis, sabe-se que a oferta de hotéis está concentrada em produtos das categorias simples e médio conforto. Quanto à performance do setor, o índice de RevPAR vem crescendo desde 2004.

Oferta

Como já foi mencionado, o setor turístico e hoteleiro carece de dados oficiais e de estudos estratégicos. Até hoje, não há dados básicos precisos, como a quantidade de oferta hoteleira no país. As estimativas são diversas. Segundo o Ministério do Turismo (BNDES, 2011), em 2010 o total de meios de hospedagem no Brasil era de 22 mil a 26 mil estabelecimentos. A Associação Brasileira da Indústria de Hotéis (ABIH) estimava uma oferta parecida, de 25 mil empreendimentos (*apud Valor Econômico*, 2010). Já a consultoria imobiliária Jones Lang LaSalle indica números mais modestos. Segundo dados atuais da empresa (JLL, 2013), a oferta hoteleira brasileira não supera os 10 mil hotéis (aproximadamente 464 mil apartamentos), contabilizando unidades independentes e de redes, nacionais ou internacionais. Há no setor uma forte divergência de indicadores, metodologias de análises e fontes de informação.

O estudo mais atual sobre a oferta hoteleira brasileira é do IBGE (2012a). Apesar de cobrir somente as capitais do país, é a fonte mais precisa sobre a quantidade e as características dos meios de hospedagem em território nacional. Segundo a publicação, as capitais do país possuem 5.036 estabelecimentos, 250.284 apartamentos e 373.673 leitos. Dessa oferta, 52% correspondem a hotéis, e mais de 85% são de categoria simples, econômica ou de médio conforto. Os empreendimentos de luxo não chegam a 4% da oferta total.

Em um estudo recente divulgado pela consultoria BSH (2013), consta que, até 2016, serão implantados 422 novos projetos no país, o que ultrapassaria R$ 12 bilhões em novos investimentos, de norte a sul, em produtos de todas as categorias, porém concentrados nos segmentos supereconômico, econômico e *midscale*. A nova oferta contemplará as pequenas e grandes cidades, incluindo municípios do interior. Apesar da possibilidade de atrasos e cancelamentos em parte dos projetos, o volume total de hotéis em estudo no país nunca foi tão expressivo em um horizonte de tempo tão pequeno.

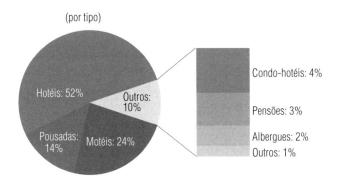

Gráfico 7 • Distribuição dos estabelecimentos de hospedagem nas capitais brasileiras por tipo e categoria (2011)

Fonte: IBGE (2012a).

Tabela 11 • Previsão da nova oferta no Brasil (2013-2016)

Ano	Total de hotéis	Total de UHs	Total de investimento (R$ milhões)
2013	47	6.177	841,5
2014	164	28.248	4.786,3
2015	144	23.492	3.805,1
2016	67	12.614	2.766,2
Total	422	70.531	12.199,2

Fonte: BSH (2013).

Com relação às perspectivas de aumento de oferta nas doze cidades-sede da Copa do Mundo de 2014, será utilizada a última edição do estudo *Placar da hotelaria brasileira*, de 2014, realizado pelo FOHB e pela consultoria HotelInvest (2014). No estudo, foi estimada a ocupação hoteleira média de cada cidade em 2015, considerando as perspectivas de crescimento de demanda e de oferta em cada município. O objetivo era identificar os mercados com maior risco de desenvolvimento excessivo de hotéis. Segundo a consultoria HotelInvest e o FOHB, entre 2014 e 2015, 107 hotéis seriam implantados nas doze capitais analisadas. A tabela a seguir ilustra os principais resultados por cidade.

Tabela 12 • Oferta e ocupação hoteleiras nas doze cidades-sede da Copa do Mundo de 2014 em finais de 2015

Cidades	Nova oferta em UHS (2014-2015)	Crescimento total da oferta no período	Ocupação em 2015*
Belo Horizonte	5.732	78,7%	Entre 38% e 43%
Brasília	1.539	17,6%	Próxima a 53%
Cuiabá	977	45,1%	Próxima a 49%
Curitiba	452	6,1%	Entre 64% e 69%
Fortaleza	330	4,5%	Próxima a 71%
Manaus	922	23,3%	Entre 47% e 52%
Natal	698	10,3%	Próxima a 62%
Porto Alegre	1.124	20,1%	Entre 59% e 61%
Recife	1.148	25,6%	Próxima a 58%
Rio de Janeiro	5.313	26,2%	Entre 64% e 73%
Salvador	700	7,9%	Entre 54% e 58%
São Paulo	307	0,9%	Entre 66% e 72%

Fonte: FOHB e HotelInvest (2014)

* Em alguns mercados, apresenta-se uma faixa de taxa de ocupação porque mais de um segmento foi analisado

Como ilustra a tabela, o risco de superoferta em algumas cidades do país é claro, em especial em Belo Horizonte, Manaus e Cuiabá. No caso de Belo Horizonte, uma medida explica o porquê do ritmo mais acelerado de crescimento de oferta: a concessão de incentivos fiscais pela prefeitura para a construção de hotéis para a Copa do Mundo. Os governos também devem tomar cuidado com a concessão indiscriminada de benefícios fiscais para a construção de meios de hospedagem, pois a atração demasiada de potenciais investidores pode ocasionar uma superoferta no destino.

Outro fator que também contribuiu para a possível superoferta em algumas das cidades identificadas foi a escolha dos destinos-sede da Copa do Mundo. A FIFA exige que toda sede do evento tenha pelo menos 30% da capacidade dos futuros estádios em leitos hoteleiros[5] (*apud* *Valor Econômico*, 2010). Por esse critério, somente cinco cidades não necessitariam de oferta adicional: Natal, Salvador, Rio de Janeiro, São Paulo e Curitiba. Nas demais, seria preciso contabilizar a oferta das cidades do entorno para cumprir com as exigências da FIFA (Brasil, s/a.).

Tabela 13 • Capacidade hoteleira das doze cidades-sede da Copa do Mundo de 2014 *versus* oferta necessária segundo a FIFA[4]

Cidades	Total de leitos em 2011[1]	Capacidade dos estádios[2]	Mínimo de leitos exigidos pela FIFA[3]	Déficit de leitos[4]	Crescimento de oferta necessário[5]
São Paulo	73.488	65.000	19.500	-	-
Rio de Janeiro	45.416	76.000	22.800	-	-
Curitiba	19.083	42.000	12.600	-	-
Natal	19.532	45.000	13.500	-	-
Salvador	22.366	65.000	19.500	-	-
Belo Horizonte	19.031	64.500	19.350	319	2%
Fortaleza	19.745	67.000	20.100	355	2%
Brasília	19.216	71.000	21.300	2.084	11%
Porto Alegre	14.625	60.800	18.240	3.615	25%
Recife	10.418	46.000	13.800	3.382	32%
Manaus	9.273	44.310	13.293	4.020	43%
Cuiabá	5.945	43.600	13.080	7.135	120%

[1] Fonte: IBGE (2012a).
[2] Fonte: Portal 2014 (2012).
[3] 30% da capacidade dos estádios (*Valor Econômico*, 2010).
[4] Mínimo de leitos exigidos pela FIFA – total de leitos da cidade-sede. Os saldos positivos significam necessidade de leitos adicionais.
[5] Com base no total de leitos em 2011 em comparação com o total exigido até 2014 para a realização do evento.

---

[5] Segundo um dos especialistas entrevistados, que esteve presente com representantes da empresa Match (contratada pela FIFA para organizar a Copa), de fato, não há uma exigência padrão sobre o mínimo de apartamentos. "Cada Copa é uma realidade; cada cidade é um caso", afirmou o especialista.

Das cidades indicadas na tabela, as duas com maiores déficits de oferta para a Copa do Mundo eram Cuiabá e Manaus, o que, de certa forma, estimulou a construção de hotéis nesses destinos. Porém, após o término do evento, é provável que tais cidades não recebam tanta demanda para justificar um aumento percentual de oferta tão significativo. Por isso, nesses dois casos, talvez outros municípios brasileiros com oferta hoteleira mais ampla fossem mais adequados para a realização do megaevento esportivo. É importante mencionar que a possível implantação de um novo hotel não deve considerar exclusivamente o fato da realização da Copa do Mundo ou de outros megaeventos. A construção de novos projetos é um investimento em longo prazo, e a existência de um fluxo de caixa positivo e estável é uma condição mínima para obter rentabilidade.

Embora algumas cidades tenham sido identificadas como mercados de risco, as perspectivas atuais estão longe de ser como no começo dos anos 2000 no país, durante a primeira crise dos condo-hotéis. Naquela época, alguns mercados, como São Paulo (HVS, 2008), chegaram a uma ocupação média próxima a 40%. Até 2016, com exceção de Belo Horizonte, Cuiabá e Manaus, nas demais cidades a pior das ocupações projetadas pode chegar a 53% (FOHB & HotelInvest, 2014).

Como se destaca no próprio estudo, é importante ressaltar que os resultados do *Placar da hotelaria brasileira* devem ser analisados com cautela. A metodologia adotada tem limitações por usar dados amostrais, e por ser longo o período de projeção. Os resultados devem ser interpretados como uma orientação, e não como um indicador preciso. A classificação de risco também não indica necessariamente a viabilidade de novos projetos, pois outros elementos devem ser considerados na análise financeira de um hotel, além da ocupação média do setor.

> Por fim, deve-se reforçar a ideia de que a taxa de ocupação é apenas um dos indicadores da saúde de um mercado hoteleiro. Ela não deve ser utilizada isoladamente para determinar a viabilidade de um empreendimento hoteleiro, nem para tomar decisões de investimento. Cada projeto possui características únicas que o diferenciam da

média do mercado e afetam sua rentabilidade de maneira distinta. É possível, por exemplo, que existam projetos viáveis em mercados turbulentos, ou que muitos projetos sejam inviáveis em mercados com boas taxas de ocupação. (FOHB & HotelInvest, 2011, p. 6)

Performance mercadológica histórica

Sobre a performance histórica do mercado hoteleiro, a escassez de dados é ainda pior. Em nível nacional, poucos estudos existem além do *Hotelaria em números*, realizado pela consultoria Jones Lang LaSalle (JLL, 2008, 2009, 2010, 2011b, 2012b e 2013). A última edição da publicação aponta que o desempenho dos hotéis esteve em recuperação nos últimos anos. A média de ocupação dos estabelecimentos urbanos é superior a 65% (JLL, 2013), nível próximo ao limite sazonal de muitos mercados. A maior parte das propriedades de rede se destina aos turistas de negócios e eventos, que costumam usar hotéis entre segunda-feira e quinta-feira (considerando-se o dia do *check-in*). Caso todos os hotéis da cidade apresentassem 90% de ocupação de segunda-feira a quinta-feira e 30% de ocupação de sexta-feira a domingo (índice comum em mercados com pouca demanda de lazer), a ocupação máxima agregada do mercado ficaria perto de 64%.

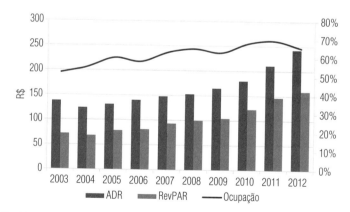

Gráfico 8 • **Performance dos hotéis urbanos no Brasil (2003 a 2012)**
Fonte: JLL (2013).

Em nível local, algumas secretarias de turismo e entidades setoriais publicam dados de mercado constantemente. Porém, as amostras usadas geralmente são limitadas, com histórico curto e dados desatualizados. Em entidades públicas, geralmente, deve-se mencionar um problema a mais, relacionado com os vieses metodológicos: constantemente, muda a base de oferta usada para analisar a evolução do desempenho dos hotéis, o que compromete a comparação de um período a outro. Em âmbito privado, a consultoria HotelInvest disponibiliza gratuitamente informações de mercado atualizadas e fidedignas, como o estudo *Panorama da hotelaria brasileira*. Os principais mercados urbanos nacionais são analisados pela consultoria, como São Paulo, Rio de Janeiro, Salvador, Curitiba, Porto Alegre e Belo Horizonte (HVS, 2009b e 2010a; HotelInvest, 2011, 2012a e 2013).

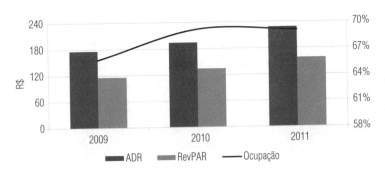

Gráfico 9 • **Performance hoteleira histórica acumulada das doze cidades-sede da Copa do Mundo de 2014 (2009-2011)**

Fonte: FOHB.

Ainda, o FOHB é outra relevante fonte de informação para o setor, e, apesar de possuir uma amostra limitada de alguns mercados, é a referência de dados confiáveis que inclui mais cidades no país. Também, por ser a única com informações de desempenho das doze cidades-sede da Copa do Mundo de 2014 – destinos que ganharam cada vez mais visibilidade no país –, foi solicitado seu apoio a este livro, por meio do qual foram concedidos dados referentes a ocupação, diária e RevPAR dos mercados analisados. Os dados concedidos referem-se aos anos 2009, 2010 e 2011 e à média geral dos segmentos econômicos, *midscale* e *upscale*.[6]

A série histórica analisada indica uma tendência de crescimento da performance hoteleira no agregado das doze cidades. A ADR cresceu, em média, 14% a.a., e o índice de RevPAR, 17% a.a. – taxas muito superiores à inflação, o que indica um crescimento real do desempenho dos hotéis. A ocupação, de 2010 a 2011, permaneceu estável. Em algumas cidades brasileiras, a demanda hoteleira já estava muito próxima da capacidade sazonal do setor. O período de 2009 a 2011 foi o de maior crescimento de receita no histórico recente do setor hoteleiro brasileiro. Foi nessa época que aumentou exponencialmente o apetite de investidores nacionais e internacionais pelo país. Também foi o período em que o Brasil ganhou bastante viabilidade internacional entre as economias que cresciam a um ritmo acelerado no mundo, apesar da crise econômico-financeira global.

O gráfico a seguir apresenta o desempenho das doze cidades-sede da Copa do Mundo durante 2011, ano em que muitos dos mercados nacionais atingiram seu auge em ocupação.

---

[6] Restringiram-se as análises a um registro recente, pois, caso se utilizassem períodos maiores, seria perdida a consistência na amostra analisada. Os preços estão em valores correntes. A seguir, a amostra utilizada em cada mercado: São Paulo (20.632 apartamentos); Curitiba (3.142 apartamentos); Rio de Janeiro (3.883 apartamentos); Belo Horizonte (2.262 apartamentos); Porto Alegre (1.519 apartamentos); Fortaleza (1.434 apartamentos); Brasília (2.287 apartamentos); Natal (409 apartamentos); Recife (632 apartamentos); Cuiabá (358 apartamentos); e Salvador (629 apartamentos). Não havia informação histórica disponível sobre Manaus.

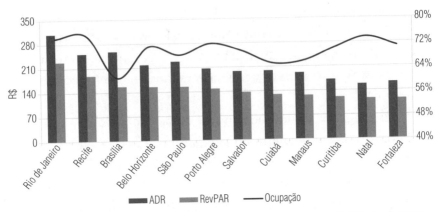

Gráfico 10 • Performance hoteleira das doze cidades-sede da Copa do Mundo de 2014 por mercado (2011)
Fonte: FOHB.

Na ADR e no índice RevPAR, as cinco cidades que mais se destacaram foram: Rio de Janeiro, Recife, Brasília, Belo Horizonte e São Paulo. Com relação à ocupação, muitas estavam em um nível próximo a 70%. Nelas, o aumento histórico dos preços era ainda mais intenso do que nos demais mercados. Por outro lado, o gráfico acima indicava que, em muitas cidades nacionais, a ADR ainda era modesta e havia espaço para estratégias de preço mais agressivas. As cidades com diárias baixas ilustram o caso de destinos em que, apesar da alta ocupação, a viabilidade de novos projetos ainda não é clara por causa dos altos custos de implantação e operação. Nelas, caso o desempenho do mercado não continue em recuperação, a rentabilidade estimada para os novos projetos continuará baixa.

Até 2011, apesar da diária modesta em muitos destinos, as expectativas eram de crescimento, como indica o gráfico a seguir.

Está claro que, em muitas das cidades, o panorama era positivo em relação ao crescimento de RevPAR. Mantendo as condições passadas, diversos novos projetos poderiam ser viabilizados. Naquele momento, inúmeros *players* intensificaram a busca por oportunidades de negócios no país. O resultado foi o aumento expressivo da projeção de nova oferta hoteleira no Brasil.

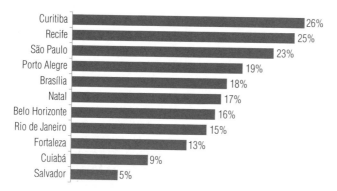

Gráfico 11 • Crescimento médio anual nominal de RevPAR (2009 a 2011) nas cidades-sede da Copa do Mundo de 2014
Fonte: FOHB.

Panorama nacional

Apesar da evolução do turismo brasileiro na última década, persistem os problemas estruturais que afetam negativamente o setor de hotéis quanto às suas necessidades de investimento. Há fortes indícios da existência de *gaps* de competitividade turística e hoteleira no país.

Neste tópico, será iniciada a apresentação dos resultados da pesquisa com os especialistas. Os dois primeiros grupos de variáveis analisadas serão: 1) avaliação do país levando em conta as necessidades de investimento hoteleiro no Brasil; e 2) avaliação do setor de redes hoteleiras no Brasil.

Panorama qualitativo do setor hoteleiro no Brasil

Pediu-se aos entrevistados que avaliassem de 1 (péssimo) a 7 (excelente) cada item do gráfico a seguir, considerando as necessidades atuais de investimento no setor hoteleiro no Brasil.

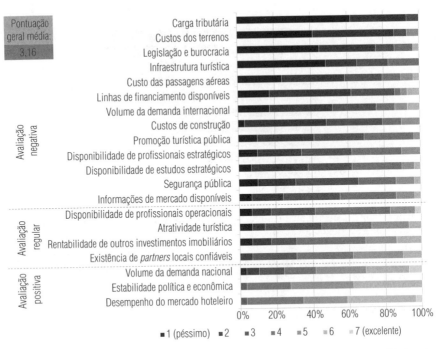

Gráfico 12 • Avaliação de diversos elementos no país considerando as necessidades de investimentos hoteleiros no Brasil

Pela média geral, fica claro que a carga tributária, os custos dos terrenos, a legislação/burocracia e a infraestrutura turística são os itens com menor pontuação, entre 1,5 e 2. No extremo contrário, o desempenho do mercado hoteleiro e a estabilidade política/econômica são aqueles com melhores valorações médias, com nota superior a 5.

O cenário geral ilustra alguns dos grandes problemas que o Brasil ainda precisa superar para melhorar sua competitividade turística e hoteleira. Apesar de o país ter condições econômicas mais sólidas em comparação com seu passado recente, ainda persistem inúmeros desafios que aumentam a percepção de risco para investimentos no setor. Com maior ou menor intensidade, cada item mal avaliado diminui o potencial de lucratividade dos hotéis no país e, consequentemente, a propensão de reinvestimento no setor e a viabilização de novos negócios.

Não há diferenças significativas entre as respostas de cada um dos quatro grupos entrevistados, com três exceções. A primeira refere-se à *avaliação do volume da demanda nacional*. Os representantes das redes internacionais deram uma nota (3,38) bastante inferior à média dos demais grupos[7] (4,95), resultado provavelmente influenciado pelas empresas cujo atual posicionamento de mercado possui maior dependência da demanda internacional no Brasil, como Marriott, Starwood e Hilton. Para essas empresas, o crescimento do mercado doméstico pode ter sido mais modesto em comparação a outras redes com marcas mais populares no país.

A segunda diferença refere-se à *rentabilidade de outros investimentos imobiliários*. Para a média do mercado, esse item foi avaliado negativamente (nota 3,9), pois, em geral, acredita-se que o alto custo de oportunidade dos desenvolvedores com outros investimentos imobiliários (como prédios residenciais e de escritórios) é uma barreira para o setor. Para o subgrupo do Top 3, que avaliou o item analisado com nota 5,0, é provável que esse problema seja menos intenso, pois é natural que os possíveis projetos relacionados a suas marcas tenham expectativas de lucro superiores à média do mercado, diminuindo a diferença entre a rentabilidade esperada para o negócio hoteleiro e em outros investimentos imobiliários. Segundo as entrevistas em profundidade realizadas com os especialistas, o mercado imobiliário residencial e de prédios comerciais já não apresenta perspectivas de crescimento tão fortes como as registradas até o início da década de 2010. A perda do ritmo de vendas de imóveis no país está atraindo maior interesse para o setor hoteleiro.

A última diferença identificada refere-se aos *custos dos terrenos*. No entanto, apesar de a avaliação do subgrupo Top 3 (3,0) estar acima da média geral (1,86), ambos demonstram desaprovação em relação a esse item.

---

[7] Excetuando-se o subgrupo Top 3, pois já está contabilizado entre as redes nacionais ou internacionais.

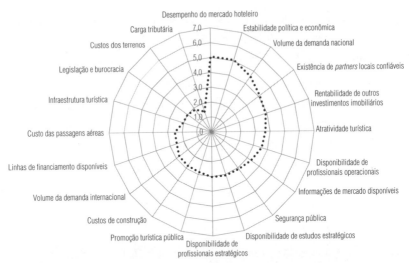

Gráfico 13 • **Avaliação de diversos elementos no país considerando as necessidades de investimentos hoteleiros no Brasil – nota média geral**

Em geral, como dito anteriormente, todos os itens têm relação direta com a competitividade de um destino turístico. No Brasil, apesar das melhorias da última década, muitos problemas persistem e devem ser analisados cuidadosamente por governos e empresas. Os especialistas entrevistados em profundidade foram unânimes quanto à avaliação insatisfatória da competitividade turística no Brasil. Segundo o World Economic Forum (2011b e 2013), a trajetória de melhoria de competitividade até 2009, quando Brasil estava classificado na 45ª posição do *ranking* mundial (em 2007 estava na 59ª posição), foi interrompida. Em 2011, o país voltou a perder competitividade e passou à 52ª posição entre 139 países analisados – patamar praticamente idêntico ao de 2013 (51ª posição).

Sem dúvida, o Estado é o principal responsável por tudo o que se refere ao processo de planejamento e fomento da atividade turística, razão pela qual a maioria dos itens avaliados é de sua incumbência. Porém, as empresas também são responsáveis e devem participar ativamente de iniciativas em benefício da melhoria de atratividade e competitividade dos destinos turísticos brasileiros. Nesse sentido, modelos de parcerias público-privadas podem ser um bom exemplo a seguir.

REVISÃO BIBLIOGRÁFICA E ANÁLISE COMPLEMENTAR

Desempenho do mercado hoteleiro

É consenso entre especialistas que o setor está em pleno processo de recuperação desde 2005 (JLL, 2008, 2009, 2010, 2011a e 2012b; HVS, 2009a, 2009b e 2010a; HotelInvest, 2011 e 2012a). A ocupação hoteleira do país está próxima do limite sazonal em muitos mercados e a ADR cresce anualmente. A continuidade dessa tendência dependerá principalmente de como evoluirá a oferta nos próximos anos. Em 2008, acreditava-se que o desempenho do mercado ainda era insuficiente para viabilizar novos projetos e que assim continuaria pelo menos por cinco ou seis anos (HVS, 2008). Hoje, com base na pesquisa realizada com os especialistas, já há sinais de que existe espaço para outros hotéis em diversos mercados brasileiros. No entanto, essa constatação deve ser analisada com cautela, pois o risco de futura superoferta em algumas cidades também existe (FOHB & HotelInvest, 2012). O Brasil é o país com melhores perspectivas de evolução de performance hoteleira na América Latina, entre os dezoito países avaliados pela JLL (2012a). O crescimento econômico histórico e as barreiras para a construção de hotéis foram alguns dos estimuladores para melhoria do desempenho do mercado.

Estabilidade política e econômica

Não somente o Brasil, mas muitos países latino-americanos vivem um novo momento histórico, marcado por melhorias no sistema de governo, políticas mais pragmáticas e crescimento econômico nos últimos dez anos (JLL, 2012a; Brasil, 2010a e 2012a), apesar do histórico de instabilidade (Deloitte, 2010). A crença no país é forte (*Valor Econômico*, 2010), contudo, as preocupações de potenciais investidores estrangeiros quanto à manutenção da estabilidade política e econômica nacional ainda persistem (JLL, 2012a), possivelmente pelo atual momento econômico externo conturbado (ONU, 2011; FMI, 2012; Brasil, 2012a; The World Bank, 2012). Com relação à estabilidade política, o Brasil possui uma democracia consolidada. Porém, manifestações populares recentes, iniciadas em junho de 2013, mostram que o país também está suscetível a tais riscos. Apesar do efeito pontual no desempenho anual dos hotéis, as manifestações resultaram em uma exposição negativa do país na mídia nacional e internacional, o que pode influenciar nas tomadas de decisão sobre investir ou não em novos hotéis no Brasil.

Volume da demanda nacional

A evolução histórica da economia brasileira e, especialmente, da classe média, tem estimulado o crescimento da demanda turística nacional em todo o país (JLL, 2012a; BNDES, 2011; Brasil, 2010a; HVS, 2010a). Como resultado, em alguns mercados hoteleiros com ocupação próxima ao limite sazonal, é muito provável que exista demanda latente (HVS, 2010a; HotelInvest, 2011). A demanda doméstica é o grande cliente dos hotéis no país, principalmente daqueles de pequeno e médio conforto. Segundo a consultoria Jones Lang LaSalle (2013), quase 85% da demanda por hospedagem em hotéis urbanos no Brasil provêm do público interno.

Existência de *partners* locais confiáveis

A existência de *partners* confiáveis é vital para o crescimento e o desenvolvimento do setor, inclusive para que empresas internacionais invistam em outros mercados, pois muitos governos só permitem a entrada de capital estrangeiro no país quando há alianças com corporações nacionais. Um estudo da consultoria Jones Lang LaSalle (2012a) indica que a ausência ou dificuldade para encontrar *partners* confiáveis é uma das principais barreiras para investir no setor hoteleiro na América Latina. A referida publicação analisou as respostas de mais de quinhentos investidores internacionais potenciais. Segundo um dos entrevistados, esse (a ausência de *partners* confiáveis) não é o principal problema do setor hoteleiro no Brasil, mas sim o perfil de busca por rentabilidade imediata das empresas, motivo que também beneficiou a preferência dos desenvolvedores por investimentos imobiliários em residências e escritórios comerciais. Essa opinião também foi mencionada por alguns dos especialistas entrevistados em profundidade. Além disso, um deles acrescentou que a falta de conhecimento sobre o mercado interno e sobre a forma de fazer negócios no país dificulta bastante a realização de alianças entre *players* nacionais e estrangeiros.

Rentabilidade de outros investimentos imobiliários

Nos últimos anos, a alta rentabilidade na construção de prédios residenciais e de escritórios foi uma importante barreira para o aumento dos investimentos em novos hotéis (HVS, 2010a e 2010c). Mercados como São Paulo e outras cidades brasileiras (Lima & Alencar, 2008) valorizaram-se bastante, de modo que os desenvolvedores passaram a ofertar imóveis cada vez menores, sem redução de preços e sem perda de vendas, como reflexo do crescimento econômico e do aumento do poder de compra da população (Paciello *et al.*, 2011). O alto custo de oportunidade dos desenvolvedores desestimulava muitos projetos no setor hoteleiro. Porém, já há sinais de que o ritmo de vendas no mercado imobiliário brasileiro será mais modesto, motivo pelo qual investimentos em hotéis voltaram a ganhar mais destaque (HotelInvest, 2011 e 2012a) a partir do início desta década.

Atratividade turística

Os problemas identificados pelos especialistas afetam negativamente não só o turismo, mas também o setor hoteleiro, com efeitos prejudiciais na qualidade dos serviços, no custo de operação e, especialmente, na competitividade da hotelaria brasileira (BNDES, 2001a). É importante destacar que os hotéis não são, geralmente, indutores de viagem, com exceção de resorts e estabelecimentos com áreas de lazer e/ou de eventos relevantes. O setor hoteleiro depende da atratividade dos destinos, sem os quais ninguém utilizaria meios de hospedagem. Afinal, seu uso é um serviço de apoio a indivíduos que pretendem visitar um lugar, principalmente em viagem a trabalho.

Disponibilidade de profissionais operacionais e estratégicos

Os recursos humanos impactam diretamente a gestão e a performance de um negócio, especialmente no setor hoteleiro (Crook *et al.*, 2003), que é intensivo em mão de obra. Contudo, no Brasil, a qualidade de mão de obra em turismo e hotelaria é uma das questões críticas (Pedrosa & Souza, 2009; Pinheiro, 2002; Brasil, 2010b e 2010f; BNDES, 2001a e 2006; Marques, 2003; Haro, 2012; World Economic Forum, 2011a), prejudiciais à competitividade dos destinos turísticos. São exemplos o baixo conhecimento de outros idiomas, as falhas no atendimento ao cliente e a alta rotatividade. Em especial, o setor carece de qualificação técnica para seus colaboradores. Nesse ambiente, empresas, governos e instituições de ensino devem estar atentos ao problema e criar estratégias conjuntas de qualificação profissional hoteleira no país.

Informações de mercado e estudos estratégicos disponíveis

São poucas as organizações públicas e privadas que dispõem de informações de mercado atualizadas, confiáveis e representativas sobre o desempenho hoteleiro no Brasil (BNDES, 2001a). Entre elas, uma das principais é a consultoria HotelInvest, por meio de suas *newsletters* trimestrais, da publicação anual *Panorama da hotelaria brasileira* e do *Placar da hotelaria brasileira* – este realizado em parceria com o FOHB. A Jones Lang LaSalle, outra consultoria presente no país, também publica há anos um importante estudo intitulado *Hotelaria em números*. Sobre o mercado de resorts, tanto a Jones Lang LaSalle quanto a BSH têm apresentado alguns artigos. Em âmbito público, o Observatório de Turismo da Cidade de São Paulo é uma das entidades que tem se destacado. Já sobre publicações acadêmicas, o país ainda carece bastante de estudos hoteleiros estratégicos e de impacto nas principais revistas nacionais e internacionais. Em geral, o país tem progredido na produção de estudos de mercado e acadêmicos em hotelaria, mas a situação atual ainda é incipiente.

Segurança pública

A violência pública no Brasil ou, pelo menos, a sensação de inseguran-ça é uma realidade em muitas cidades do país (BNDES, 2001a e 2006; *Valor Econômico*, 2010), tanto em destinos internacionalmente conhecidos, como Rio de Janeiro, Salvador e Recife, quanto em outros com menor ex-pressão turística, como Curitiba, Belo Horizonte e Cuiabá (Pereira & Fer-reira, 2011; Neves *et al.*, 2011). Em uma pesquisa realizada pela consultoria JLL (2012a), os problemas de segurança no Brasil foram indicados como o quinto principal inibidor de investimentos hoteleiros no país. Outro es-tudo, do World Economic Forum (2011b, 2013), aponta o item segurança como um dos piores avaliados na análise de competitividade do país.

Promoção turística pública

É responsabilidade fundamental das entidades governamentais. Porém, nada impede que iniciativas conjuntas com empresas sejam realizadas para aumentar a inserção de um destino em seu mercado de-sejado (Pinheiro, 2002). Apesar da avaliação negativa pelos entrevista-dos e em outras publicações (BNDES, 2011), nota-se uma tendência de crescimento dos investimentos em promoção do país como um destino turístico, em nível nacional ou internacional (Brasil, 2010a). Entre 2004 e 2009, os recursos destinados a esse fim cresceram 150% em âmbito doméstico e 68% no internacional. Evidentemente, além de uma avalia-ção quantitativa, falta pesquisar a qualidade da promoção turística do país, tema que não será aprofundado no presente livro.

Custos de construção e dos terrenos

O crescimento econômico brasileiro e o aumento da demanda por imóveis têm impulsionado o setor de construção civil no país. Um dos resultados claros foi o aumento dos custos de construção e dos terrenos, em razão, também, das restrições de oferta. Em relação aos custos de construção, a subida de preços é o reflexo do aumento dos custos em insumos básicos (como cimento, aço e materiais acabados) e na contratação de pessoal (HVS, 2010a e 2010c). Segundo alguns dos pesquisados que concederam entrevista em profundidade, apesar do crescimento da performance hoteleira no país, os elevados custos de operação e implantação de hotéis ainda dificultam a viabilidade de muitos projetos, especialmente aqueles de categorias mais elevadas. O nível de preços médios no país (ADR) é moderado e ainda precisa subir para compensar os altos custos de terreno e construção. Apesar do problema detectado, essa realidade está mudando, e muitos mercados já dão sinais de viabilidade, principalmente nos segmentos supereconômicos e econômico.

Volume da demanda internacional

Há mais de uma década, a demanda internacional no Brasil está praticamente estagnada, com pouco mais de 5 milhões de turistas (Brasil, 2012b), e não há evidências de que o país melhorará significativamente sua participação no mercado turístico internacional em curto ou em médio prazo (BNDES, 2011; Bezerra, 2002; Brasil, 2010a; *Valor Econômico*, 2010). Entre outras variáveis, a representatividade do turismo internacional está condicionada à localização do país em relação aos grandes emissores mundiais, de modo que, sem transformações revolucionárias na matriz de transporte global, o Brasil continuará fora do mapa dos principais destinos (Bezerra, 2002).

Linhas de financiamento disponíveis

Em destinos em processo de desenvolvimento, é fundamental a participação do Estado na criação de linhas de estímulo ao crescimento do setor (Pinheiro, 2002). Essa estratégia tem sido adotada com sucesso em muitos países (Bezerra, 2002), mas no Brasil ainda não está consolidada, apesar dos recentes avanços nas linhas de financiamento do BNDES (*Valor Econômico*, 2010). Diversos estudos afirmam que a falta de financiamento é um dos principais problemas do setor hoteleiro no país (Brasil, 2005; HVS, 2009, 2010b e 2010c; JLL, 2011a e 2012a;

BNDES, 2011). Segundo um dos entrevistados, as linhas disponíveis não são acessíveis a 85% do mercado, pois as garantias exigidas (de 130%, em comparação com o montante de crédito solicitado) e a burocracia são excessivas. Esse problema já é de conhecimento do poder público (Brasil, 2010a).

Custo das passagens aéreas

A adoção de companhias de baixo custo nos Estados Unidos e na Europa foi bastante importante para o significativo aumento do fluxo aéreo nos últimos anos (Deloitte, 2010). No Brasil, o preço das passagens ainda é avaliado como uma barreira para o crescimento do turismo (BNDES, 2001a), embora, nos últimos anos, tenham se registrado diminuições em seu custo e melhoria da conectividade (Brasil, 2010a). Entre 2002 e 2009, a redução do preço médio das passagens aéreas foi de 25,55%.[8] Entretanto, em curto prazo, o Ministério do Turismo estima que as passagens voltem a subir de preço.

Infraestrutura turística

O país carece de estrutura turística (BNDES, 2001a e 2006; Coelho, 2011; *Valor Econômico*, 2010; Brasil, 2010b; World Economic Forum, 2011a), como é comum em países emergentes (Deloitte, 2010). Entre os problemas, pode ser mencionada a necessidade de ampliação de muitos aeroportos, como em Natal, Cuiabá, Brasília, Manaus e Fortaleza (Pereira & Ferreira, 2011; Brasil, s/a.), e de melhoria da infraestrutura de transporte em geral, incluindo trens, estradas e transporte marítimo e fluvial. Ainda sobre os aeroportos, cidades menores carecem de um plano estratégico para o desenvolvimento do transporte aéreo. Em cidades maiores, há problemas de conexão entre os destinos e a união com o centro carece de transporte público eficiente, como metrô, trens

---

[8] A diminuição do preço é em valores reais, já descontados os efeitos da inflação. O indicador usado é o *yield*, que corresponde ao valor médio que cada passageiro paga por quilômetro voado em companhias aéreas nacionais, motivo pelo qual a diminuição de preços também pode ter sido constatada por um possível aumento das distâncias voadas.

ou ônibus. Muitos outros problemas estruturais são comuns, como número limitado de vagas em estacionamentos (Brasil, s/a.). O crescimento econômico isolado pode não ser suficiente para que haja evoluções consistentes do turismo em um destino. É primordial que sejam resolvidos os problemas estruturais (Ernst & Young, 2011). Apesar do aumento de investimentos em infraestrutura turística no Brasil desde 2003, especialmente pelo Prodetur (Brasil, 2010a), ainda há um longo caminho de melhorias necessárias adiante.

Carga tributária

Em países emergentes como o Brasil, os elevados impostos e taxas podem diminuir bastante a rentabilidade dos projetos hoteleiros (Ernst & Young, 2012). Além dos altos custos implícitos, o sistema tributário é complexo e de difícil entendimento (JLL, 2011a). Esse tópico é um dos itens com menor pontuação pelo World Economic Forum (2011b e 2013) na avaliação da competitividade turística brasileira, e uma das barreiras para a expansão da hotelaria no Brasil (Brasil, 2005, 2009a e 2010b). Segundo o Instituto Brasileiro de Planificação Tributária (Brasil, 2010a), a arrecadação tributária no país apresenta tendência crescente. De 32,70% do PIB em 2002, a arrecadação subiu para 35,02% do PIB em 2009. Essa problemática afeta não somente os hotéis de rede, mas todo o setor, de grandes a pequenos estabelecimentos (Teixeira, 2010). Recentemente, o governo brasileiro deu um passo importante para a melhoria da carga tributária do mercado hoteleiro. Um pacote de estímulos fiscais foi aprovado (Plano Brasil Maior), com aceitação positiva pelo *trade* e suas entidades representativas (Hotelier News, 2012).

Legislação e burocracia

O processo e os trâmites necessários para abrir, operar ou fechar uma empresa no Brasil são longos e caros. As leis não facilitam a realização de negócios no país, motivo pelo qual o World Economic Forum (2011a) também avalia esse item de forma bastante negativa no índice de competitividade do Brasil. Em estudos anteriores do Ministério do

Turismo (Brasil, 2005), a legislação também foi apontada como uma das barreiras para a expansão dos negócios no país. Segundo um dos entrevistados, outro ponto desfavorável ao setor com relação à burocracia é a complexidade para aprovação de projetos hoteleiros em órgãos públicos. Em algumas cidades brasileiras, a obtenção das licenças para a construção de um hotel pode levar mais de dois anos, o que por si só reduz drasticamente as perspectivas de rentabilidade de qualquer projeto.

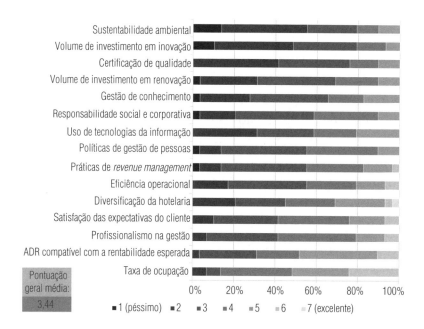

Gráfico 14 • **Avaliação do setor de redes hoteleiras no Brasil**

A avaliação majoritária dos itens indicados é negativa. Sustentabilidade ambiental, volume de investimento em inovação (e renovação) e certificação de qualidade são os *itens com menor pontuação*, aproximadamente 3. No extremo oposto, ADR compatível com a rentabilidade esperada e taxa de ocupação possuem as *maiores valorações médias*, embora inferiores a 5. Apesar do desempenho positivo do setor nos últimos anos, os custos de operação e implantação também estão cada vez mais elevados. Como resultado, a viabilização de novos projetos em alguns destinos pode ainda não ser tão clara caso o setor não consiga dar continuidade ao aumento de lucratividade dos hotéis nos próximos anos.

Os resultados apresentados refletem a realidade de destinos em fase de desenvolvimento. No Brasil, ainda são inúmeros os itens a melhorar para o ganho de maior competitividade e eficiência operacional e gerencial. Entretanto, já se observa a atenção de empresários para alguns dos problemas elencados. Em médio prazo, a tendência é de crescente profissionalização no setor. O aumento da oferta e da competição entre os empreendimentos será o principal catalisador desse processo.

Não há diferenças significativas entre as respostas de cada um dos quatro grupos entrevistados. As respostas são consistentes e apresentam pouca variabilidade. A principal diferença (de 1,25 pontos) refere-se ao item *diversificação da hotelaria*. Os representantes do grupo Top 3 avaliaram-na como regular (média 4,5), enquanto as redes internacionais classificaram-na como pior (média 3,25). A diferença deve referir-se a notas negativas de empresas com menor participação de mercado no Brasil. É natural que os Top 3 (empresas com mais marcas disseminadas pelo território nacional) avaliem o item mencionado com uma pontuação superior.

É importante lembrar que, nesse grupo de variáveis, foram avaliadas somente as redes hoteleiras, que supostamente são as que possuem, em geral, os empreendimentos mais competitivos e de melhor padrão de qualidade. Quanto aos hotéis independentes, os problemas identificados devem ser ainda mais críticos. Os resultados descritos ratificam dificuldades que afetam a competitividade da hotelaria brasileira e que, em médio prazo, podem comprometer sua capacidade de crescimento e de prestação de serviço com qualidade no país.

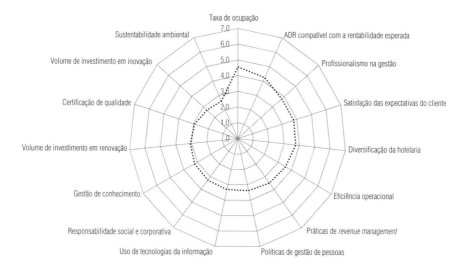

Gráfico 15 • Avaliação do setor de redes hoteleiras no Brasil – nota média geral

REVISÃO BIBLIOGRÁFICA E ANÁLISE COMPLEMENTAR

ADR compatível com a rentabilidade esperada e taxa de ocupação

Apesar da evolução positiva da performance hoteleira no Brasil nos últimos anos (JLL, 2008, 2009, 2010, 2011b e 2012b; HVS, 2009b e 2010a; HotelInvest, 2011 e 2012a), o cálculo de rentabilidade de um investimento também leva em consideração os custos de estruturação e operação do negócio. Em mercados com poucos terrenos disponíveis, a viabilidade de novos projetos não é tão clara. É possível que, em alguns destinos, os custos de construção ainda sejam elevados em comparação com o futuro fluxo de caixa líquido dos projetos em avaliação (HVS, 2009a; BNDES, 2006) e com o custo de oportunidade dos investidores. No Brasil, as opções de financiamento ainda são restritivas (HVS, 2010b; BNDES, 2011), motivo pelo qual não são usuais as estratégias de alavancagem, limitando o potencial de rentabilidade dos negócios. Mesmo assim, os especialistas são otimistas quanto às tendências de evolução do setor, e são crescentes os anúncios de novas ofertas no território nacional (FOHB e HotelInvest, 2012) – indícios de que alguns novos negócios já são viáveis no país. Em relação à ADR do mercado, uma análise adicional é importante: segundo a maioria dos especialistas entrevistados em profundidade, os hoteleiros, em geral, são conservadores e têm resistência a optar por estratégias de preços mais agressivas; muitas vezes, eles se contentam com uma boa ocupação, apesar de muitos mercados ainda terem níveis baixos de preços. Estudos sugerem que manter preços altos é a melhor estratégia para maximizar os rendimentos do empreendimento (Canina & Enz, 2006; Canina & Carvell, 2005; Damonte *et al.*, 1998/1999), independentemente do tipo de hotel ou do cenário econômico (Enz *et al.*, 2009). O mercado brasileiro deve levar isso em conta no momento de avaliar suas políticas de preço.

Profissionalismo na gestão

O setor brasileiro hoteleiro encontra-se em um período de transformação e desenvolvimento da competitividade da oferta. Os hotéis estão migrando lentamente de um modelo de gestão familiar para um cenário mais profissional, com adesão a marcas nacionais e internacionais (Ecole Hôtelière de Lausanne, 2012). As redes hoteleiras, além de uma marca forte, adotam métodos de trabalho mais eficientes e bem-estruturados em diferentes áreas do hotel. Também inserem o empreendimento em uma rede de conhecimento mais ampla, ajudando os gestores a basear suas decisões em parâmetros que lhes permitam definir estratégias com mais segurança. O aumento de publicações[9] também tem contribuído para a crescente profissionalização do setor. Porém, ainda há um longo caminho pela frente, e a participação do poder público até agora é insatisfatória. São poucos os órgãos de governo

---

[9] Como o *Panorama da hotelaria brasileira* e a *newsletter* trimestral da consultoria HotelInvest (2010 e 2011), o estudo *Hotelaria em números*, da consultoria Jones Lang LaSalle (2008, 2009, 2010b e 2011b), e outras iniciativas da consultoria BSH e do Fórum de Operadores Hoteleiros do Brasil (FOHB).

que facilitam informações e dados de mercado, a comunicação entre as empresas não é estimulada com eficácia e os programas de formação do setor são insuficientes, para mencionar apenas alguns exemplos. Até as principais redes hoteleiras presentes no país têm dificuldade para contratar profissionais qualificados.

Satisfação das expectativas do cliente

Oferecer um serviço de qualidade é um pré-requisito para o sucesso e a sobrevivência no turismo (Nicolau & Sellers, 2011), ainda mais em ambientes com crescente competitividade (O'Neill & Mattila, 2010). No Brasil, não há estudos de domínio público sobre a satisfação dos hóspedes, com exceção de poucos estudos de demanda. As grandes redes costumam realizar estudos internos periódicos, mas geralmente relacionados ao cumprimento dos padrões de serviço de cada marca, da perspectiva do comportamento esperado para o funcionário, e não da satisfação do cliente. Em algumas propriedades, realizam-se inspeções de *cliente misterioso* como uma forma de medir a qualidade de prestação de serviço do hotel – estratégia considerada adequada, porém insuficiente. A averiguação da satisfação do cliente deve ser contínua. Sem hóspedes satisfeitos, a performance financeira e a rentabilidade do negócio ficarão comprometidas (Callado *et al.*, 2011). A porcentagem de notas baixas indicadas pelos entrevistados constitui um alerta ao setor. E um estudo da FGV (Brasil, s/a.) mostra que o setor hoteleiro brasileiro ainda falha em elementos básicos para um serviço de qualidade, como no atendimento ao cliente e no domínio de outros idiomas.

Diversificação da hotelaria

Não só a quantidade e a qualidade dos meios de hospedagem afetam a atratividade e a competitividade dos destinos turísticos; a diversidade de oferta também é um elemento importante a ser levado em conta (Brasil, s/a.). E *diversificar* significa criar produtos que satisfaçam a diferentes segmentos e perfis de consumidor – de categoria econômica, *midscale*, *upscale*, luxo ou outras. As opções são inumeráveis, e os projetos bem-estruturados podem ter aceitação de mercado. A baixa nota média dada pelos entrevistados indica que talvez muitos destinos brasileiros não possuam oferta em diversidade suficiente para atender as necessidades da demanda, real ou potencial. Em outras palavras, é possível que haja oportunidades inexploradas no país. O Brasil encontra-se em um período de transformação do setor hoteleiro e de introdução de novos formatos de alojamento (Ecole Hôtelière de Lausanne, 2012). Excetuando-se poucos mercados mais desenvolvidos (apesar de também apresentarem carências em diversificação de oferta), como São Paulo e Rio de Janeiro, na maioria das cidades brasileiras, inclusive nas capitais, há poucas categorias de hotéis. O *set* competitivo comumente envolve dois ou três segmentos, baseados principalmente em preço. Segundo os entrevistados pesquisados que concederam entrevista em profundidade, a concentração de mercado é clara e pode haver oportunidades em outros segmentos. Entretanto, essa conclusão deve ser analisada com cuidado, pois, apesar de supostamente haver espaço para novos perfis de hotel, o mercado ainda é muito sensível a preço, e a demanda que mais cresce é para produtos econômicos.

Eficiência operacional

Um hotel só consegue transformar seus rendimentos em lucros com um bom controle de custos. Empreendimentos pouco eficientes registram gastos elevados, e suas margens operacionais são comprometidas. Segundo os pesquisados que concederam entrevista em profundidade, os hotéis do país carecem de uma gestão eficiente nesse item, inclusive os empreendimentos de categoria econômica que incham seus custos para oferecer serviços e produtos de hotéis de padrões superiores. No Brasil, os aumentos dos custos operacionais foram mencionados em estudos anteriores como uma das principais barreiras para a expansão da hotelaria (Brasil, 2005 e 2009b), constatação que ainda afeta o setor nos dias atuais. O aumento real da folha de pagamentos dos hotéis no país tem sido o maior responsável pelo aumento de custos no setor. O crescimento econômico nacional na última década e a decrescente taxa de desemprego são os principais responsáveis pelo aumento dos salários em diversas atividades econômicas – inclusive na hoteleira. Para os próximos anos, graças à abertura de novos hotéis e à necessária contratação de profissionais, é provável que o setor ainda sofra uma pressão de custos em virtude de aumentos de salários acima dos índices médios de inflação.

Uso de tecnologias da informação

O uso de tecnologias em turismo e hotelaria cresce em todo o mundo. No Brasil, há pouca informação disponível sobre o tema (Biz *et al.*, 2010). Estudos da FGV (Brasil, 2009a, 2010f e 2011) indicam que, da porcentagem de rendimentos reinvestidos no setor, uma parte muito pequena é destinada a tecnologia e informação. Entretanto, as expectativas eram de gradativos aumentos em investimentos dessa natureza – sinal de que parte dos empresários já reconhece sua importância para a competitividade de seus hotéis. De qualquer forma, em hotéis de norte a sul do país, ainda predomina o uso escasso de tecnologia, não apenas em elementos de diferenciação, mas, principalmente, em aspectos básicos, como a existência de *sites* atrativos e atualizados. Como resultado, a alternativa mais simples tem sido a adesão cada vez maior a *sites* globais de reserva, como Booking, TripAdvisor, Expedia, entre outros. No entanto, tais *sites* cobram comissões altas, geralmente próximas a 20%, sobre a receita bruta, diminuindo o potencial de geração de lucro do setor.

Responsabilidade social e corporativa

É crescente a preocupação com a Responsabilidade Social Corporativa (RSC) no mundo (Kang *et al.*, 2010). Estudo da FGV (Brasil, 2009a) indica que o setor hoteleiro brasileiro costuma investir em responsabilidade social corporativa, porém sem um orçamento definido para essas iniciativas. Entre as áreas mais beneficiadas estão: o combate à exploração sexual infantil, a cultura e a preservação ambiental. Nas edições seguintes do estudo (Brasil, 2010f e 2011) não se faz menção aos investimentos dessa natureza. Além da avaliação negativa dos entrevistados com respeito a esse item, faltam outros estudos sobre a responsabilidade social corporativa do setor hoteleiro no país.

Volume de investimento em inovação e renovação

Com o passar do tempo, qualquer objeto, tecnologia ou negócio caminha para a obsolescência. Para manter a competitividade, é essencial que se invista constantemente em renovação e inovação. No setor hoteleiro acontece o mesmo: os hotéis devem se modernizar para serem competitivos e maximizarem seu potencial de receita e sua eficiência operacional. Segundo os resultados da pesquisa e das entrevistas em profundidade, os investimentos nesse sentido ainda são tímidos no país. De um lado, faltam incentivos governamentais (Silva, 2007), incluindo estímulos fiscais, investimentos em pesquisa e desenvolvimento, crédito subsidiado e acordos de parceria público-privados; de outro, as próprias empresas devem se organizar e cumprir com seus planos de reinvestimento. A destinação de parte dos lucros para um fundo de reserva é um exemplo de como autofinanciar parte dos investimentos. Segundo a Fundação Getúlio Vargas (Brasil, 2009a, 2010f e 2011), apesar de quase todos os hotéis realizarem algum tipo de investimento ao longo do ano, poucos recursos destinam-se à renovação dos empreendimentos.[10] Em outro estudo da Fundação (Brasil, s/a.), verificou-se que muitos empreendimentos carecem de modernização – em especial, os econômicos. Os elementos críticos destacados foram os banheiros e as áreas comuns.

---

[10] Os estudos da FGV indicam mudanças drásticas nas tendências de investimento a cada ano. E parte dos investimentos em renovação e inovação pode estar em outras categorias contempladas nas publicações, como infraestrutura, tecnologia ou outras.

Sustentabilidade ambiental

O uso de práticas sustentáveis na hotelaria – como a criação de programas de ganho de eficiência operacional – é cada vez mais frequente e necessário para garantir um bom posicionamento mercadológico (Ecole Hôtelière de Lausanne, 2012; Deloitte, 2010). Não se trata só de uma medida de responsabilidade social, mas de uma estratégia com impacto direto na rentabilidade do negócio. Com o passar do tempo, sua adoção aumentará ainda mais, por pressões legislativas, econômicas e de diversos *stakeholders* do turismo (Deloitte, 2010). As empresas brasileiras que não se prepararem para essa tendência poderão assumir altos custos para se adaptar às novas exigências de mercado. No Brasil, já existem iniciativas que buscam beneficiar projetos hoteleiros sustentáveis. Um exemplo foi a linha de financiamento ProCopa, do BNDES (2012), que oferecia taxas mais atrativas para aqueles que garantissem eficiência energética e sustentabilidade em seus novos negócios. Outra iniciativa recente foi a apresentação de propostas de solução em eficiência energética pelo FOHB ao setor hoteleiro.[11]

Política de gestão de pessoas

No Brasil, o capital humano ainda é subestimado (Haro, 2012). Em um setor intensivo em mão de obra, tão dependente de um bom serviço, é surpreendente que seus colaboradores não estejam entre as prioridades das redes hoteleiras. Os baixos salários e a elevada rotatividade de pessoal são alguns dos indícios de que as políticas de recursos humanos no setor hoteleiro ainda são inadequadas. Para os próximos anos, em função do aumento na oferta em diversos destinos, os bons profissionais se tornarão cada vez mais disputados. Empresas que não investirem na gestão eficaz de seus colaboradores terão dificuldades para reter talentos.

---

[11] Mais informações disponíveis em: www.programaee.com.br.

Gestão do conhecimento

A adequada gestão do conhecimento fortalece as vantagens competitivas de uma empresa e, consequentemente, auxilia em seu processo de operação e expansão. Sua contribuição para um serviço de qualidade, satisfação dos hóspedes, produtividade e rentabilidade do negócio é inegável. Trata-se de um dos principais instrumentos que apoiam o processo de tomada de decisões (Cruz & Anjos, 2011), inclusive as prospectivas (Bose, 2008). No Brasil, a forma mais comum de transmitir conhecimento a seus novos colaboradores é por meio de manuais escritos e encontros presenciais. A tecnologia ainda é pouco utilizada nessas iniciativas, e existem oportunidades de melhoria. Sobre o processo de armazenamento de conhecimento, existem ferramentas formais que permitem sua execução, porém o uso e a replicação de tal conhecimento como vantagem competitiva para novas propriedades são incertos (Haro, 2012; Gândara *et al.*, 2010). Em muitos hotéis brasileiros, de pequenas a grandes corporações, é comum encontrar gestores preocupados apenas com questões operacionais. Muitos desconhecem seus clientes, suas características e, principalmente, sua demanda potencial. A sistematização de dados e informações nas empresas hoteleiras poderia contribuir para a tomada de decisões estratégicas no setor. Em ambientes econômicos favoráveis, todos são beneficiados; porém, quando o entorno torna-se mais hostil, seja por aumento de oferta, seja por crises econômicas, os empreendimentos menos qualificados são os primeiros a perder lucratividade.

Outros itens

Pouca informação foi encontrada sobre outros importantes itens relacionados à hotelaria brasileira avaliados na pesquisa, como práticas de *revenue management* e certificação de qualidade. Contudo, os resultados da pesquisa apontam indícios de que há grandes oportunidades de melhoria nas duas áreas – especialmente em certificação de qualidade, que obteve uma das menores notas médias. Segundo um dos entrevistados, a gestão de receitas é uma prática bastante nova para o mercado brasileiro, mas a tendência é de que ela cresça e seja aplicada pelos *players* locais. Atualmente, são poucas as empresas que aplicam com total eficácia as técnicas de *revenue management* no país. Muitas se limitam a apenas conceder descontos em períodos de baixa demanda como tentativa de aumentar a ocupação do hotel.

Com base nos resultados apresentados e na revisão bibliográfica, a seguir será indicado o grau de cumprimento da hotelaria brasileira quanto a cada um dos requisitos de mercado e aos fatores-chave de sucesso comentados no marco teórico do livro. Esse exercício é somente uma ilustração gráfica da percepção da média dos especialistas entrevistados sobre os itens avaliados, motivo pelo qual deve ser interpretado com cautela. Não se trata de dados conclusivos, mas de um primeiro ponto de partida para outras pesquisas que analisem em mais detalhes a real e exata situação competitiva da hotelaria no Brasil. Primeiro serão analisados os requisitos de mercado e, depois, os fatores-chave do sucesso.

Figura 2 • Análise dos requisitos de mercado do setor hoteleiro brasileiro

A ilustração gráfica apresentada[12] indica que, na opinião média dos pesquisados, a hotelaria brasileira, em geral, não cumpre satisfatoriamente a maior parte dos requisitos de mercado do setor, especialmente com relação aos requisitos do negócio. Por outro lado, dois dos fatores-chave do destino (economia/política e performance hoteleira favoráveis) tiveram boa avaliação. São esses dois os principais *drivers* que estimularam o mais recente ciclo de investimentos hoteleiros no país.

Entre 2007 e o início de 2012, em especial, a economia brasileira cresceu de forma expressiva – em média, acima de 4% a.a. –, o que acelerou o processo de recuperação de desempenho do setor hoteleiro no país. Nesse mesmo período, o índice de RevPAR dos hotéis cresceu quase 60% (JLL, 2012b). Essa evolução histórica justifica a avaliação positiva dos especialistas pesquisados com relação aos itens destacados. Apesar da inegável melhoria histórica da economia e da performance hoteleira nacional, o momento atual requer atenção. Desde 2012, o PIB brasileiro passa por um período de desaceleração, com taxas de crescimento modestas, de até 2% ao ano. Em médio prazo, acredita-se que o país não voltará a crescer acima de 3% caso reformas importantes não sejam iniciadas. Entre as medidas necessárias, está o aumento de produtividade e da capacidade produtiva do país, mais investimentos em infraestrutura, qualificação de mão de obra, mais eficiência nos gastos públicos e uma política tributária menos onerosa. O arrefecimento da economia nacional e o aumento dos índices de inflação têm posto em risco o título de *investment grade* atribuído ao país pelas principais agências internacionais de *rating*. O Brasil ainda possui condições econômicas sólidas, porém, de um cenário de euforia e crescimento expressivo, passamos a vivenciar um ambiente de provável evolução moderada que pode perdurar até 2020 se as devidas ações corretivas não forem aplicadas. Como consequência, o crescimento da demanda por hospedagem no país também deverá desacelerar.

---

[12] Não foi avaliado o item *localização do hotel*, pois se trata de um elemento que dificilmente pode ser analisado na média geral.

O panorama ilustrado é típico de mercados não consolidados, ainda em processo de desenvolvimento. À medida que o setor se profissionalizar e aumentar o nível de concorrência, espera-se que os hoteleiros locais passem a se dedicar mais ao cumprimento das exigências do mercado.

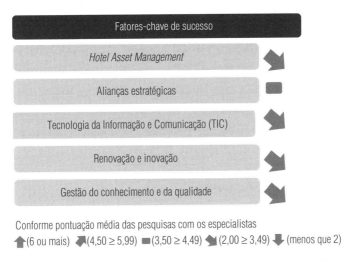

Figura 3 • Análise dos fatores-chave de sucesso do setor hoteleiro brasileiro

Os fatores-chave de sucesso também foram mal avaliados.[13] Comumente, quando não se cumprem os requisitos de mercado, tampouco os fatores-chave podem chegar a receber uma boa valoração. Todos os itens apresentados estão em fase de desenvolvimento para a média do setor hoteleiro brasileiro. Algumas empresas se encontram em estágios mais avançados do que outras, mas, em geral, a avaliação ainda é negativa. O único item com avaliação regular foi *alianças estratégicas*.

---

[13] Apesar de o item *Hotel Asset Management* não ter sido avaliado na pesquisa, foi considerada a pontuação de *Práticas de revenue management* para a realização do exercício proposto. De forma semelhante, em *Gestão do conhecimento e da qualidade*, também foi feita uma adaptação. Considerou-se a média de duas categorias avaliadas: *Gestão do conhecimento* e *Certificação da qualidade*. Apesar das adaptações realizadas implicarem possíveis distorções, acredita-se que, para os fins do exercício proposto, elas são válidas e ajudam na compreensão do atual panorama geral da hotelaria no Brasil. O item *Aliança estratégica* reflete a menção de estratégias de expansão do setor, avaliadas posteriormente no livro.

Algumas redes, por meio de acordos com desenvolvedores e investidores, estão se expandindo com maior velocidade. No entanto, essa realidade reflete poucos *players*, e deveria ser mais bem-difundida no setor.

Conclui-se a análise com um alerta à hotelaria brasileira. Apesar de o exercício proposto ser relativamente superficial e genérico, a situação competitiva do setor hoteleiro no país parece ser baixa, e existem diversos *gaps* de competitividade, segundo indicam os especialistas pesquisados, as entrevistas em profundidade e a bibliografia analisada. Com a maturidade do mercado e o futuro aumento do volume de oferta, espera-se que as gestoras hoteleiras passem a investir mais em fatores que lhes permitirão diferenciar-se perante a concorrência e estabelecer vantagens competitivas.

Barreiras e riscos de investimento

O maior risco do setor hoteleiro no Brasil é o de uma superoferta em algumas cidades em decorrência da construção de condo-hotéis. Quanto às barreiras, os especialistas são categóricos: a falta de financiamento adequado é o principal limitador de investimentos hoteleiros contínuos no país.

Neste tópico, serão analisadas as cinco principais barreiras que desestimulam os investimentos hoteleiros no Brasil e os riscos de investir no setor até 2020.

Em relação às barreiras, pediu-se aos entrevistados que hierarquizassem os cinco principais elementos, em ordem de importância, que desestimulavam os investimentos hoteleiros no Brasil, com base nos itens avaliados no Gráfico 12. Foi-lhes permitido também acrescentar outros itens caso necessário, porém ninguém o fez – sinal de que a lista pré-elaborada era consistente e incluía todas as possíveis principais barreiras do setor. Em ordem crescente, a seguir, estão os principais resultados.

Figura 4 • As cinco principais barreiras ao desenvolvimento hoteleiro no Brasil

Tabela 14 • As cinco principais barreiras que desestimulam os investimentos hoteleiros no Brasil

	1ª Barreira	2ª Barreira	3ª Barreira	4ª Barreira	5ª Barreira	Total
Linhas de financiamento disponíveis	55%	7%	10%	-	-	72%
Informação de mercado disponível	-	3%	-	7%	3%	13%
Disponibilidade de estudos estratégicos	-	-	-	3%	14%	17%
Custos de construção	3%	10%	14%	3%	7%	37%
Custos dos terrenos	21%	31%	21%	3%	3%	79%
Carga tributária	17%	17%	17%	21%	-	72%
Disponibilidade de profissionais estratégicos	-	-	-	-	3%	3%
Disponibilidade de profissionais operacionais	-	-	-	3%	-	3%
Desempenho do mercado hoteleiro	-	-	-	-	3%	3%
Rentabilidade de outros investimentos imobiliários	3%	7%	3%	10%	3%	26%
Volume da demanda nacional	-	-	3%	-	3%	6%
Volume da demanda internacional	-	-	7%	-	3%	10%
Legislação e burocracia	-	17%	14%	28%	14%	73%
Existência de *partners* locais confiáveis	-	-	3%	3%	17%	23%
Estabilidade política e econômica	-	-	-	-	3%	3%
Custo das passagens aéreas	-	-	-	-	7%	7%
Segurança pública	-	-	-	7%	3%	10%
Infraestrutura turística	-	7%	3%	10%	10%	30%
Promoção turística pública	-	-	3%	-	-	3%
Atratividade turística	-	-	-	-	-	0%
TOTAL	100%	100%	100%	100%	100%	-

As quatro primeiras barreiras indicadas foram mencionadas por todos os subgrupos analisados, um sinal de consistência nas respostas. Quanto à quinta barreira, optou-se por considerar o total de menções das respostas referentes a cada item. Da lista completa,[14] todos os itens interferem com menor ou maior impacto nos investimentos hoteleiros no Brasil, motivo pelo qual merecem atenção das iniciativas pública e privada e de pesquisadores. Contudo, os cinco primeiros devem ser especialmente analisados e considerados como prioridade nas iniciativas de incentivo ao setor.

Três dos cinco itens destacados (financiamento, carga tributária e legislação/burocracia) são de incumbência exclusiva do governo e estão entre as iniciativas mais comuns de incentivo ao desenvolvimento do setor turístico (Bezerra, 2002). Embora o financiamento também possa ser oferecido por bancos comerciais, a criação de linhas competitivas dependerá de estímulos públicos, em virtude das características e das expectativas de rentabilidade e risco do setor.

Quanto aos custos de construção e do terreno, sua determinação depende essencialmente da dinâmica do mercado, embora medidas fiscais e legislativas/urbanísticas também influenciem os preços praticados. Em cidades de grande porte, onde terrenos bem-localizados são escassos, a construção de edifícios maiores poderia ajudar na rentabilidade dos projetos e em estímulos a construções mais modernas. Para isso, a atualização de Planos Diretores e da Lei de Uso do Solo são medidas que permitiriam o aumento do potencial construtivo dos terrenos e, automaticamente, uma melhor diluição de seu custo nos projetos em desenvolvimento.

---

[14] A lista foi criada com base em uma extensa revisão de publicações de mercado relacionadas ao panorama e às perspectivas da hotelaria brasileira (BNDES, 2001a, 2001b, 2006, 2011; Brasil, 2005, 2006a, 2006b, 2007, 2009b, 2010a, 2010b, 2010c, 2010f, 2011, 2012a, 2012b, s/a.; BSH, 2005, 2008, 2009a, 2009b, 2011 e 2013; Deloitte, 2010; FOHB & HotelInvest, 2010, 2011, 2012 e 2014; HIA, 2003, 2004, 2005, 2006 e 2007; Horwath HTL, 2012a e 2012b; HotelInvest, 2011 e 2012a; HVS, 2008, 2009a, 2009b, 2010a, 2010b e 2010c; IBGE, 2010 e 2012a; Coelho, 2011; JLL, 2008, 2009, 2010, 2011a, 2011b, 2012a, 2012b e 2013; Secovi, 2012; Ecole Hôtelière de Lausanne, 2011 e 2012; *Valor Econômico*, 2010; World Economic Forum, 2011b e 2013).

Segundo um estudo recente da consultoria Jones Lang LaSalle (2012a), as cinco principais barreiras do setor hoteleiro no Brasil referem-se a: 1) disponibilidade de financiamento; 2) disponibilidade de *partners* confiáveis (desenvolvedores e operadoras); 3) estabilidade política e econômica; 4) preocupação com possível superoferta; e 5) preocupação com problemas de segurança no país. Em comum, ambas as listas (da JLL e da presente pesquisa) resaltam o financiamento como o grande problema do setor. Em relação aos demais itens, as diferenças provavelmente se explicam pela adoção de diferentes metodologias e amostras nas pesquisas.

Em 2010, a consultoria HVS também publicou um artigo mencionando as principais barreiras da hotelaria no Brasil (HVS, 2010c), não necessariamente em ordem de prioridade. Os elementos destacados foram: performance do mercado; custos do terreno e de construção; obtenção de licenças ambientais e leis de ocupação do solo (legislação/burocracia); e acesso a financiamento. Em comparação com a pesquisa realizada com os especialistas, há uma forte convergência entre os resultados, pois todos os itens enquadram-se na lista anteriormente mencionada, excetuando-se a *performance do mercado*. Quanto a esse fator, estudos mais atuais já indicam a melhoria dos índices de preço e ocupação do setor (HotelInvest, 2011 e 2012a; JLL, 2011b e 2012b), o que explica sua perda de relevância como limitador de investimentos hoteleiros no país.

Após avaliar os principais riscos da hotelaria no Brasil, a seguir, será feita uma análise mais detalhada do financiamento de hotéis no país – a principal barreira para o crescimento do setor.

Com relação aos riscos de se investir em hotelaria no Brasil, a avaliação majoritária é *positiva*. Pela média geral, está claro que a *superoferta pontual é o item com maior pontuação* (5,24) e, consequentemente, de maior risco percebido pelos entrevistados. Enquanto isso, o *forte aumento da inflação* e a *superoferta generalizada* possuem as *menores valorações médias*, próximas a 3, e as menores avaliações de risco. Não há diferenças significativas entre as respostas de cada um dos quatro grupos entrevistados, excetuando-se as respostas das redes nacionais, que, em geral, avaliaram todos os itens com maior percepção de risco. A diferença mais expressiva (1,78) refere-se a *superoferta generalizada*. Segundo um dos especialistas entrevistados em profundidade, em média, os novos hotéis que serão representados pelas marcas nacionais enfrentarão maior competitividade e provável menor potencial de lucro, já que os contratos *premium* estão em poder das Top 3. Essa afirmação pode ser a razão do maior pessimismo das redes nacionais.

Gráfico 16 • Riscos de investimento no setor hoteleiro brasileiro até 2020

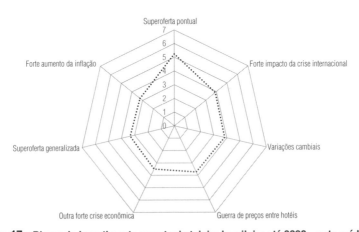

Gráfico 17 • Riscos de investimento no setor hoteleiro brasileiro até 2020 – nota média geral

A avaliação geral mostra um cenário de percepção de risco moderado com relação a possíveis investimentos hoteleiros no Brasil. O fator mais crítico apontado é uma possível superoferta em alguns destinos do país, preocupação que tem se tornado cada vez mais presente entre os *players* do setor. O arrefecimento recente da economia e o aumento na velocidade de implantação de novos projetos justificam essa preocupação. Em diversas capitais do país, como Belo Horizonte, Cuiabá e Manaus, o risco é evidente, em maior ou menor intensidade, como aponta o estudo *Placar da hotelaria brasileira*, da HotelInvest em parceria com o FOHB (2014).

É importante lembrar que o setor hoteleiro brasileiro não se resume às capitais da Copa. É fato que a visibilidade que o evento gerou para esses municípios, somada a incentivos fiscais, em alguns casos (como o de Belo Horizonte), contribui para o aumento do risco de superoferta em parte dos destinos. No atual período de expansão hoteleira nacional, porém, diversas outras cidades estão no *pipeline* de novos projetos – algumas com boas perspectivas e outras também com excesso de oferta. Por isso, antes de investir, é preciso estudar bem cada oportunidade. Também vale lembrar que o negócio hoteleiro é cíclico. Portanto, é natural que, em momentos econômicos favoráveis, diversos *players* queiram investir no setor, levando a performance do mercado a um patamar mais modesto. Dependendo da queda nos patamares de diária e ocupação, a recuperação nos anos seguintes pode ser rápida. Como um hotel leva de dois a quatro anos para ser implantado, sua abertura pode coincidir com um novo momento favorável de desempenho.

Pode-se afirmar, ainda, que o modelo de expansão por condo-hotéis é a principal razão para que os períodos de superoferta no Brasil sejam tão intensos. A ótica de viabilização de condo-hotéis depende basicamente da possibilidade de venda dos apartamentos como investimento imobiliário, não do desempenho hoteleiro futuro do projeto. Assim, enquanto existir a percepção de que esse produto seja vendável, incorporadores continurão realizando novos lançamentos, até que o desempenho do mercado despenque após a inauguração das propriedades e novos projetos deixem de ser viabilizados em virtude da queda da distribuição de lucro aos detentores dessa modalidade de investimento. No final das contas, quem assume todo o risco do negócio é o investidor final – geralmente, um profissional liberal que não conhece o mercado hoteleiro e decide comprar uma unidade habitacional após ouvir promessas de alta rentabilidade por corretores. O incorporador vende a propriedade, realiza o lucro e sai do negócio. O corretor é comissionado pelas vendas. A operadora ganha um percentual das receitas e do resultado. Já o comprador do condo-hotel recebe o que sobra ou, em momentos críticos, aporta novo capital para cobrir possíveis prejuízos.

Existem dois outros importantes riscos que devem ser avaliados antes de investir em um país. Eles se referem a regulação e transparência, geralmente presentes em mercados emergentes em função da alta burocracia e de um entorno normativo ineficiente. O Brasil não é exceção; a burocracia e a legislação não favorecem o setor, tal como foi avaliado no Gráfico 12. Porém, melhoras quanto à transparência do país já são reconhecidas por *players* internacionais (Ernst & Young, 2012; JLL, 2012c). Segundo a consultoria Jones Lang LaSalle (2012c), São Paulo e Rio de Janeiro estão entre as cidades mais transparentes do Brasil e da América Latina. Em um segundo grupo de cidades semitransparentes, pode-se mencionar Brasília.

O negócio hoteleiro é arriscado por natureza. Diferentemente de outros investimentos imobiliários, com fluxo de caixa mais constante e previsível em longo prazo, os rendimentos de um hotel oscilam bastante e são sazonais. A forte variabilidade do resultado operacional implica uma maior percepção de risco no setor e a exigência de rentabilidades mais altas, tema que será comentado mais adiante. Por outro lado, os hotéis também apresentam vantagens em comparação com outros investimentos imobiliários. Um exemplo é a maior rapidez para responder a efeitos inflacionários e para subir preços em momentos de forte demanda (Quan *et al.*, 2002).

REVISÃO BIBLIOGRÁFICA E ANÁLISE COMPLEMENTAR

Superoferta pontual ou generalizada

Entre os prováveis problemas resultantes da construção excessiva de hotéis, estão aumento dos níveis de competição, guerra de preços, fechamento de empreendimentos (HVS, 2009b), diminuição de rentabilidade (BNDES, 2001b) e perda da capacidade de reinvestimento no setor e sua conseguinte obsolescência. Em resumo, todos perdem competitividade ao longo do tempo e, durante muitos anos, os investimentos se esgotam. O histórico de desenvolvimento da hotelaria brasileira e a crise dos condo-hotéis são um bom exemplo dos malefícios do excesso de novos empreendimentos. Recentemente, com o anúncio da Copa do Mundo no Brasil e por causa do crescimento econômico nacional nos últimos anos, diversos *players* informaram ter planos de expansão no país. No entanto, mais uma vez, os profissionais do setor demonstraram receio de uma nova superoferta (*Valor Econômico*, 2010; JLL, 2012a). Uma nova *onda de condo-hotéis* seria um risco para o setor, principalmente porque seu desenvolvimento, como já explicado, depende da conjuntura do mercado imobiliário, e não do crescimento de demanda e da evolução da performance (BNDES, 2006). Com a possível perda de interesse dos desenvolvedores pelo setor imobiliário residencial e de escritórios, aumenta o apetite por hotéis em nível nacional. E, em decorrência das dificuldades de financiamento no país, a alternativa de condo-hotéis torna-se ainda mais atrativa. Nesse contexto, os desenvolvedores do setor devem ser responsáveis, e os investidores, mais cautelosos, para que novas propriedades respeitem a capacidade de absorção do mercado. Por isso, o Secovi (2012) publicou um documento de orientação sobre como investir com compromisso no setor. Paralelamente, o FOHB e a HotelInvest (2012) iniciaram um estudo de acompanhamento das perspectivas de abertura de novos hotéis e seu impacto na ocupação do setor. Ambas as iniciativas são positivas, pois contribuem para facilitar a compreensão da dinâmica do mercado e, assim, ajudam a minimizar o risco de superoferta no Brasil.

Forte impacto da crise internacional

Em diversos países, a crise global resultou em diminuição da performance hoteleira. No Brasil, segundo dados disponíveis das principais consultorias (HVS, 2010a; HotelInvest, 2011 e 2012a; JLL, 2011b e 2012b), até o final de 2011, o desempenho agregado (em ocupação, preço e RevPAR) era crescente. A partir de 2012, apesar de a ADR continuar crescendo, diversos mercados, como São Paulo, têm registrado diminuição de demanda. Também foi registrada uma diminuição na taxa de crescimento do faturamento hoteleiro e das expectativas para o PIB. A economia brasileira sentiu uma desaceleração desde 2012 e, de certa forma, a confiança dos empresários foi abalada. Em parte, o ambiente internacional contribuiu para o arrefecimento econômico do país e para a desaceleração da performance dos hotéis, porém, não se pode deixar de mencionar que as ineficiências internas nacionais são os principais condicionantes desse desempenho pífio recente.

Variações cambiais

O câmbio influi no poder de compra de um turista em outro país (Demir, 2004) e, consequentemente, na dinâmica dos fluxos turísticos globais (Meurer, 2010) – tanto emissivos como receptivos. No Brasil, graças ao encarecimento do real até 2011, houve um forte aumento no gasto com viagens da população ao exterior (Brasil, 2010a). Muitos brasileiros deixaram de viajar pelo país e se aventuraram em destinos internacionais (HVS, 2009b). Em outras palavras, deixaram de fazer viagens domésticas e de consumir seus serviços turísticos. Entretanto, seu efeito negativo foi menor porque a demanda turística interna também aumentou. Em virtude do crescimento econômico nacional, o saldo (nova demanda interna menos viajantes no exterior) supostamente foi positivo para o país na média geral. Entretanto, deve-se destacar que a demanda brasileira é, para destinos internacionais, geralmente, consumidora de hotéis de categorias mais elevadas no Brasil. Já a demanda doméstica que mais cresce no país é por produtos econômicos. Assim, talvez o saldo positivo anteriormente comentado beneficie especialmente empreendimentos de nível inferior. Do ponto de vista do fluxo receptivo internacional no Brasil, a demanda está estagnada há dez anos (Brasil, 2012b), e o encarecimento do real até 2011 fez com que as viagens ao país fossem mais caras. Apesar de a demanda turística internacional para o Brasil ser pequena (pouco mais de 5 milhões de viajantes) e não haver evoluído bem nos últimos anos, em alguns mercados, como no Rio de Janeiro e em São Paulo, ela é importante, fundamentalmente nos segmentos *upscale* e de luxo (HVS, 2009b). Desde 2012, a tendência de valorização do real se inverteu. Acredita-se que, nos próximos anos, o dólar continue ganhando mais força, especialmente a partir da recuperação da economia norte-americana e do início do fim de sua política de incentivos monetários no país. Como consequência, as tendências são de um câmbio favorável à atividade turística brasileira.

Guerra de preços entre hotéis

Está relacionada geralmente com problemas de mercado, como aumento excessivo de oferta (FOHB e HotelInvest, 2010) ou crise de demanda. O registro recente da hotelaria brasileira referente à crise de condo-hotéis no início dos anos 2000 é um bom exemplo de como a guerra de preços é prejudicial para o setor. A redução de preços é rápida e generalizada, mas os movimentos de aumento são lentos e bastante cautelosos. O processo de recuperação é sempre mais difícil. Em decorrência das possibilidades de superoferta hoteleira em alguns destinos do país (FOHB e HotelInvest, 2014), o risco de uma guerra de preços também está presente no atual ciclo de expansão do setor, especialmente em Belo Horizonte.

Outra forte crise econômica

Apesar do arrefecimento da economia brasileira desde 2012, não são esperadas crises intensas no país em curto prazo, apenas um ritmo de crescimento mais moderado. Na contextualização do livro, foi apresentada uma série de melhorias pelas quais o Brasil passou nos últimos anos. Alguns problemas ainda persistem (como de infraestrutura, burocracia, falta de pessoal qualificado, entre outros), porém as conquistas históricas do país devem estimular novos investimentos nos próximos anos.

Forte aumento da inflação

A inflação foi, durante muitos anos, um dos principais problemas do Brasil e da América Latina. Somente após 1994 o país entrou em um período de controle inflacionário, com o Plano Real. Atualmente, os índices de preços estão acima das metas estabelecidas pelo Banco Central. O país, mais uma vez, sofre com pressões inflacionárias, porém em grau moderado. No setor hoteleiro, a subida dos preços tem sido ainda mais intensa, principalmente como decorrência do aumento das folhas de pagamento. A intensificação no ritmo de expansão dos hotéis tem acarretado uma disputa por talentos no mercado. Essa tendência ganhou força entre 2010 e 2012, com desaceleração já em 2013. No entanto, com a intensificação das aberturas de novos hotéis entre 2014 e 2016, é provável que os custos com mão de obra no setor continuem em crescimento.

Linhas de financiamento

Em razão da falta de financiamento em condições favoráveis para o setor hoteleiro no Brasil, a alternativa de expansão encontrada no país foi o condo-hotel, que, por sua vez, resultou em uma superoferta em diversos mercados nacionais.

Por ser a principal barreira para investir em hotelaria no Brasil, neste tópico serão analisadas com mais detalhes as condições de financiamento de hotéis no país.

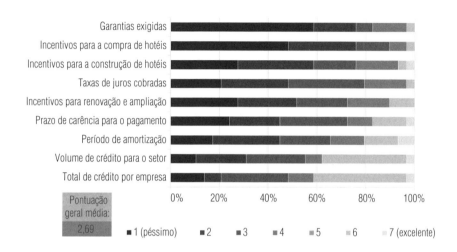

Gráfico 18 • **Linhas de financiamento atuais para investimentos hoteleiros no Brasil**

A avaliação de todos os itens indicados é predominantemente *negativa*. Pela média geral, fica claro que *garantias exigidas* é o *item com menor pontuação* (1,86) e, consequentemente, a principal dificuldade para conseguir financiamento no setor, segundo os entrevistados. *Incentivos para a compra de hotéis* também obteve uma pontuação média muito baixa (1,90). No oposto extremo, com pontuação próxima a regular, estão *volume de crédito para o setor* e *total de crédito por empresa*. Não há diferenças significativas entre as respostas de cada um dos quatro grupos entrevistados, o que muda é a intensidade de desaprovação dos itens avaliados.

É importante destacar que os resultados apresentados refletem um momento de mercado no qual existia uma linha de financiamento exclusiva para hotéis, disponibilizada pelo Banco Nacional de Desenvolvimento Econômico e Social – BNDES ProCopa Turismo.

Desde junho de 2013, essa linha de crédito já não existe. Caso a pesquisa com os especialistas fosse refeita, seriam esperados resultados ainda piores.

As principais conclusões também foram corroboradas nas entrevistas realizadas em profundidade. Os resultados reafirmam, como o item mais crítico quanto às condições de financiamento hoteleiro no Brasil, as garantias exigidas – fato que, segundo a maioria dos entrevistados, limita as oportunidades de obtenção de crédito principalmente para empresas de pequeno e médio porte. Essa afirmação é ratificada pelo comentário de um dos entrevistados: "Os prazos e as taxas de juros não são os ideais, mas são viáveis quando utilizados para projetos de bons mercados. O que inviabiliza a obtenção de crédito, muitas vezes, são a burocracia do processo e as garantias exigidas". A burocracia também foi avaliada como negativa por outro entrevistado.

Sobre os *incentivos para a compra de hotéis*, o segundo item mais mal avaliado, um dos entrevistados comenta: "Não existe uma política de incentivo para a aquisição de empreendimentos já edificados. As linhas atuais (de financiamento existentes) são de bancos de mercado (comerciais), com taxas proibitivas".

Gráfico 19 • Linhas de financiamento atuais para investidores hoteleiros no Brasil – nota média geral

A seguir, cada item avaliado será comentado com base na informação disponível sobre as condições do BNDES ProCopa Turismo:[15]

- *Total de crédito ao setor e por empresa*: o volume total de crédito ao setor foi de aproximadamente R$ 2 bilhões, valor superior à soma de todos os financiamentos concedidos pelo BNDES ao longo da década de 1990 ao setor hoteleiro (Bezerra, 2002). Inicialmente (em 2010), a linha era de R$ 1 bilhão. Não havia limites por empresa. O total financiado dependia da capacidade de endividamento do solicitante, de acordo com a análise de crédito do BNDES. Com relação à avaliação negativa sobre esse item na pesquisa, a crítica não se refere ao volume de crédito em si, mas às exigências, que limitavam a capacidade de tomar financiamento de muitas empresas – principalmente das menores. A possibilidade teórica de crédito ilimitado sofria fortes restrições na prática.

- *Prazos e carências para o pagamento*: os prazos para pagamento dependiam de duas variáveis: motivo do financiamento e perfil do projeto. Em condições normais, era possível pagar o empréstimo em um prazo máximo de até oito anos, no caso de projetos de ampliação, reforma ou modernização; ou em dez anos, para a construção de novos empreendimentos. Com a obtenção de certificação sustentável ou de eficiência energética, os prazos podiam chegar a dezoito anos para construções novas ou a doze anos para hotéis existentes. O período de carência era de até três anos.

- *Incentivos à construção, renovação, ampliação e compra de hotéis*: os recursos do programa podiam ser utilizados somente para construção, reforma, ampliação ou modernização de hotéis. A possibilidade de obter crédito para a compra de outros empreendimentos não estava contemplada pela linha de financiamento BNDES ProCopa Turismo.

---

[15] Disponível em: http://www.bndes.gov.br/SiteBNDES/bndes/bndes_pt/Institucional/Apoio_Financeiro/Programas_e_Fundos/ProCopaTurismo/.

- *Taxas de juros cobradas*: as taxas das operações diretas com o BNDES eram definidas com base na seguinte fórmula: custo financeiro[16] + remuneração básica do BNDES + taxa de risco de crédito. Os juros variavam, aproximadamente, entre 7% e 9%, de acordo com o perfil do projeto,[17] mais a taxa de risco, que podia chegar a 4,18% anual.
- *Garantias exigidas*: em qualquer projeto, as garantias exigidas totalizavam 130% do valor financiado.

A seguir, mencionam-se outros detalhes sobre as condições e exigências relacionadas com o programa BNDES ProCopa Turismo, de acordo com dados da página da web do banco e de um artigo publicado na *Revista Hotéis* (2011), baseado em entrevistas com representantes da instituição financeira e de três importantes consultorias de investimentos hoteleiros no Brasil: HotelInvest, Jones Lang LaSalle e BSH.

- *Burocracia*: "Toda a burocracia bancária é exigida. Além de uma situação cadastral impecável, de uma boa situação contábil e de garantias reais equivalentes a 130% do valor financiado, o BNDES exige que o hotel obtenha o Certificado de Habilitação para Obtenção de Recursos, emitido pelo Ministério do Turismo, e que seja uma empresa com sede no Brasil" (*Revista Hotéis*, 2011, p. 10). Da análise da solicitação à concessão do crédito, o processo costumava demorar seis meses.

> O [primeiro] [...] passo necessário para a apresentação de uma solicitação ao BNDES é o envio, por Sedex, da Consulta Prévia, cuja elaboração é simples e pode ser realizada por qualquer executiva da Solicitante, sendo dispensada completamente a ação de consultores. A avaliação da Consulta Prévia, que inclui análise de risco e

---

[16] 80% TJ-462 e 20% Cesta ou UMIPCA ou TS ou TJ3 ou TJ6.
[17] Hotéis que obtinham certificação de eficiência energética e de projetos sustentáveis conseguiam taxas mais baixas.

exame preliminar do Projeto, ocorre em 30 dias. Caso a solicitação seja aceita, a Solicitante tem 60 dias de prazo para enviar o projeto completo (ao banco), assim como sua projeção econômico-financeira. Após o recebimento do Projeto, os analistas do BNDES têm um prazo de 60 dias para encaminhar a solicitação para decisão dos executivos do Banco. Se aprovado, o financiamento deve ser contratado, o que exige em média duas semanas. (*Revista Hotéis*, 2011, pp. 11-12)

- *Hotel sustentável*: hotéis com certificações de eficiência energética e de sustentabilidade teriam condições especiais de financiamento, com taxas de juros de até 1,8 ponto percentual menor. O prazo para pagamento podia chegar a dezoito anos – oito anos a mais do que o prazo normal.

Muitos hoteleiros ou investidores não perceberam [...] que investir em um hotel sustentável, além de gerar grande economia e redução de custos operacionais, também é vantajoso no momento de solicitar financiamento do BNDES. As empresas que apresentam certificações de eficiência energética e de sustentabilidade ambiental dos empreendimentos podem desfrutar de condições financeiras mais favoráveis. [...] Cabe destacar que as condições são exigidas para o empreendimento, não para o projeto, e que elas serão fiscalizadas e credenciadas pelo Inmetro. (*Revista Hotéis*, 2011, p. 12)

- *Condições gerais*: podiam solicitar financiamento sociedades empresariais com sede e administração no Brasil. O prazo de vigência do programa foi até 30 de junho de 2013. Grandes empresas podiam financiar até 80% do projeto; as demais, até 100%. Para operações diretas com o BNDES, sem a intermediação de outros agentes financeiros, o valor mínimo de empréstimo era de R$ 3 milhões (nas capitais do país) ou de R$ 10 milhões (nas demais cidades). Os custos do terreno não eram financiáveis.

Apesar das críticas ao programa ProCopa Turismo, essa iniciativa do BNDES foi um avanço no Brasil como estímulo à ampliação e à modernização do setor hoteleiro nacional. As taxas, embora em condições não ideais, eram as menores do mercado e factíveis com a realidade macroeconômica do país (*Valor Econômico*, 2010). A grande crítica referia-se às garantias exigidas, motivo que limitou o acesso ao financiamento em grande escala (HVS, 2010b). As exigências estabelecidas impediram que pequenos e médios investidores conseguissem crédito (*Revista Hotéis*, 2011), pois, sem ativos suficientes para garantir o cumprimento dos compromissos da dívida, a liberação de financiamento era restritiva. Durante o período de vigência do programa, apenas dezessete projetos foram contemplados pelo financiamento do BNDES (2013).[18]

Quanto ao financiamento para compra de hotéis, o problema é ainda pior, pois não existem linhas de estímulo a transações. Esse seria um segundo passo para a dinamização do setor turístico brasileiro.

Enquanto os países desenvolvidos têm a possibilidade de recorrer ao financiamento privado de bancos, fundos de investimento e do mercado de capitais (Bezerra, 2002), países em desenvolvimento como o Brasil ainda não dispõem de muitas alternativas. Bancos comerciais não costumam conceder crédito para hotéis no país, por causa do risco, da rentabilidade moderada e do prazo para o retorno do investimento (BSH, 2009a). Por isso, a criação de fundos públicos de financiamento para estimular o setor é importante. Agora, é preciso ajustar os problemas identificados para dar mais dinamismo à evolução do turismo nacional. O BNDES, que, historicamente, tinha fortes restrições de crédito em longo prazo no setor (Bezerra, 2002), está mudando sua forma de ação e pode ser uma fonte de estímulo ao desenvolvimento da hotelaria no Brasil.

A falta de alternativas históricas de financiamento hoteleiro no Brasil permitiu ao setor encontrar nos condo-hotéis um modelo de

---

[18] Segundo relatório divulgado pela instituição financeira, datado de dezembro de 2013, outros 12 projetos ainda estavam em análise até a data de publicação do documento. Entre os projetos aprovados e em análise, o montante de financiamento totalizava quase R$ 2 bilhões.

expansão, o que trouxe reflexos positivos e negativos. A estratégia que, em um primeiro momento, permitiu a ampliação e a modernização de diversos parques hoteleiros no país, tornou-se também uma opção cômoda de crescimento e até mesmo uma barreira para a adoção de novas formas de viabilização de hotéis. Com o condo-hotel, todo risco imobiliário é repassado ao investidor final. O *funding* do projeto é capitalizado antes da construção do empreendimento, por meio das vendas aos compradores individuais. A venda, a construção e a realização de lucro por desenvolvedores é um processo curto, de até quatro anos, e de menor risco. Então, por que se optaria por alternativas mais onerosas, de longo prazo e maior risco (lembrando que o *payback* simples de um hotel dificilmente é inferior a seis ou sete anos)?

Para mais detalhes sobre turismo e financiamento no Brasil, Bezerra (2002) oferece uma compreensão histórica sobre o tema. Dados mais recentes, a partir de 2003, sobre volumes de financiamento ao turismo no Brasil, podem ser consultados no *Boletim de desempenho das instituições financeiras federais em financiamento do setor de turismo* (Brasil, 2012c). Mais informações sobre outras linhas de financiamento no setor foram publicadas em *Perspectiva da hotelaria no Brasil* (BNDES, 2011).

Financiamento internacional

Em muitos países, de regiões desenvolvidas (como Europa) a outras em desenvolvimento (como México e Indonésia), a concessão de crédito foi uma medida amplamente utilizada para estimular o turismo (Bezerra, 2002). O financiamento não é somente para países ricos, mas também para aqueles em desenvolvimento que consideram o turismo uma atividade estratégica para seu crescimento.

É comum escutar que as linhas de financiamento hoteleiras em destinos consolidados, como nos Estados Unidos, são atrativas e atendem às necessidades de crédito do setor, em volume, prazo, carência e juros, pelo menos até o início da crise financeira. De fato, a alavancagem financeira em nível internacional é uma estratégia bastante comum e necessária para o setor (Ernst & Young, 2012). Projetos com rentabilidade moderada, depois de alavancados, podem chegar a uma TIR real de 20%, com financiamento de custo baixo e longo prazo (HVS, 2010b), tornando-se uma opção de investimento bastante atrativa. A decisão de alavancar impacta diretamente a rentabilidade do negócio (Jang & Tang, 2009).

No estudo Global Hospitality Insights, da consultoria Ernst & Young (2011), consta que, em 2010, as taxas de juros para projetos com boas perspectivas estavam entre 6% e 6,8% anuais e prazo de pagamento de vinte anos. Porém, as condições de alavancagem atuais de hotéis não são tão favoráveis (JLL, 2011a), e somente os projetos mais qualificados estão conseguindo crédito (Ecole Hôtelière de Lausanne, 2012). A verdade é que as condições descritas são um reflexo da crise econômica internacional. Passados os maus momentos, espera-se que as condições de crédito sejam novamente mais favoráveis, como antes de 2007, quando o acesso a capital era relativamente fácil e com alta alavancagem.

Embora em um momento adverso, as opções de financiamento externo têm condições mais favoráveis do que no Brasil, principalmente em virtude da contrastante diferença entre as taxas de juros nacionais (Selic) e as de outras economias. O país encontra-se no início do seu processo de maturidade e deve se espelhar em países-modelo, como os Estados Unidos, o Japão e a Inglaterra, para melhorar sua posição competitiva.

Também é importante mencionar que diferentes agentes têm importância relevante entre as possíveis fontes de financiamento de hotéis em âmbito internacional, incluindo bancos comerciais e fundos de REITs. No Brasil, tais opções estão em fase inicial de desenvolvimento. Historicamente, os modelos de financiamento mais usados no país foram por intermédio de bancos de desenvolvimento/estímulos governamentais ou por condo-hotéis.

Expectativa de rentabilidade

> As expectativas de rentabilidade no setor diferem bastante, dependendo do perfil do investidor. Os compradores individuais de condo-hotéis são aqueles que possuem menor exigência de retorno sobre o capital investido.

Pediu-se aos entrevistados que indicassem a rentabilidade mínima (em TIR real, sem alavancagem financeira) exigida por diferentes *players* para investir em hotelaria no Brasil, na compra de ativos ou na construção de novos estabelecimentos. Como referência, os especialistas deveriam considerar os mercados nacionais com menor percepção de risco.

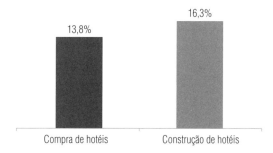

Gráfico 20 • **TIR mínima real exigida para investir no setor hoteleiro brasileiro**

Como esperado, a TIR mínima exigida para a compra de propriedades existentes (13,8%) foi menor do que a rentabilidade indicada para construir hotéis (16,3%), pois novas propriedades são suscetíveis a mais incertezas e, portanto, a um maior risco. Um "pequeno" atraso de seis meses a um ano, por exemplo, poderia reduzir consideravelmente a rentabilidade do projeto e comprometer sua perspectiva inicial de retorno financeiro. Segundo a média geral das respostas, o prêmio mínimo exigido pelo risco de construção é de 2,5 pontos percentuais. Entretanto, para os especialistas entrevistados, a diferença mínima de rentabilidade exigida seria de 3,6 pontos percentuais.

Apesar de o risco incidir diretamente na análise de rentabilidade mínima exigida pelo investidor, esse não é o único critério levado em conta no processo de tomada de decisão. Outro elemento importante seria o custo de oportunidade de diferentes *players* quanto às suas opções de investimento. No setor hoteleiro, por exemplo, pequenos investidores individuais de condo-hotéis têm diferentes perspectivas de rentabilidade em comparação com fundos de *real estate* ou desenvolvedores imobiliários.

Neste livro, pelo desenho amostral limitado da pesquisa, não será possível determinar com exatidão a TIR mínima requerida pelos diferentes perfis de investidores do setor. No entanto, indicam-se algumas referências de valores, principalmente com base nas respostas dos especialistas e do grupo das redes Top 3,[19] conforme comentado a seguir.

- *Redes hoteleiras (com investimento de capital próprio)*: segundo os especialistas e os representantes das redes Top 3 do Brasil, a TIR mínima média exigida para comprar um hotel já existente no país varia entre 14% e 16%. No caso de novas construções, os especialistas afirmam que ao menos três pontos percentuais a mais são requeridos. Cabe mencionar que tanto os especialistas quanto as Top 3 representam as principais empresas do setor ou trabalham para elas, motivo pelo qual é provável que a expectativa de rentabilidade mencionada refira-se, em geral, ao topo do mercado, ou seja, às empresas com maior exigência de rentabilidade por sua posição competitiva no país. No caso da média das empresas internacionais, que também inclui redes com menor participação de mercado, a TIR mínima média para compra de ativos é de

---

[19] Não foram consideradas muitas das respostas dos demais grupos (redes nacionais e internacionais) por causa da grande variedade dos dados obtidos. Nos subgrupos especialistas e Top 3, houve maior consistência nas respostas, motivo pelo qual se acredita que haja maior probabilidade de elas coincidirem com a realidade. Esses grupos também são os que provavelmente têm a visão mais global do setor hoteleiro nacional e os que estão em contato com todos os tipos de investidores, o que reforça sua escolha para a realização das análises.

12% (ou de 15% para novas construções). Em comparação com as Top 3, a menor exigência de rentabilidade pode ser uma estratégia de expansão. Esse resultado reforça o comentário dos pesquisados que concederam entrevistas em profundidade de que as empresas líderes estão assinando contrato com os projetos mais rentáveis no país. Apesar da possível aplicação de capital próprio para viabilizar novos projetos, na prática, são pouquíssimas as redes que adotam essa estratégia, restrita a projetos com excelentes perspectivas de rentabilidade e/ou alto valor estratégico.

- *Redes hoteleiras (só para administrar hotéis de terceiros)*: as conclusões são similares às do tópico anterior. Porém, a exigência de rentabilidade é menor em um ponto percentual, segundo as Top 3, e em até três pontos percentuais, segundo os especialistas, seja na compra, seja na construção de novos hotéis. As empresas líderes de mercado são as mais exigentes, porém, na prática, quase todas acabam aceitando operar projetos com perspectiva de rentabilidade modesta. Essa maior flexibilidade das redes em relação a projetos sem investimento de capital próprio é uma estratégia para aumentar seu potencial de crescimento no país e para evitar que um concorrente ganhe mais participação de mercado.

- *Investidores/compradores individuais de condo-hotéis*: especialistas e representantes das Top 3 têm respostas muito similares a respeito deste item. No caso de compra de hotéis existentes, a rentabilidade exigida seria entre 8% e 9%. Já para a construção de novos hotéis, entre 10% e 11%. Esse é o perfil de investidores com menor custo de oportunidade. É importante destacar que tal rentabilidade é a exigida pelo comprador de condo-hotel, não a do projeto. Antes de garantir 8% ou 9% ao comprador individual do condo-hotel, os desenvolvedores descontam sua remuneração pela estruturação e venda do negócio. Para o perfil de compradores de condo-hotel, o parâmetro de rentabilidade mais aplicado no mercado é o ROI, e, segundo a HotelInvest, o retorno mínimo exigido por esse investidor pode chegar a 0,5% ao mês.

- *Desenvolvedores imobiliários*: segundo a média de especialistas, a rentabilidade mínima exigida por desenvolvedores para estruturar novos negócios hoteleiros é de 20%. Para os representantes das Top 3, a TIR exigida é de 15%. Como em todas as análises, esses são valores médios e estão sujeitos a variações. Tal perfil de investidores é um dos que possuem maior exigência de rentabilidade em razão de sua ampla variedade de possibilidades de investimentos. Com a possível perda de atratividade de prédios residenciais e de escritórios comerciais no país, o apetite dos desenvolvedores por hotéis cresceu.

- *Fundos de pensão nacionais*: para a compra de novos ativos, a rentabilidade exigida varia entre 10% e 11%, segundo especialistas e representantes das Top 3. No caso de novas construções, pode ser exigido um prêmio de até dois pontos percentuais, segundo os especialistas. Entre os maiores fundos de pensão brasileiros com investimentos em hotelaria, podem ser mencionados a Previdência dos Funcionários do Banco do Brasil (Previ) e a Fundação dos Economistas Federais (Funcef). Nos últimos anos, a participação desses fundos em projetos hoteleiros tem diminuído em função do histórico de perdas no setor. O exemplo mais comum é o da Costa do Sauipe.

- *Fundos imobiliários*: para a estruturação de fundos imobiliários com hotéis já existentes, a rentabilidade mínima exigida, segundo especialistas e representantes das Top 3, varia entre 10% e 12%, em média. Fundos que atuem na construção de novas propriedades requereriam TIR média de 16% ou 17%, porém isso ainda não é comum no Brasil, como destacado por um dos pesquisados que concederam entrevistas em profundidade, especialista no mercado imobiliário. Os fundos existentes atuam basicamente em transações hoteleiras, afirmação também feita por um dos entrevistados. O exemplo de maior sucesso no mercado brasileiro é o Fundo Maxinvest, o primeiro fundo imobiliário de condo-hotéis no país, administrado pelo BTG em parceria com a HotelInvest e a Brazilian Capital. O Maxinvest foi considerado entre os três fundos imobiliários mais rentáveis do Brasil por diversos anos.

- *Fundos de investimento internacionais*: segundo os entrevistados, os fundos de investimento internacionais são os *players* com maior exigência de rentabilidade. Além dos riscos inerentes ao setor, tais fundos computam em suas expectativas de TIR o risco-país do destino receptor e o risco de câmbio. Para a média dos especialistas e dos representantes das redes Top 3, a exigência mínima de rentabilidade para compra de ativos hoteleiros no Brasil seria entre 16% e 17%; para a construção de novas propriedades, de 18% a 20%. Apesar de existirem dezenas de fundos com participação em hotéis no mundo, no Brasil ainda há poucos. Um deles é a Host Hotels & Resorts, que marcou sua entrada no país em 2010 com a compra do JW Marriott do Rio de Janeiro. Após a obtenção do título de *investment grade* pelo Brasil, diversos fundos se interessaram em investir no país. Porém, foram poucos os negócios realmente realizados, pois são restritas as oportunidades com os níveis de rentabilidade e risco aceitáveis por esses *players*.

Em geral, a rentabilidade média mínima em TIR para a construção ou compra de hotéis no Brasil, segundo todos os entrevistados, é de aproximadamente 16%, índice muito próximo ao mencionado pela JLL em uma entrevista com quinhentos dos principais investidores potenciais ativos na América Latina. No estudo (JLL, 2012a), as cidades de São Paulo e Rio de Janeiro apresentam a menor exigência de TIR (16,2%, sem alavancagem financeira) em comparação com todas as demais cidades latino-americanas analisadas. Em outras cidades brasileiras, a TIR exigida passa a ser de 18%, em destinos de 3 milhões a 6 milhões de habitantes, e de 22,8% em outras áreas não urbanas. As diferenças de exigência de rentabilidade chegam a 6,2 pontos percentuais e refletem as diferentes percepções de risco quanto a investir em hotelaria no Brasil. O estudo da Jones Lang LaSalle (2012a) foi realizado essencialmente com investidores internacionais, que tipicamente têm uma exigência de rentabilidade mais alta em comparação com *players* locais.

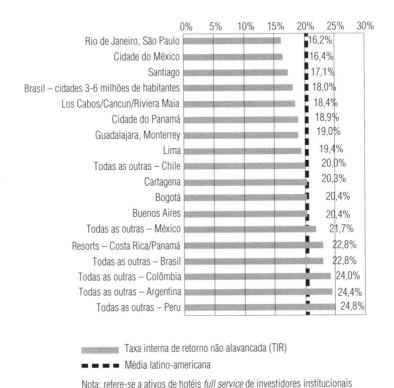

Gráfico 21 • **Exigência mínima de TIR real (sem alavancagem) para investir em hotelaria na América Latina**

Fonte: Jones Lang LaSalle, 2012a.

A seguir, apresentam-se as tabelas completas com estatísticas descritivas básicas (média, quartis, mínimo e máximo) sobre os dados da pesquisa.

Tabela 15 • TIR mínima real exigida para investir no setor hoteleiro brasileiro por perfil de investidor, segundo os especialistas

TIR para compra de hotéis	Média	1Q	2Q	3Q	Mín.	Máx.
Redes hoteleiras (investimento de capital próprio)	14%	13%	14%	15%	10%	23%
Redes hoteleiras (administração de hotéis de terceiros)	11%	11%	12%	12%	6%	13%
Compradores individuais de condo-hotéis	8%	8%	8%	8%	7%	10%
Desenvolvedores imobiliários	-	-	-	-	-	-
Fundos de pensão nacionais	10%	9%	10%	11%	7%	13%
Fundos imobiliários	12%	10%	13%	14%	8%	15%
Fundos de investimento internacionais	17%	16%	16%	18%	14%	20%
MÉDIA	12%	11%	12%	13%	9%	16%
TIR para construção de hotéis	Média	1Q	2Q	3Q	Mín.	Máx.
Redes hoteleiras (investimento de capital próprio)	17%	15%	16%	17%	14%	23%
Redes hoteleiras (administração de hotéis de terceiros)	15%	13%	14%	16%	12%	18%
Compradores individuais de condo-hotéis	11%	10%	12%	12%	8%	15%
Desenvolvedores imobiliários	18%	17%	18%	22%	9%	23%
Fundos de pensão nacionais	13%	12%	13%	14%	10%	15%
Fundos imobiliários	16%	14%	15%	18%	11%	20%
Fundos de investimento internacionais	20%	18%	21%	22%	15%	23%
MÉDIA	15%	14%	16%	17%	11%	20%

Tabela 16 • TIR mínima real exigida para investir no setor hoteleiro brasileiro por perfil de investidor, segundo os representantes das redes Top 3

TIR para compra de hotéis	Média	1Q	2Q	3Q	Mín.	Máx.
Redes hoteleiras (investimento de capital próprio)	16%	13%	15%	19%	10%	23%
Redes hoteleiras (administração de hotéis de terceiros)	15%	12%	12%	17%	12%	22%
Compradores individuais de condo-hotéis	9%	8%	9%	9%	7%	10%
Desenvolvedores imobiliários	-	-	-	-	-	-
Fundos de pensão nacionais	11%	10%	11%	11%	10%	11%
Fundos imobiliários	10%	10%	10%	10%	10%	10%
Fundos de investimento internacionais	16%	12%	16%	19%	8%	23%
MÉDIA	13%	11%	12%	14%	10%	17%
TIR para construção de hotéis	Média	1Q	2Q	3Q	Mín.	Máx.
Redes hoteleiras (investimento de capital próprio)	16%	13%	15%	19%	10%	23%
Redes hoteleiras (administração de hotéis de terceiros)	15%	12%	12%	17%	12%	22%
Compradores individuais de condo-hotéis	10%	8%	10%	11%	7%	12%
Desenvolvedores imobiliários	15%	13%	15%	18%	10%	20%
Fundos de pensão nacionais	11%	10%	11%	11%	10%	11%
Fundos imobiliários	17%	13%	17%	20%	10%	23%
Fundos de investimento internacionais	18%	15%	18%	20%	12%	23%
MÉDIA	14%	12%	14%	16%	10%	19%

Análise estratégica da hotelaria brasileira

Entre os diferentes perfis de investidores potenciais avaliados, os compradores de condo-hotéis são os de menor exigência de retorno financeiro. Porém, sobre essa rentabilidade, há que se somar o *markup* exigido pelo desenvolvedor. Fundos de pensão e imobiliários também apresentam exigências de TIR compatíveis com a realidade do setor. No caso das redes hoteleiras, apesar de a rentabilidade exigida ser similar à dos demais *players*, o investimento efetivo com capital próprio no setor deve ser pontual e somente em ativos estratégicos. "Não há evidências de que fortes investimentos com capital próprio serão uma estratégia de crescimento comum no país" – afirma um dos consultores entrevistados em profundidade. Por fim, quanto aos fundos internacionais, a exigência de rentabilidade é alta, e as barreiras à entrada também. Esse perfil de investidor prioriza ativos *premium* e em cidades estratégicas, razão pela qual as oportunidades são mais limitadas.

Em longo prazo, caso sejam concretizadas as tendências de diminuição da taxa Selic, de melhoria das condições macroeconômicas nacionais e do consequente *upgrade* nas notas de riscos do país pelas principais agências internacionais de qualificação de risco, espera-se que as perspectivas de rentabilidade hoteleira no Brasil diminuam progressivamente.

Nos Estados Unidos, dados da PricewaterhouseCoopers (*apud* Ecole Hôtelière de Lausanne, 2012) indicam que a TIR real média mínima (sem alavancagem) exigida em investimentos hoteleiros no país é de aproximadamente 11% ou 12%. Apesar da crise, a maturidade e o volume do mercado norte-americano lhes permitem viabilizar negócios com uma rentabilidade mais baixa. Também, o uso de financiamento permite alavancar o retorno final do capital próprio (*equity*) a taxas próximas de 20% (HVS, 2010b) – valor acima da média histórica exigida pelos investidores no país.

No próximo item, será analisada a atratividade de cada perfil de investidor pelo setor hoteleiro no Brasil com mais detalhes.

Oportunidades

Há fortes indícios de que o Brasil apresenta diversas oportunidades de investimento em hotelaria, de norte a sul, principalmente em cidades a partir de 200 mil habitantes, em hotéis supereconômicos, econômicos e, também, em menor intensidade, no segmento *midscale*. As oportunidades em hotéis *upscale* e luxo são mais restritas.

As oportunidades relacionadas ao mercado hoteleiro nacional serão avaliadas em três partes: 1) perfil do investidor; 2) região, tamanho da cidade e tipo de hotel; e 3) perfil da demanda.

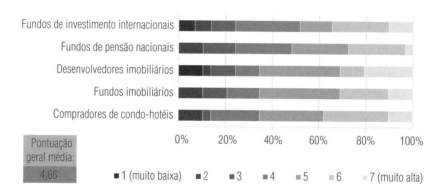

Gráfico 22 • Oportunidades hoteleiras no Brasil por perfil do investidor

A avaliação majoritária dos itens indicados é *positiva*, com uma pontuação geral média de 4,66. Apesar das barreiras e dos riscos inerentes ao setor hoteleiro no Brasil, os entrevistados acreditam que há oportunidades para diferentes tipos de investidores no país – em especial, para compradores de condo-hotel. Não há diferenças significativas entre as respostas de cada um dos quatro grupos entrevistados.

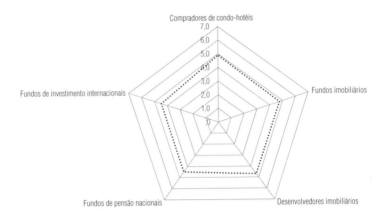

Gráfico 23 • Oportunidades hoteleiras no Brasil por perfil do investidor – nota média geral

Entre os diversos perfis de investidores ilustrados no gráfico, os grandes responsáveis pela expansão do parque hoteleiro nacional são os desenvolvedores imobiliários, em especial, as incorporadoras que constroem empreendimentos para venda pulverizada como condo-hotel. Os demais perfis, apesar de terem demonstrado maior interesse por possíveis negócios no país, ainda representam um parcela bastante restrita das oportunidades que são concretizadas no Brasil. Em virtude das exigências de rentabilidade, da aversão a risco ou do perfil de cidade e produtos desejados, são poucos os novos projetos hoteleiros desenvolvidos pelos demais *players* – fato que não deve mudar drasticamente em curto prazo.

REVISÃO BIBLIOGRÁFICA E ANÁLISE COMPLEMENTAR

Compradores de condo-hotéis

"O sistema de condo-hotéis permite que pessoas físicas ou jurídicas possam investir no setor hoteleiro sem grandes necessidades de capital, possibilitando, dessa forma, a diversificação de portfólio e risco [para seus investidores]" (BNDES, 2001b, p. 146). Essa modalidade de investimento viabilizou a construção de muitas propriedades hoteleiras no país, especialmente a partir de meados dos anos 1990, e mais uma vez tem sido a principal estratégia de *funding* para construir novos hotéis no Brasil. Segundo os especialistas entrevistados em profundidade, esse modelo de investimento está sendo aplicado em todo o país, independentemente do perfil de cidade, geralmente em hotéis supereconômicos, econômicos e *midscale*. Desde 2014, a CVM sinalizou ao mercado que passaria a regular o lançamento de condo-hotéis ao longo dos próximos anos, fator que pode mudar as perspectivas de desenvolvimento do setor hoteleiro no país.

Fundos imobiliários

A estruturação de Fundos de Investimentos Imobiliários (FII), opção de investimento cada vez mais comum no Brasil, pode ser um bom mecanismo de financiamento para a construção de novos hotéis no país (*Valor Econômico*, 2010). Podem ser estruturados também por meio de aquisição, total ou parcial, de condo-hotéis. Um exemplo de sucesso foi a estruturação do Fundo Maxinvest,[20] criado em 2007 com o objetivo de aproveitar a recuperação do mercado hoteleiro na cidade de São Paulo. O BNDES também reconhece a importância dos FII no Brasil, apesar de estarem em fase inicial de desenvolvimento como estratégia de investimento em hotéis, e assinalou interesse em estudar formas de estimular esse mercado – como desembolsar recursos em FII dedicados a empreendimentos hoteleiros (BNDES, 2011). No Brasil, apesar de ser pouco comum em hotelaria, essa modalidade de investimento está se popularizando. Entre as vantagens, estão seus benefícios fiscais. Em geral, os acionistas de fundos imobiliários pagam impostos somente sobre o ganho de capital no momento da venda da ação. Os rendimentos pro-

---

[20] Para mais informações, consultar a página da *web* do fundo, disponível em: www.hotelmaxinvest.com.br.

venientes do fundo são livres de impostos (Lima Jr. & Alencar, 2008). Para os especialistas entrevistados em profundidade, esse modelo de investimento deve ganhar força no país. Com a redução das taxas de juros até 2012, o pequeno investidor passou a procurar novos tipos de aplicações para garantir uma rentabilidade atrativa. "Esse cenário, com as boas perspectivas da hotelaria no país e a visibilidade ao setor gerada pela Copa do Mundo de futebol, aumentaram as possibilidades de estruturar com sucesso os fundos imobiliários hoteleiros no Brasil", afirmou um dos especialistas. Por causa da escassez de dados de mercado e da maior percepção de risco nas pequenas cidades, é esperado que, inicialmente, os fundos sejam criados para atuar em grandes cidades, em ativos emblemáticos e de marcas reconhecidas. A partir de 2013, com a retomada de crescimento da Selic para combater pressões inflacionárias no país, a demanda e o valor das cotas de fundos imobiliários caíram. Esse novo cenário que se configura pode representar mais uma barreira para a estruturação de fundos imobiliários em hotelaria, ao menos nos próximos anos. Em médio prazo, a tendência é de volta de queda na Selic, o que certamente estimularia mais uma vez a procura por FII.

Desenvolvedores imobiliários

Após a crise de superoferta de condo-hotéis no Brasil, desenvolvedores imobiliários perderam o apetite pelo setor hoteleiro nacional e passaram a priorizar outros negócios imobiliários – comerciais ou residenciais. Porém, nos últimos anos, a tendência se inverteu (HotelInvest, 2011) e a hotelaria voltou a despertar interesse de grandes desenvolvedores (HotelInvest, 2012a). Esse modelo de desenvolvimento está diretamente relacionado à estruturação de condo-hotéis. De fato, o histórico da hotelaria brasileira indica que a venda de condo-hotéis foi e ainda tem sido uma das principais estratégias de viabilidade de meios de hospedagem usadas no país. A dúvida que paira no mercado atualmente é se a interferência da CVM no lançamento de condo-hotéis deve mudar ou não as tendências de investimento em hotéis no Brasil.

Fundos de pensão nacionais

Passaram a investir em hotéis no Brasil a partir dos anos 1990, graças à maior disponibilidade de recursos e à necessidade de diversificação de investimentos após a economia doméstica voltar a mostrar sinais positivos e o turismo nacional tornar-se mais dinâmico (Lima, 2003). Diversos hotéis no país foram construídos com recursos de fundos de pensão, e esses *players* têm importante participação no setor, em nível nacional ou internacional (Silva, 2007). Geralmente, os *targets* de investimento dos fundos de pensão nacionais são as grandes cidades e os destinos já consolidados, ambos supostamente de menor risco.

> [...] em 1996 foi inaugurado em São Paulo o Hotel Sol Meliá, com 300 quartos e investimento de R$ 84 milhões, uma parceria entre 35 fundos institucionais. Posteriormente, os fundos adquiriram os imóveis ou financiaram as construções do Transamérica Morro do Conselho, em Salvador, do Meliá Maceió, dos hotéis das redes Marriott, Accor e Superclub Breezers no complexo Costa do Sauipe, do Le Méridien Rio, do Renaissance São Paulo (rede Marriott) e do resort Cabo de Santo Agostinho, em Pernambuco, além de várias novas unidades da rede Accor. Dessa forma, os fundos de pensão do Banco do Brasil (Previ), da Caixa Econômica Federal (Funcef) e da Petrobras (Petros) passaram a assumir um papel de destaque no mercado hoteleiro brasileiro. (BNDES, 2006, p. 118)

Fundos de investimento internacionais

Em agosto de 2009, a aquisição do hotel InterContinental na cidade de São Paulo pelo fundo Meridia Capital foi um ato emblemático para a hotelaria brasileira. Pela primeira vez, um fundo de investimento internacional comprou um hotel no país. Outra transação relevante foi a compra do JW Marriott no Rio de Janeiro pelo Fundo Host, que marcou sua entrada no Brasil e reflete o ganho de visibilidade do país entre as opções de investimentos hoteleiros internacionais (JLL, 2011b). Para os próximos anos, as perspectivas são de que esse mercado cresça (*Valor Econômico*,

2010; JLL, 2008), porém em projetos *premium* e provavelmente em ritmo lento ou moderado. Os *players* estrangeiros costumam ser bastante seletivos em suas opções de investimento e geralmente priorizam mercados com que possuam familiaridade geográfica e de idioma (JLL, 2011a).

Em geral, é provável que haja oportunidades hoteleiras para diferentes perfis de investidores no Brasil – nacionais ou internacionais. Contudo, em razão da dificuldade de obtenção de financiamento e da fase inicial de desenvolvimento de outras fontes de *funding* que recentemente entraram no país, como os fundos de *real estate* e de *private equity* (HVS, 2009b), é provável que, ao menos em curto prazo, modelos já conhecidos sejam postos em prática novamente – em especial, a estruturação de condo-hotéis e acordos de parceria com *players* nacionais. Com isso, abre-se espaço para um novo período de construção de meios de hospedagem. No entanto, é preciso investir com cautela, pois existe o risco de superoferta em alguns mercados (FOHB e HotelInvest, 2014).

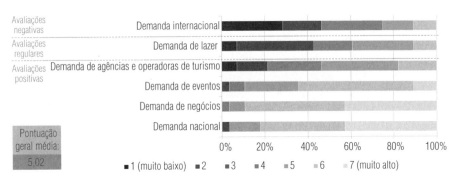

Gráfico 24 • Oportunidades hoteleiras no Brasil por perfil da demanda

A avaliação majoritária dos itens indicados é *positiva*, com uma pontuação geral média de 5,02. *Demanda nacional e de negócios* são os *itens com maior pontuação*, superior a 6, seguidos por *demanda de eventos*, também avaliado com uma nota média alta (5,61). Segundo os entrevistados, novas oportunidades no setor hoteleiro brasileiro devem ser aproveitadas, principalmente, nesses segmentos. No extremo oposto, o item *demanda internacional* possui a *menor valoração média* (3,6), e, provavelmente, representa oportunidades de negócios mais seletas. Quanto aos demais itens, *demanda de lazer* e de *operadoras de turismo*, a pontuação média é regular. Apesar dos resultados não tão otimistas em relação às operadoras turísticas, um dos entrevistados informou que esse ainda é um forte canal de distribuição da demanda corporativa no Brasil.

Em geral, conclui-se que, quanto à origem do turista, o mercado doméstico é muito mais atrativo. As melhorias socioeconômicas no Brasil são contundentes, e a tendência, em longo prazo, é de contínua evolução. Evidentemente, as oportunidades pontuais para o segmento internacional também são factíveis – em especial, para hotéis mais sofisticados, apesar de suscetíveis a outros riscos, como o cambial. Com relação à motivação da viagem, negócios e eventos são os mercados mais favoráveis a novos projetos hoteleiros. A maioria dos turistas de lazer é bastante sensível a preço e costuma se hospedar em outros meios de hospedagem que não necessariamente hotéis. Entre aqueles que optam por esse tipo de alojamento, a utilização de estabelecimentos independentes é mais comum. Esse mercado também é mais dependente das operadoras de turismo e das Online Travel Agencies (OTAs), razão pela qual, consequentemente, parte importante dos rendimentos é comprometida nas taxas de intermediação. A economia brasileira seguirá crescendo em médio e longo prazo; portanto, a realização de negócios no país induzirá continuamente mais demanda hoteleira. Os hotéis de negócios são a aposta mais segura na média do mercado.

Não há diferenças significativas entre as respostas de cada um dos quatro grupos entrevistados. A diferença mais expressiva (de 1,25) refere-se à *demanda internacional*. Enquanto os especialistas a avaliaram com pontuação média negativa (de 2,88), representantes das redes internacionais e das Top 3 a avaliaram como regular, com nota próxima a 4. Tal diferença provavelmente se explica pelo fato de que algumas das marcas das redes representadas se dedicam a esse perfil.

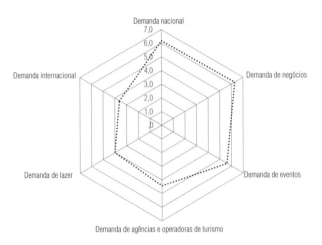

Gráfico 25 • Oportunidades hoteleiras no Brasil por perfil da demanda – nota média geral

REVISÃO BIBLIOGRÁFICA E ANÁLISE COMPLEMENTAR

Demanda nacional

O turismo interno é o mais importante para os meios de hospedagem no Brasil. Entre 2007 e 2012, essa demanda representou mais de 80% dos pernoites dos hotéis urbanos (JLL, 2008, 2009, 2010, 2011b, 2012b, 2013). No total, anualmente são realizadas mais de 160 milhões de viagens nacionais, das quais 29% usam hotéis ou pousadas (Brasil, 2009b). Apesar de o crescimento econômico ter estimulado o consumo turístico no país, uma menor parte (em porcentagem) utiliza hotéis, já que o gasto médio turístico da população ainda é baixo. Entretanto, a tendência em relação à demanda nacional é positiva, de crescimento (BNDES, 2011).

Demanda de negócios e eventos

A hotelaria brasileira de rede atua especialmente nos segmentos de negócios e eventos, demandas que, juntas, ganharam mais de dez pontos percentuais de participação de mercado entre os hotéis urbanos do país de 2007 a 2012 (JLL, 2008, 2009, 2010, 2011b e 2012b), fato que demonstra sua tendência de crescimento (BNDES, 2011). Em 2012, negócios e eventos representaram mais de 75% da demanda por hospedagem nos hotéis urbanos do país (JLL, 2013). A melhoria econômica nacional impulsionou a realização de negócios e eventos por todo o país e, paralelamente, a demanda por hospedagem. Em alguns mercados, parte dos eventos que eram realizados durante a semana foi passada para os fins de semana (HotelInvest, 2011), mudança que também ajuda o crescimento da taxa de ocupação anual do setor, por atenuar sua sazonalidade. Negócios e eventos são o segmentos que mais utilizam hotéis no Brasil (Brasil, 2009b). Para alguns dos especialistas entrevistados em profundidade, esse é um mercado forte e com boas perspectivas de crescimento no país, especialmente em cidades de economia mais dinâmica. Segundo a publicação *Análise setorial da indústria hoteleira* (*Valor Econômico*, 2010), a construção de hotéis de convenções também pode ser uma boa oportunidade. Os indícios de crescimento de realização de eventos no país são fortes, e a oferta ainda é concentrada em cidades como São Paulo e Rio de Janeiro.

Demanda de agências e operadoras de turismo

Dados da consultoria Jones Lang LaSalle (2008, 2009, 2010, 2011b, 2012b e 2013) indicam que a participação das agências e operadoras de turismo na demanda do setor é ao redor de 10%, com tendência de diminuição desde 2010. Porém, esses resultados referem-se somente a uma amostra restrita dos hotéis de rede. Alterações no *set* de propriedades avaliadas nos diferentes anos do estudo *Hotelaria em números* também podem resultar em vieses metodológicos. Para a média geral do mercado, há indícios de que a participação desses intermediadores está crescendo no setor (*Valor Econômico*, 2010), inclusive a das OTAs. Outras pesquisas deveriam estudar melhor essas hipóteses.

Demanda de lazer

Embora em alguns destinos, como Rio de Janeiro e Salvador, a demanda de lazer também seja importante (HVS, 2009b), essa não é a principal geradora de pernoites nos hotéis urbanos do Brasil (JLL, 2008, 2009, 2010, 2011b, 2012b e 2013). Apesar de representar mais de 80% das viagens domésticas, a maior parte dos turistas se hospeda na casa de parentes e amigos (Brasil, 2009b). Para os próximos anos, com a retomada do crescimento da economia brasileira, a demanda de lazer pode ganhar mais importância para a hotelaria de rede e possibilitar taxas de ocupação acima dos limites históricos (HotelInvest, 2011). Portanto, as empresas e o poder público devem criar estímulos para induzir mais consumo turístico por esse público. Apesar de o turista de lazer dificilmente ser suficiente para permitir bons níveis de ocupação de um hotel durante todo o ano, ele é uma importante fonte de demanda complementar em diversos destinos. Cidades com vocação para o turismo de lazer e corporativo atingem patamares de ocupação geralmente acima dos de outros destinos que dependem apenas dos segmentos de negócio e eventos, como ilustra o gráfico[21] a seguir.

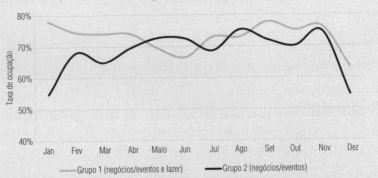

Gráfico 26 • Sazonalidade da demanda hoteleira nas doze cidades-sede da Copa do Mundo de 2014 (taxa de ocupação mensal em 2011)
Fonte: FOHB.

---

[21] No Grupo 1 estão as cidades Rio de Janeiro, Fortaleza, Natal, Recife e Salvador. No Grupo 2, as cidades São Paulo, Curitiba, Belo Horizonte, Porto Alegre, Manaus e Cuiabá.

Demanda internacional

A restrita demanda internacional ao Brasil (Brasil, 2012b) é um elemento a mais que põe em evidência a importância do mercado doméstico para o turismo (BNDES, 2011) e a hotelaria no país. Em média, estrangeiros representam aproximadamente 15% dos pernoites em hotéis urbanos do país. Porém, em estabelecimentos de padrão superior, essa porcentagem pode chegar a uma média de 40% (JLL, 2008, 2009, 2010, 2011b, 2012b e 2013). É evidente que a demanda internacional não pode ser desprestigiada por todos os hoteleiros nacionais. Com a realização da Copa do Mundo de 2014 no Brasil, renovam-se as esperanças de aumento de fluxo de turistas estrangeiros para o país voltar a crescer (BNDES, 2011). Contudo, graças à distância do país com relação aos principais emissores mundiais, ao custo das passagens internacionais e a diversos outros problemas que afetam a competitividade nacional no exterior, não são esperadas mudanças drásticas da realidade atual nos próximos anos.

A seguir, analisam-se as oportunidades de novos negócios hoteleiros no Brasil quanto ao tipo de empreendimento, à macrorregião e ao tamanho da cidade.

A avaliação majoritária dos itens indicados é *positiva*, com uma pontuação média geral próxima a 5. Quanto mais povoada a cidade, melhores as avaliações com relação à existência de oportunidades de negócio hoteleiro no país. No entanto, diferentemente do ciclo de expansão do início dos anos 2000, atualmente as oportunidades não se restringem apenas às capitais. Pequenas e médias cidades do interior entram, cada vez mais, no *pipeline* de novos projetos no Brasil. Entre elas, aquelas com menos de 200 mil habitantes são as que apresentam as maiores incertezas sobre a viabilidade econômica de novos hotéis.

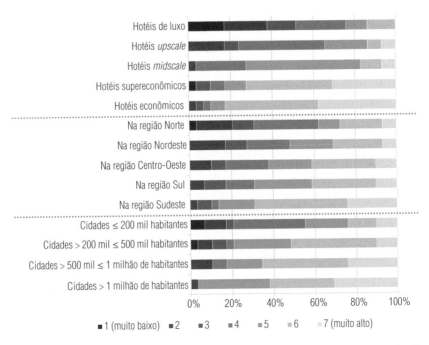

Gráfico 27 • Oportunidades hoteleiras no Brasil por tipo de hotel, região e tamanho da cidade

O Sudeste é o mercado brasileiro mais atrativo. Por ser o centro econômico do país, é a região que concentra o maior número de oportunidades. Porém, outras regiões também têm ganhado destaque no Brasil. A contínua interiorização de investimentos e o crescimento do consumo abriram oportunidades para diversas atividades econômicas – entre as quais, a hotelaria. Atualmente, estão sendo estudadas opções de investimento em hotéis de norte a sul.

Com relação ao padrão de produto, hotéis supereconômicos e econômicos são os com maior probabilidade de êxito no território nacional, seguidos por empreendimentos *midscale*. A demanda por hospedagem no Brasil é sensível a preço e ainda é mal atendida nesses segmentos. São diversas as cidades com empreendimentos sem o mínimo necessário, como uma boa cama e um bom chuveiro, além de limpeza e internet funcional. O Brasil ainda está em um estágio inicial de desenvolvimento hoteleiro; uma vez que as necessidades mínimas dos hóspedes sejam atendidas, outros produtos mais sofisticados serão requeridos. As oportunidades para hotéis *upscale* e de luxo são menores, com maior risco e restritas geralmente às principais megalópoles do país, como São Paulo e Rio de Janeiro.

Não há diferenças significativas entre as respostas de cada um dos quatro grupos entrevistados, excetuando-se as avaliações de alguns itens feitas pelos representantes das redes Top 3 do mercado brasileiro que, em média, mostraram-se mais otimistas com relação às oportunidades hoteleiras no país. Como já foi afirmado, suas vantagens competitivas lhes permitem uma posição de mercado mais confortável e, provavelmente, com melhores oportunidades do que a média do setor. Sobre as redes nacionais, a avaliação das oportunidades em hotéis de luxo está abaixo da média geral. De forma similar, isso também ocorre para os hotéis supereconômicos e econômicos com relação às avaliações das redes internacionais. Os desvios assinalados, embora pequenos, são influência dos padrões de produto ofertados pelos avaliadores.

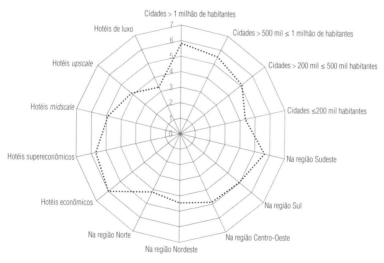

Gráfico 28 • **Oportunidades hoteleiras no Brasil por tipo de hotel, região e tamanho da cidade – nota média geral**

Em todos os segmentos de mercado, o Brasil é um país com pouca representatividade de hotéis de marca (JLL, 2008, 2009, 2010, 2011b, 2012b e 2013), fato que pode ser interpretado como um indício de oportunidades para redes hoteleiras. Entre todos os segmentos, os hotéis mais simples predominam (IBGE, 2012a). A hotelaria brasileira ainda está concentrada em poucos tipos de empreendimentos (Marodin & do Amaral, 2011), e provavelmente continuará assim em médio prazo, já que os investimentos em estabelecimentos supereconômicos e econômicos devem continuar representando as principais oportunidades do setor. Além de empreendimentos puramente hoteleiros, projetos de uso misto, com componentes comerciais, de escritórios e hoteleiros também podem ter boas perspectivas no país (Ecole Hôtelière de Lausanne, 2012), principalmente em cidades mais dinâmicas, de médio e grande porte. As oportunidades são inúmeras, em diferentes perfis de cidades e de produtos hoteleiros, de norte a sul (HotelInvest, 2012a). Considerando-se os riscos, as possibilidades de ganho e as perspectivas econômicas do país em longo prazo, as condições do mercado hoteleiro brasileiro são positivas (HVS, 2010a; HotelInvest, 2012a).

REVISÃO BIBLIOGRÁFICA E ANÁLISE COMPLEMENTAR

Tipo de hotel

Importantes cidades grandes do país, com economia diversificada, não possuem uma oferta de padrão mais elevado (Ecole Hôtelière de Lausanne, 2012). Na média, são os segmentos econômicos e *midscale* os que apresentam as melhores oportunidades no Brasil (JLL, 2010; Ecole Hôtelière de Lausanne, 2012). Sobre os hotéis econômicos, é o tipo de empreendimento mais adequado à renda média do brasileiro. O crescimento das viagens internas beneficiou especialmente esse segmento, ainda em plena expansão. "O público desse segmento era recebido por hotéis pequenos que, sem reformas, tornaram-se obsoletos e, por isso, estão perdendo mercado para as redes" (*Valor Econômico*, 2010).

> A hotelaria independente e familiar esteve longe de trabalhar com padrões de serviços e atributos de marca e acabou por encontrar no crescimento das redes no Brasil a dificuldade de diferenciar seus hotéis e posicioná-los frente ao público. Desta forma, as redes com padrões, distribuição em escala e marcas definidas começam a se destacar no mercado e consolidam seu posicionamento e poder de crescimento através do hotel econômico. (BSH, 2008, p. 5)

A introdução e a popularização do conceito de hotéis econômicos com qualidade no Brasil se deve principalmente à Accor, com as marcas Ibis e Formule 1 (BSH, 2008). Com o sucesso desse modelo de negócio, outras redes, inclusive as nacionais, também passaram a investir com maior força no segmento (Ignarra e Funcia, 2007). "Hotéis econômicos são o produto estrela da hotelaria brasileira. Há oportunidades para esse tipo de empreendimento hoteleiro em todo o país", afirmou um dos especialistas entrevistados em profundidade. Algumas das características básicas de um hotel econômico eficiente são destacadas pela consultoria BSH.

> [...] as características consideradas fundamentais para um produto com este perfil são: (i) localização, usualmente estão próximos a centros geradores de demanda; (ii) acomodações modernas e compactas com espaços racionalizados e decoração simples e funcional; (iii) preços altamente competitivos, principal fator de decisão de compra pelo consumidor; (iv) serviços reduzidos, oferecendo apenas aqueles ligados a garantir uma boa hospedagem (recepção, limpeza e segurança) e (v) serviços opcionais, se existentes, cobrados à parte. É de extrema importância que o hotel econômico tenha um baixo volume de investimento e seja gerido com grande controle, bem como provido com equipamentos de estrutura funcional e que possibilite racionalização de custos e fácil

manutenção. A tecnologia nos processos de gestão e atividades operacionais são pontos relevantes nestes empreendimentos, uma vez que possibilitam produtividade e racionalização de quadro de funcionários. (BSH, 2008, p. 6)

Região

Há investimentos para a construção de hotéis econômicos por todo o país (BSH, 2011). Em relação aos segmentos *midscale* e *upscale*, as principais oportunidades, em aquisição ou novas propriedades, estão nas principais capitais brasileiras – especialmente nas sedes da Copa do Mundo de 2014 (*Valor Econômico*, 2010). Os investimentos hoteleiros estão se desconcentrando continuamente. As oportunidades no setor já não estão somente em São Paulo ou no Rio de Janeiro (JLL, 2010), mas também nos centros metropolitanos (JLL, 2012a), nas principais cidades dos estados mais ricos do país (*Valor Econômico*, 2010; FOHB e HotelInvest, 2012) e em diversos outros mercados de cidades secundárias. Cresce a tendência de interiorização de investimentos hoteleiros por todo o país, movida especialmente pelo crescimento econômico brasileiro dos últimos anos.

Tamanho da cidade

A ênfase dos investimentos hoteleiros no país está em cidades com população com mais de 500 mil habitantes (JLL, 2010), incluindo cidades secundárias (HotelInvest, 2011; Ecole Hôtelière de Lausanne, 2012) e primárias (JLL, 2011b). Com relação aos investidores internacionais, as capitais e outras grandes cidades são os mercados prioritários e com perspectivas mais otimistas de evolução de performance (JLL, 2012a). Porém, em algumas cidades com população a partir de 80 mil ou 100 mil habitantes (BNDES, 2006; BSH, 2005; Ribeiro, 2005), novos hotéis, essencialmente do segmento econômico, já mostram viabilidade, embora sejam casos de maior risco e menos comuns, com atuação exclusiva de investidores nacionais. Em pequenas e médias cidades predominam propriedades menores, com até 120 apartamentos. Segundo dados recentes do IBGE (2012b), 87% das cidades brasileiras com população de 200 mil a 500 mil habitantes estão nas regiões Sudeste, Sul e Nordeste. E 82% das cidades com mais de 500 mil até 1 milhão de pessoas estão no Sudeste e no Nordeste. Já as cidades com mais de 1 milhão de habitantes estão por todo o país, correspondendo, essencialmente, às capitais. Possivelmente, são esses os mercados com maior concentração de oportunidades hoteleiras no Brasil, em um total de 138 cidades potenciais. Evidentemente, ter mais ou menos população não necessariamente indica viabilidade para novos projetos. Também é necessário o estudo cuidadoso da economia e das perspectivas de cada cidade, e o seguimento de todas as análises indicadas no marco teórico do livro. No entanto, identificar onde estão as concentrações de cidades com maior potencial para investimentos em hotéis, segundo a avaliação dos especialistas, pode ser um dos parâmetros a serem considerados para o estudo de novos negócios no território nacional.

Tabela 17 • População brasileira por região

Região	Número de cidades		
	Mais de 200 mil a 500 mil habitantes	Mais de 500 mil a 1 milhão de habitantes	Mais de 1 milhão de habitantes
Norte	8	0	4
Nordeste	16	7	4
Sudeste	52	11	6
Sul	17	2	2
Centro-Oeste	5	2	2
Total	98	22	18

Fonte: IBGE (2012b).

Na tabela a seguir, sintetizam-se as principais características relacionadas às oportunidades de investimento hoteleiro no Brasil, por perfil de cidade. Para cada grupo, indicam-se os tipos de investidores potenciais, de demanda e de hotel e a região com maior atratividade ao setor. As conclusões apresentadas são baseadas nas pesquisas e nas entrevistas em profundidade com os especialistas e na revisão bibliográfica e documental.

Tabela 18 • Síntese das principais oportunidades potenciais de investimento em hotéis no Brasil por tipo de cidade

	Cidades entre 200 mil e 500 mil habitantes	Cidades com mais de 500 mil a 1 milhão de habitantes	Cidades com mais de 1 milhão de habitantes
Macrorregião indicada	• Sudeste • Sul • Nordeste	• Sudeste • Nordeste	• Todas
Perfil do investidor potencial	• Comprador de condo--hotel • Fundos de pensão nacionais* • Desenvolvedores imobiliários	• Comprador de condo--hotel • Fundos de pensão nacionais* • Desenvolvedores imobiliários	• Comprador de condo--hotel • Fundos de pensão nacionais • Desenvolvedores imobiliários • Fundos internacionais • Fundos imobiliários
Perfil da demanda potencial	• Nacional • Negócios	• Nacional • Negócios • Eventos	• Nacional e internacional** • Negócios • Eventos
Tipo de hotel geralmente adequado	• Supereconômico • Econômico	• Supereconômico • Econômico • *Midscale*	• Supereconômico • Econômico • *Midscale* • *Upscale* • *Luxo***

* Fundos de pensão nacionais: no caso de cidades secundárias (com até 1 milhão de habitantes), são selecionados somente destinos com grande potencial turístico.
** Demanda internacional: mais representativa em hotéis de categorias superiores (*upscale* ou luxo).
*** Hotéis de luxo: é o tipo de produto com oportunidades mais limitadas no país.

A tabela anterior deve ser interpretada com cautela. É somente uma aproximação das oportunidades mais prováveis em cada perfil de cidade, segundo os resultados das pesquisas realizadas. Não existe um padrão universal de possível aplicação a todas as cidades. Cada destino é único e deve ser estudado em detalhes para encontrar a melhor oportunidade, segundo o panorama de mercado e as perspectivas de evolução identificadas. Acredita-se, ainda, que o exercício seja válido e que pode ser um primeiro parâmetro para guiar estudos de estruturação de novos negócios hoteleiros no país.

Estratégias de desenvolvimento e expansão

As estratégias variam para cada perfil de empresa. Em comum, todos pretendem crescer com contratos de administração, modelos de parcerias, construção de novos estabelecimentos e mudanças de marca em hotéis existentes. Investir capital próprio não está entre as prioridades.

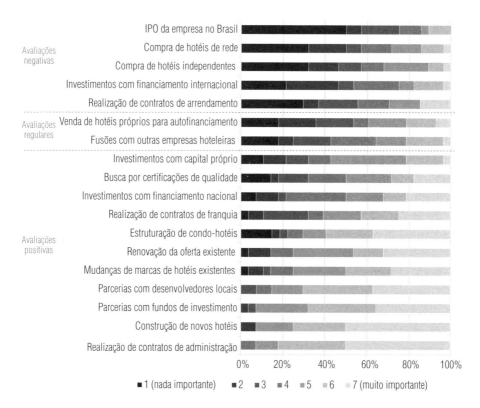

Gráfico 29 • Estratégias para o desenvolvimento das redes hoteleiras no Brasil

Foi solicitado aos entrevistados que avaliassem a importância de cada um dos itens do gráfico anterior com relação às estratégias de desenvolvimento da rede hoteleira que eles representam no Brasil. No caso dos especialistas, a pergunta referia-se à média das redes no país, conforme a sua percepção.

Pela média geral, é evidente que *realização de contratos de administração, construção de novos hotéis* e *parcerias com fundos de investimento ou desenvolvedores locais* são os *itens com maior pontuação média*, próxima ou superior a 6. *Estruturação de condo-hotéis, renovação da oferta existente* e *mudanças de marcas de hotéis existentes* são outros itens bem valorados, com pontuação superior a 5. Segundo os entrevistados, essas serão as principais estratégias para desenvolver o setor hoteleiro no Brasil. No outro extremo, os cinco itens com a *pior valoração média*, inferior a 3,4, foram *IPO da empresa no Brasil, compra de hotéis (independentes e de redes), investimentos com financiamento internacional* e *realização de contratos de arrendamento*.

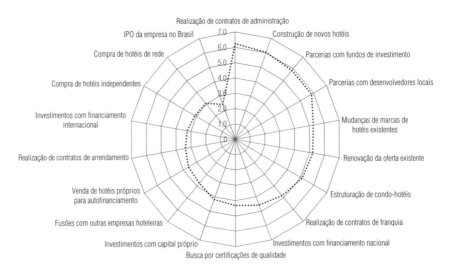

Gráfico 30 • **Estratégias para o desenvolvimento das redes hoteleiras no Brasil – nota média geral**

204 Desenvolvimento hoteleiro no Brasil: panorama de mercado e perspectivas

Há diferenças significativas entre as respostas de cada um dos quatro grupos entrevistados. Os perfis variados das empresas consultadas divergem sensivelmente nas estratégias de desenvolvimento adotadas em território nacional. No entanto, também há pontos convergentes, ou seja, avaliações médias similares segundo os quatro perfis de entrevistados.

Sobre as estratégias prioritárias mencionadas por cada subgrupo, há cinco pontos em comum. Todos destacaram a importância da construção de novos hotéis, de parcerias com fundos de investimento e da realização de contratos de administração. Também foram unânimes quanto à falta de importância de IPO da empresa no Brasil e dos investimentos com financiamento internacional. Analisando exclusivamente as respostas dos representantes das redes hoteleiras (nacionais, internacionais ou das Top 3), outros três itens em comum ganham destaque: o primeiro (mudanças de marcas em hotéis existentes), no grupo das estratégias prioritárias de desenvolvimento, e os dois últimos (realização de contratos de arrendamento e venda de hotéis próprios para autofinanciamento), no grupo das pouco importantes.

Sobre os demais itens, a importância atribuída varia conforme cada subgrupo entrevistado. Entre as principais diferenças, três estratégias chamam a atenção, em relação à estruturação de condo-hotéis, a investimentos com financiamento nacional e investimentos com capital próprio. Com relação aos condo-hotéis, somente para a média das redes internacionais esse item não está entre as prioridades de desenvolvimento no país. Algumas das empresas com sede no exterior são resistentes à adoção dessa estratégia – realidade que lenta e gradualmente vem mudando. As linhas de financiamento nacional, internacional ou de capital próprio tampouco estão entre as prioridades de redes internacionais, motivo pelo qual os esforços de expansão desse mercado dependerão de alianças com desenvolvedores locais e fundos de investimento.

Sobre os investimentos com financiamento nacional, somente as Top 3 os mencionaram como uma prioridade entre as estratégias de desenvolvimento adotadas por elas. A baixa valoração desse item pelos demais grupos provavelmente se explica pelas dificuldades para obter financiamento no país, em especial, para *players* com menor participação de mercado e menos ativos que sirvam como garantia.

Em relação ao investimento de capital próprio, as Top 3 avaliaram esse item com a menor pontuação média. As vantagens competitivas desse grupo de empresas já lhe permitem priorizar outras estratégias que não sejam a utilização de recursos próprios para a construção de hotéis. Com relação aos demais grupos, embora não esteja entre suas prioridades, a adoção dessa estratégia tem maior importância como facilitadora de sua expansão no país.

A respeito das franquias, as empresas do setor hoteleiro no Brasil, em geral, não as consideravam uma estratégia prioritária de expansão. O crescimento desse modelo de negócio no país ainda sofre resistência, especialmente para conversões. A maior parte dos hotéis independentes não atende aos requisitos mínimos de qualidade exigidos pelas principais redes, como a existência de duas escadas de emergência no edifício. Assim, as franquias têm se limitado geralmente a novos projetos. O primeiro passo para que essa estratégia seja efetiva é ter uma marca forte no mercado desejado, em âmbito regional, nacional e, por último, global (Townsend *et al.*, 2009). No Brasil, pouquíssimas marcas hoteleiras estão bem-difundidas entre os consumidores turísticos internos. Para os próximos anos, é natural que as franquias ganhem, gradativamente, mais destaque como estratégia de expansão hoteleira em nível nacional, principalmente entre as líderes de mercado.

Com relação aos condo-hotéis, apesar de mencionados pela maioria das empresas entrevistadas como uma importante estratégia de crescimento, as líderes de mercado são as que mais se beneficiam desse modelo de expansão. Segundo os entrevistados, essa é a principal forma de viabilizar novos hotéis no país, razão pela qual muitas redes e muitos incorporadores estão preocupados com a intenção da CVM de passar a regular os futuros lançamentos de condo-hotéis no Brasil, o que poderia diminuir, ao menos em curto prazo, o potencial de crescimento do setor.

A seguir, as cinco melhores e piores estratégias pontuadas serão sintetizadas para facilitar a identificação daquelas que realmente parecem ser as mais e menos relevantes para o desenvolvimento da hotelaria no Brasil. Atenção: a tabela apresenta os itens com maior representatividade, segundo os dados da pesquisa. No entanto, individualmente, cada empresa pode apresentar estratégias diferentes da média indicada.

Tabela 19 • As cinco estratégias mais importantes e as cinco menos importantes para o desenvolvimento da hotelaria no Brasil

	Cinco principais estratégias	Cinco estratégias menos importantes
Redes nacionais	• Construção de novos hotéis • Realização de contratos de administração • Mudanças de marcas de hotéis existentes • Renovação da oferta existente • Estruturação de condo-hotéis	• IPO da empresa no Brasil • Investimentos com financiamento internacional • Compra de hotéis de rede • Venda de hotéis próprios para autofinanciamento • Compra de hotéis independentes
Redes internacionais	• Realização de contratos de administração • Parcerias com desenvolvedores locais • Parcerias com fundos de investimento • Construção de novos hotéis • Mudanças de marcas de hotéis existentes	• IPO da empresa no Brasil • Fusões com outras empresas hoteleiras • Compra de hotéis de rede • Realização de contratos de arrendamento • Compra de hotéis independentes
Top 3	• Estruturação de condo-hotéis • Construção de novos hotéis • Realização de contratos de administração • Investimentos com financiamento nacional • Parcerias com fundos de investimento	• IPO da empresa no Brasil • Venda de hotéis próprios para autofinanciamento • Investimentos com financiamento internacional • Investimentos com capital próprio • Realização de contratos de arrendamento
Média do mercado (segundo especialistas)	• Parcerias com desenvolvedores locais • Parcerias com fundos de investimento • Realização de contratos de administração • Construção de novos hotéis • Estruturação de condo-hotéis	• Busca por certificações de qualidade • IPO da empresa no Brasil • Investimentos com financiamento internacional • Compra de hotéis independentes • Compra de hotéis de rede

Apesar de algumas estratégias serem mais factíveis e menos arriscadas que outras, não existe uma receita ideal para cada uma das empresas. A opção escolhida deve se adequar às necessidades e às limitações de cada rede hoteleira. Para empresas internacionais – em especial, as novas, que estão entrando no mercado nacional –, mais um elemento ganha importância e precisa ser levado em consideração: "O Brasil é um país que tem sua própria cultura" (HVS, 2009a). Realizar negócios aqui tem suas particularidades, e entender a mente do desenvolvedor e do investidor local é fundamental para atingir o sucesso. Também, como ressaltado por Haro (2012), as relações comerciais são muito importantes no Brasil. Antes de realizar negócios, devem ser estabelecidos vínculos com *players* locais.

REVISÃO BIBLIOGRÁFICA E ANÁLISE COMPLEMENTAR

Realização de contratos de administração

A adoção de contratos de administração foi uma estratégia comum usada por redes hoteleiras estrangeiras para se internacionalizarem no mercado brasileiro. Enquanto os desenvolvedores locais eram responsáveis pela construção da propriedade, era responsabilidade das redes participar com seu *know-how* na gestão do negócio (Pinheiro, 2002). Esse é o tipo de contrato hoteleiro mais comum no Brasil (Spolon, 2006).

Construção de novos hotéis

Segundo a consultoria HVS, o início de um novo ciclo de expansão hoteleira no país seria viável somente a partir de 2013, com exceção de nichos de mercado e de alguns projetos no segmento econômico e supereconômico (HVS, 2009a e 2009b). Porém, a recuperação do mercado tem sido mais rápida do que o inicialmente esperado. Os anúncios de novos projetos (FOHB e HotelInvest, 2012; HotelInvest, 2012a) e de planos de expansão no país indicam que construir hotéis no Brasil já é viável em muitas cidades. A diminuição histórica da taxa básica de juros nacional (Selic) e, consequentemente, do custo de oportunidade dos investidores também têm contribuído para viabilizar novos hotéis no país. Segundo a consultoria Jones Lang LaSalle (2011a e 2012a), independentemente do perfil da cidade brasileira, entre as opções de esperar, vender, comprar ou construir hotéis no país, a maior parte dos investidores internacionais opta por construir.

Parcerias com fundos de investimento e desenvolvedores locais

A adoção de parcerias, com construtoras, desenvolvedores ou outros agentes, foi uma estratégia comum usada pela hotelaria internacional para desenvolver novos projetos. No Brasil não foi diferente (Silva, 2007; Ernst & Young, 2011; Pinheiro, 2002). Um exemplo é a rede Marriott, que tem, entre seus principais *partners*, o Funcef. (*Valor Econômico*, 2010). A relação com os *players* locais continua sendo um dos fatores mais importantes para a expansão da hotelaria no país (Haro, 2012). E, sem um *partner* estratégico, as oportunidades de expansão de qualquer *player* seriam limitadas, no Brasil ou em qualquer parte do mundo. A principal vantagem desse modelo de expansão é o compartilhamento de riscos.

Mudanças de marcas de hotéis existentes

Muitas vezes, as mudanças de marca são uma estratégia paralela à renovação de propriedades e já predominam em mercados consolidados, onde as novas construções são cada vez menos comuns. Para a conversão de uma marca a outra, é normal realizar algumas reformas, principalmente em hotéis de categorias superiores. Em mercados latinos (Ernst & Young, 2012), como o brasileiro, a prioridade atual é de novos desenvolvimentos, apesar de as mudanças de marcas também acontecerem com certa regularidade no país.

Renovação da oferta existente

É uma das oportunidades de investimento no país, relacionada ao reposicionamento de hotéis da própria rede ou de terceiros – neste caso, após efetuada a compra do imóvel. O BNDES, por meio da linha de financiamento ProCopa, estimulava a realização dessa estratégia (HVS, 2009a), pois era uma forma de melhorar a qualidade e a competitividade do setor hoteleiro (Hassanien & Baum, 2002; Proserpio, 2007) no Brasil. Porém, a disposição de financiamento era válida somente para a renovação do ativo, não para sua aquisição. Em comparação com o desenvolvimento de novos hotéis, a renovação de propriedades existentes é uma estratégia de menor prioridade em mercados emergentes (Ernst & Young, 2012).

Estruturação de condo-hotéis

O arrefecimento do mercado imobiliário tem despertado novamente o interesse de desenvolvedores para construir produtos hoteleiros, utilizando-se, entre as possíveis estratégias, a estruturação de condo-hotéis (HotelInvest, 2011). Esse modelo de desenvolvimento voltou a ser utilizado pela hotelaria brasileira e é uma das principais estratégias de expansão do setor, tendência reforçada pelos especialistas entrevistados em profundidade. Principalmente por causa desse modelo de crescimento, o risco de superoferta voltou a preocupar o país – aparentemente, não de forma generalizada, mas em algumas cidades brasileiras importantes (FOHB e HotelInvest, 2012).

Realização de contratos de franquia

Com a tendência, dos últimos anos, de venda dos imóveis hoteleiros pelas redes, muitas empresas passaram a valorizar mais os contratos de franquia como estratégia de expansão. Algumas empresas no Brasil também aderiram a essa tendência, como a Hilton e a Accor (*Valor Econômico*, 2010). No entanto, tal sistema de expansão ainda não é tão comum no país – inclusive para a Accor, que, apesar de ser a maior rede hoteleira do país, tampouco tem facilidade para se expandir com contratos de franquia (Mahajan *et al.*, 1994; Lane & Jacobson, 1995). Ainda há resistência dos *players* locais quanto a esse modelo de negócio para hotéis. Porém, em cidades secundárias e terciárias, já se observa um aumento gradual de contratos dessa modalidade pelo país.

Investimentos com financiamento nacional

No Brasil, a falta de financiamento adequado ao setor hoteleiro não é um problema novo (Brasil, 2005; BNDES, 2011; *Valor Econômico*, 2010; HVS, 2009, 2010b e 2010c; Bezerra, 2002; JLL, 2011a e 2012a). A linha ProCopa Turismo, oferecida pelo BNDES, apesar de ter sido um avanço no setor, ainda não teve as condições ideais, em especial, pelas garantias exigidas. O prazo para solicitação de crédito expirou em junho de 2013, e ainda não se sabe se o BNDES prorrogará a linha de financiamento.

Busca por certificações de qualidade

Nos estudos consultados, não se faz referência a esse item como estratégia de desenvolvimento do setor hoteleiro no Brasil. Porém, as tendências gerais indicam que tal tipo de estratégia será requerido cada vez mais, por pressões políticas, legislativas, econômicas ou sociais. A priorização do BNDES com taxas de juros mais favoráveis a projetos com certificação energética na linha de financiamento ProCopa foi um exemplo de estímulo para um desenvolvimento mais sustentável do setor.

Investimentos com capital próprio

O investimento de capital próprio na construção de hotéis já não é uma prioridade no setor, inclusive no Brasil. Na média, a aplicação de capital próprio em novas propriedades é bastante restrita, geralmente limitada ao FF&E (móveis, decoração e equipamentos) (Spolon, 2006) e só em negócios estratégicos. Tal estratégia é adotada, ainda que de forma limitada, principalmente por redes que objetivam aumentar sua participação de mercado no país. A tendência atual está na adoção de estratégias de expansão *non-equity* (Contractor & Kundu, 1998b).

Fusões com outras empresas hoteleiras

Nos últimos anos, intensificaram-se as negociações para fusões entre empresas hoteleiras com operações no Brasil. Em 2010, as redes Bristol Hotels (de Minas Gerais), a Plaza Inn (de São Paulo) e o Grupo Solare[22] (do Maranhão) uniram-se e formaram a recém-criada Allia Hotels (*Brasil Econômico*, 2012). Mais recentemente (em 2012), a Accor anunciou a compra de quinze hotéis da América do Sul em operação e catorze em desenvolvimento do grupo Posadas (*Gazeta do Povo*, 2012).

Venda de hotéis próprios para autofinanciamento

Internacionalmente, nos anos 1990, as redes hoteleiras intensificaram o processo de renúncia à propriedade para se concentrar na gestão dos ativos hoteleiros e se expandir priorizando alianças estratégicas (Haro, 2012). Atualmente, a posse da propriedade dos imóveis e a gestão hoteleira são entendidas como dois negócios diferentes (Martorell Cunill, 2002; Ramón Rodríguez, 2002; Proserpio, 2007). No Brasil, em decorrência da grande quantidade de condo-hotéis, as vendas de ativos pelas redes foram em menor proporção, em comparação com o mercado internacional. Porém, os *players* locais seguiram a mesma tendência (*Valor Econômico*, 2010). A venda da propriedade, com concentração na gestão hoteleira, é também uma forma de diminuir a exposição ao risco do negócio (Tuzel, 2010).

Realização de contratos de arrendamento

Na história de desenvolvimento da hotelaria brasileira, alguns contratos de arrendamento foram assinados entre proprietários e gestores hoteleiros (Silva, 2007; BNDES, 2001a). Um exemplo é a rede nacional Othon (Pinheiro, 2002). Atualmente, esse tipo de contrato perdeu popularidade (BSH, 2009a), pois implica maior risco para as redes hoteleiras, tanto legal quanto de eventuais prejuízos. No contrato de administração, a rede é uma prestadora de serviço ao dono do imóvel; no contrato de arrendamento, ela é o principal responsável pelo negócio.

Investimentos com financiamento internacional

Em países em desenvolvimento, como o Brasil, a entrada de empresas estrangeiras pode aumentar as possibilidades de financiamento de

---

[22] O Grupo Solare já não pertence à Allia Hotels, mas sim à BHG.

projetos, já que tais *players* têm acesso a outras fontes de recursos no mundo, principalmente no mercado de capitais (Bezerra, 2002). Assim como parte das grandes organizações, as redes hoteleiras norte-americanas e europeias têm, supostamente, acesso a bancos internacionais. Contudo, tais operações são suscetíveis ao risco cambial, motivo pelo qual não são tão comuns como a teoria supõe.

Compra de hotéis independentes e de redes

Em mercados em que a construção de novos projetos ainda não é viável, a compra de propriedades existentes pode ser uma boa oportunidade de expansão (HVS, 2009b; *Valor Econômico*, 2010), especialmente em mercados com boas perspectivas de recuperação de performance (HVS, 2009a) e em capitais como São Paulo e Rio de Janeiro (JLL, 2012a). No entanto, a falta de financiamento para transações é uma forte barreira para sua implementação com mais vigor. Esse tipo de estratégia ainda é comum somente em mercados mais desenvolvidos e estáveis (Ernst & Young, 2012). No Brasil, poucas transações ocorrem anualmente, as quais não representam praticamente nada em comparação com o volume internacional de compra e venda de hotéis (JLL, 2011a). Dois dos exemplos mais emblemáticos dos últimos anos foi a aquisição do JW Marriott Rio de Janeiro pelo Fundo de Investimento Host Hotels & Resorts (JLL, 2011a) e a compra do InterContinental São Paulo pelo Meridia Capital.

IPO da empresa no Brasil

A abertura de capital de redes hoteleiras no Brasil não é uma estratégia comum. O caso mais representativo foi o da Invest Tur (atual Brazil Hospitality Group), que captou quase R$ 1 bilhão em seu IPO (HIA, 2007). A BHG é a única empresa hoteleira do país listada no mercado da bolsa de valores nacional, a BMF & BOVESPA (BHG, 2012).

Perspectivas gerais

> Apesar das barreiras, dos riscos e *gaps* de competitividade do mercado hoteleiro do Brasil, os especialistas são otimistas quanto às perspectivas do setor e acreditam que os investimentos em hotéis no país serão cada vez maiores até 2020.

Pediu-se aos entrevistados que mencionassem o quanto estavam de acordo com algumas afirmações a respeito das perspectivas de evolução da hotelaria brasileira até 2020. O gráfico a seguir representa os principais resultados.

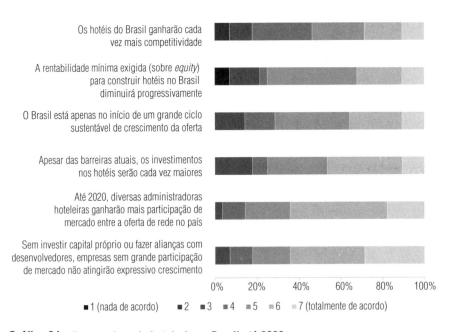

Gráfico 31 • Perspectivas da hotelaria no Brasil até 2020

Em geral, a avaliação majoritária dos itens indicados é *positiva*, com uma pontuação média de 5,17, o que significa um elevado nível de concordância com as frases indicadas. A média próxima a 5 é aplicável praticamente a todos os itens. Aquele com menor pontuação (4,68) refere-se ao ganho de competitividade do setor em médio prazo, elemento que gerou mais dúvidas entre os especialistas consultados. No outro extremo, o maior grau de concordância referiu-se à necessidade de investir dinheiro próprio ou de fazer parcerias com desenvolvedores para que empresas com menor participação de mercado cresçam no setor hoteleiro do Brasil. Muitos (mais de 85%) também afirmaram que, até 2020, outras administradoras hoteleiras ganharão maior participação de mercado entre a oferta de redes no país. Não há diferenças significativas entre as respostas de cada um dos quatro grupos entrevistados.

Os resultados apontam para perspectivas positivas da hotelaria brasileira. O crescimento da oferta dinamizará mais o mercado, com produtos mais modernos e competitivos. Apesar do risco de superoferta em cidades pontuais, acredita-se que, até 2020, o Brasil terá um parque hoteleiro maior e mais profissional.

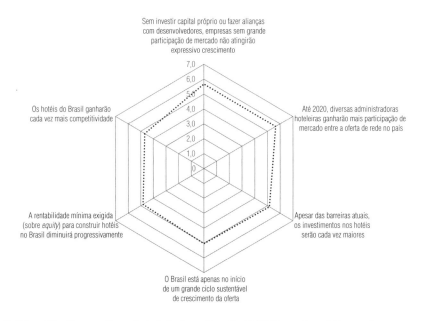

Gráfico 32 • Perspectivas da hotelaria no Brasil até 2020 – nota média geral

Existe uma clara oportunidade para investimentos em hotéis no território nacional, e *players* nacionais e internacionais estão ávidos por aumentar sua participação de mercado no país. Apesar das barreiras e dos riscos inerentes ao setor, o Brasil tem evoluído ao longo de sua história, e a tendência é de que esse processo continue. Evidentemente, os investimentos no país podem ser mais ou menos intensos, dependendo dos estímulos que se criem e da melhoria das deficiências atualmente existentes.

REVISÃO BIBLIOGRÁFICA E ANÁLISE COMPLEMENTAR

Sem investir capital próprio ou fazer alianças com desenvolvedores, empresas sem grande participação de mercado não atingirão expressivo crescimento

O histórico da evolução hoteleira no Brasil revela que a realização de parcerias com *players* locais (Silva, 2007; Ernst & Young, 2011; Pinheiro, 2002) ou de investimentos próprios foram essenciais para o crescimento do setor no país. Graças às barreiras para liberação de financiamento, não há razões para acreditar que, em curto ou médio prazo, pelo menos uma dessas duas estratégias não continue sendo fundamental para o desenvolvimento da hotelaria em âmbito nacional – em especial, para *players* com menor participação de mercado.

Até 2020, diversas administradoras hoteleiras ganharão maior participação de mercado entre a oferta de rede no país

"[...] as redes regionais estão ganhando espaço recentemente e espera-se que elas consigam ampliar ainda mais sua participação [de mercado] nos próximos anos" (*Valor Econômico*, 2010). Entre as principais redes hoteleiras do país, a concentração da oferta tem diminuído nos últimos anos (HIA, 2004, 2005, 2006 e 2007; JLL, 2008, 2009, 2010, 2011b, 2012b e 2013), embora em ritmo lento. Apesar da possível desconcentração de mercado, os especialistas entrevistados em profundidade afirmaram que a maior parte das novas e melhores oportunidades do setor está sendo ocupada pelas empresas líderes. Com relação à hotelaria independente, a tendência é de perda progressiva de participação de mercado (Miguel, 2001), especialmente em destinos mais desenvolvidos. Do tradicional cenário dominado por empreendimentos independentes e pequenos, vive-se na atualidade o crescente predomínio das grandes multinacionais e das múltiplas marcas globais (Bailey & Ball, 2006; Cai & Hobson, 2004). As vantagens da hotelaria de marca são inumeráveis (Dev *et al.*, 2009; Tollington, 2002; Keller & Lehmann, 2003; Johnson & Vanetti, 2005), e modelos de expansão com produtos econômicos para cidades pequenas e médias já estão sendo pensados e aplicados na hotelaria brasileira.

Apesar das barreiras atuais, os investimentos em hotéis no Brasil serão cada vez maiores

As expectativas quanto ao desenvolvimento do setor hoteleiro brasileiro são positivas, e a tendência é de crescimento da oferta no país (Ernst & Young, 2012; JLL, 2009, 2010, 2011a e 2011b; HotelInvest, 2011 e 2012a; BSH, 2011; BNDES, 2011). Entre os mercados globais, Brasil e outros emergentes já são parte dos planos de expansão de redes internacionais (Ernst & Young, 2011). É evidente que há diversos elementos que freiam o desenvolvimento do setor, porém é certo que os investimentos em hotéis continuarão crescendo no Brasil. A dúvida é se esse processo será contínuo ou se, após uma avalanche de projetos, o setor viverá outro longo período sem novos negócios. Tudo indica que o país não sofrerá de uma superoferta generalizada, como a do final dos anos 1990 e início dos anos 2000. No entanto, esse risco existe em algumas cidades, e, se não houver responsabilidade, outros mercados do país podem padecer do mesmo problema.

O Brasil está apenas no início de um longo ciclo sustentável de crescimento da oferta

Segundo a consultoria HotelInvest (2011), o Brasil vive um momento de expansão na hotelaria nacional. A preocupação de superoferta generalizada é menor, mas existe, e as perspectivas macroeconômicas do país em longo prazo gerarão mais oportunidades. O ambiente é propício para novos projetos e, com responsabilidade, a evolução do setor nos próximos anos será mais ordenada.

A rentabilidade mínima exigida (sobre *equity*) para construir hotéis no Brasil diminuirá progressivamente

A taxa básica de juros no Brasil (Selic) diminuiu e chegou ao nível mais baixo de sua história, 7,25% anuais nominais, no final de 2012. Apesar de continuar entre as taxas reais mais altas do mundo, e da retomada de crescimento dos juros a partir de 2013, os avanços atuais são irrefutáveis, e a tendência em longo prazo é de diminuição dos juros reais, caso se concretizem as perspectivas de melhoria do ambiente macroeconômico brasileiro. É importante lembrar que, em 2003, a Selic ultrapassou os 23%. Ademais, o histórico recente indica uma melhora da percepção de risco e um aumento da concessão de crédito no setor (HotelInvest, 2011). Caso essas tendências perdurem, tais fatores, juntos, implicarão uma diminuição das exigências de rentabilidade (sobre *equity*) nos negócios hoteleiros no Brasil.

Os hotéis do Brasil ganharão cada vez mais competitividade

O Brasil ainda está em um período de transformação e desenvolvimento de maior competitividade. Aos poucos, o setor ganha mais profissionalismo (Carvalho, 2011; Ecole Hôtelière de Lausanne, 2011), e é crescente a participação das redes hoteleiras, nacionais e internacionais, na oferta do país, apesar de o número de empreendimentos independentes ainda ser predominante (JLL, 2008, 2009, 2010, 2011b, 2012b e 2013). As condições de competitividade da nação melhorarão, mas há um longo caminho pela frente (Brasil, 2010b). São muitos os problemas estruturais locais, como já foi comentado.

Análise SWOT, fatores-chave e diretrizes estratégicas

Para estimular o desenvolvimento hoteleiro do Brasil, definiram-se seis fatores-chave e 31 diretrizes estratégicas. Como *startup*, sugere--se criar uma atrativa linha de financiamento permanente para o setor, destinada a construção, renovação e transações de hotéis. Esse é o principal problema do mercado hoteleiro nacional.

Uma maneira didática, simples e objetiva de demonstrar os principais resultados do estudo é utilizando uma matriz SWOT. Essa é uma técnica comumente adotada tanto pela academia como por consultorias de estratégia e análise de investimento. Na análise, figuram quatro quadrantes:

- *Pontos fortes*: pontos positivos relacionados ao *setor* (ambiente interno).
- *Pontos fracos*: pontos negativos relacionados ao *setor* (ambiente interno).
- *Oportunidades*: pontos positivos relacionados ao *entorno* (ambiente externo).
- *Ameaças*: pontos negativos relacionados ao *entorno* (ambiente externo).

No final, existem fatores negativos (pontos fracos e ameaças) e positivos (oportunidades e pontos fortes), que dificultam ou estimulam a realização de negócios. Sob a perspectiva do pensamento estratégico, analisar os principais elementos de cada quadrante é fundamental, já que permite identificar os *fatores-chave* a serem resolvidos para explorar as oportunidades e minimizar as ameaças e os pontos fracos do setor, apoiando-se nos seus pontos fortes. Uma vez identificados os fatores-chave, diretrizes estratégicas podem ser criadas para atingir os objetivos pretendidos.

A seguir, será apresentada a análise SWOT com os principais elementos que estimulam ou dificultam a realização de negócios hoteleiros no Brasil. Não se pretende elaborar uma lista exaustiva de todos os elementos avaliados no estudo, mas sim analisar os fatores realmente importantes para o desenvolvimento da hotelaria no país, com base nas pesquisas e entrevistas em profundidade com os especialistas e na revisão bibliográfica e documental. Após analisar os quatro quadrantes da matriz, serão apresentados os fatores-chave e as respectivas diretrizes estratégicas indicadas para estimular mais investimentos hoteleiros no Brasil, de forma ordenada, em benefício da sociedade e em linha com o potencial de desenvolvimento do mercado.

Tabela 20 • Análise SWOT do setor hoteleiro no Brasil

	Fatores favoráveis a mais investimentos hoteleiros no Brasil	Fatores desfavoráveis a mais investimentos hoteleiros no Brasil
Âmbito interno (relacionado ao setor hoteleiro brasileiro)	**Pontos fortes** • Performance hoteleira crescente e existência de demanda latente • Grande demanda doméstica de negócios e eventos • Possibilidade de estruturação de condo-hotéis • Interesse de *players* nacionais e internacionais em investir no setor • Predomínio de hotéis obsoletos no país	**Pontos fracos** • Falta de linhas de financiamento adequadas • Risco de superoferta pontual no país • Utilização indiscriminada do modelo de condo-hotéis • Nível de preços (ADR) moderado em muitos mercados • Escassa demanda internacional • Escassez de informação de mercado
Âmbito externo (relacionado ao macroentorno)	**Oportunidades** • Perspectivas de crescimento econômico em longo prazo e por todo o país • Diminuição da rentabilidade de investimentos em prédios residenciais e comerciais • Redução da taxa de juros (Selic) em longo prazo • Parte da hotelaria mundial em crise • Atratividade dos fundos de investimento imobiliário • Regulamentação dos lançamentos de condo-hotéis pela CVM (longo prazo)	**Ameaças** • Altos custos do terreno e de construção • Carga tributária excessiva • Legislação e burocracia nacional • Fraca competitividade turística do país • Arrefecimento da economia nacional e possível perda do título de país *investment grade* • Persistência das pressões inflacionárias • Regulamentação dos lançamentos de condo-hotéis pela CVM (curto prazo)

A realização da análise proposta levará em conta a perspectiva de investidores potenciais do setor. Essa é a forma mais pragmática para avaliar o que contribui ou limita a realização de negócios hoteleiros no país. A metodologia de análise adotada está baseada em Kaplan e Norton (2008).

Ao longo do relatório, foram analisados em profundidade todos os itens indicados na tabela anterior. Porém, serão adicionados, a seguir, mais alguns comentários, com a finalidade de esclarecer possíveis dúvidas quanto a uma parte do conteúdo de cada quadrante da análise SWOT.

- *Pontos fortes*: *Interesse de* players *nacionais e internacionais em investir no setor* refere-se a possíveis investimentos de desenvolvedores, fundos de investimento, redes hoteleiras, entre outras organizações, com destaque para aquelas já presentes no Brasil. O item *performance hoteleira crescente e existência de demanda latente* é reflexo da recuperação de mercado pela qual diversos destinos brasileiros passaram nos últimos anos.

- *Pontos fracos*: sobre a utilização de condo-hotéis como alternativa de estruturação de novos negócios, apesar de ter sido categorizada como um ponto favorável ao desenvolvimento do setor – pois foi uma forma encontrada para suprir a falta de financiamento para a construção de hotéis –, também há um lado negativo. A viabilização dessa estratégia de *funding* depende mais da crença do incorporador no sucesso de vendas imobiliárias do empreendimento e menos da viabilidade econômica do projeto sob o ponto de vista da operação hoteleira. Em tese, tanto a rentabilidade imobiliária como a hoteleira deveriam andar juntas, pois o comprador de condo-hotel espera um rendimento mínimo de seu investimento. Porém, na prática, muitos incorporadores não fazem estudos de viabilidade, e alguns prometem uma distribuição de lucro acima das reais perspectivas de mercado. Apesar de essa prática não ser comum a todos os desenvolvedores, aqueles pouco profissionais são suficientes para, muitas vezes, causar uma superoferta em diversos destinos. Tal constatação, por sua vez, afugenta outros investidores mais qualificados que pretendiam investir capital próprio na construção de novos hotéis.

- *Oportunidades*: em *perspectivas de crescimento econômico em longo prazo e por todo o país*, remete-se a oportunidades de investimento em diferentes regiões e perfis de cidades. A respeito da *atratividade dos fundos de investimento imobiliário*, é possível criar mais opções de fundos destinados a hotéis no país, a transações ou, possivelmente em um segundo momento, a construções de propriedades novas. Sobre *parte da hotelaria mundial em crise*, as condições desfavoráveis dos mercados internacionais ajudam destinos com boas perspectivas a ganhar mais destaque do que em condições normais de mercado. Já com a possível *regulamentação dos lançamentos de condo-hotéis pela CVM*, novas estratégias de expansão e novos perfis de investidores podem ganhar mais notoriedade no setor hoteleiro brasileiro, como já acontece em mercados maduros, como o norte-americano. Para tanto, outras alternativas de *funding* deverão ser viabilizadas.

- *Ameaças*: a *fraca competitividade turística do país* refere-se aos diversos itens mal avaliados no Gráfico 12, como custo das passagens aéreas, infraestrutura turística precária, pouca disponibilidade de mão de obra qualificada, etc., que podem limitar o desenvolvimento do setor. Entre todas as ameaças, uma das mais importantes é o recente arrefecimento econômico brasileiro. Desde 2012, as taxas de crescimento do PIB nacional diminuíram bastante, e há dúvidas sobre se o país conseguirá dinamizar novamente a economia em médio prazo. Adicionalmente, a inflação voltou a incomodar, e, consequentemente, a diminuir a margem de lucro dos negócios. Esses fatores têm posto em risco o título de *investment grade* atribuído ao país pelas principais agências de *rating* internacionais. Apesar do cenário desfavorável em curto prazo, as perspectivas em longo prazo são positivas, e acredita-se que o Brasil continuará crescendo e dinamizando mais sua economia, o que resultará em inúmeras oportunidades de negócios. Por fim, e não menos importante, a possível *regulamentação dos lançamentos de condo-hotéis pela CVM* pode travar a estruturação de hotéis no Brasil durante alguns anos. O modelo de expansão hoteleira no país está voltado essencialmente ao desenvolvimento de condo-hotéis. Com a ingerência da CVM, o processo de viabilização de novos negócios pode ser mais longo e oneroso.

A seguir, serão resumidos os fatores-chave a resolver para explorar as oportunidades e minimizar as ameaças e fraquezas do setor, apoiando-se nas fortalezas da hotelaria no Brasil. Para cada fator-chave destacado, sugerem-se diretrizes estratégicas para estimular o desenvolvimento sustentável de hotéis no país, em linha com o potencial de crescimento do setor.

No total, definiram-se seis fatores-chave:

- Como viabilizar alternativas de *funding* adequadas às necessidades do setor?
- Como induzir um desenvolvimento ordenado da hotelaria brasileira em linha com sua capacidade de absorção de novos projetos?
- Como aumentar a atratividade e a competitividade do turismo brasileiro para estimular mais investimentos hoteleiros no Brasil?
- Como aproveitar a realização de megaeventos a favor do desenvolvimento sustentável da hotelaria brasileira?

- Como assegurar competitividade à oferta hoteleira brasileira atual e futura?

- Como promover um desenvolvimento desconcentrado (em tipos de produtos, regiões e cidades) da hotelaria brasileira?

Na tabela a seguir, comentam-se mais detalhadamente as *principais* (não todas) oportunidades e barreiras (pontos fracos e ameaças) relacionadas a cada fator-chave, assim como as diretrizes estratégicas sugeridas para promover o desenvolvimento hoteleiro no Brasil. Não são incluídos os pontos fortes do setor no esquema apresentado porque se supõe que todos sirvam de base para a definição das estratégias.

Tabela 21 • Fatores-chave e diretrizes estratégicas para estimular o desenvolvimento sustentável de hotéis no Brasil

Fator-chave 1

Como viabilizar alternativas de *funding* adequadas às necessidades do setor?

Principais oportunidades e barreiras	Diretrizes estratégicas
Oportunidades para aproveitar • Diminuição da rentabilidade de investimentos em prédios residenciais e comerciais. • Redução da taxa de juros em longo prazo (Selic). • Atratividade dos fundos imobiliários. • Crescimento econômico do país em longo prazo. **Barreiras a superar** • Falta de linhas de financiamento adequadas. • *Regulamentação dos lançamentos de condo-hotéis pela CVM* (curto prazo).	• Flexibilizar as exigências de garantia nas linhas de financiamento do BNDES. • Criar uma linha de financiamento permanente para o setor, inspirada no modelo norte-americano, destinada a construção, renovação e transações hoteleiras. • Fazer parceria com desenvolvedores e fundos de investimento nacionais e internacionais. • Estruturar fundos imobiliários hoteleiros para transações e novas construções hoteleiras. • Usar, com responsabilidade, o modelo de condo-hotéis como estratégia de *funding*. • Procurar alternativas de *funding* no mercado de capitais.

Fator-chave 2

Como induzir um desenvolvimento ordenado da hotelaria brasileira em linha com sua capacidade de absorção de novos projetos?

Principais oportunidades e barreiras	Diretrizes estratégicas
Oportunidades a aproveitar - Perspectivas de crescimento econômico em longo prazo e por todo o país. - Parte da hotelaria mundial em crise. - *Regulamentação dos lançamentos de condo-hotéis pela CVM* (longo prazo). **Barreiras a superar** - Risco de superoferta pontual no país. - Utilização indiscriminada do modelo de condo-hotéis. - Escassez de informação de mercado. - Legislação e burocracia nacional.	- Criar um sistema público-privado de inteligência de mercado no Brasil, envolvendo as universidades, com dados e estudos estratégicos sobre turismo e hotelaria. - Estabelecer formas legais ou por concessão de estímulos para que empresas privadas forneçam dados de desempenho hoteleiro ao governo para seu contínuo acompanhamento e elaboração de políticas públicas. - Regulamentar os investimentos em condo-hotéis. A aprovação de condo-hotéis deveria requerer estudos de viabilidade de empresas independentes. - Realizar estudos sérios para analisar a viabilidade real de novos projetos hoteleiros.

Fator-chave 3

Como aumentar a atratividade e a competitividade do turismo brasileiro para estimular mais investimentos hoteleiros no Brasil?

Principais oportunidades e barreiras	Diretrizes estratégicas
Oportunidades a aproveitar - Perspectivas de crescimento econômico em longo prazo e por todo o país. **Barreiras a superar** - Carga tributária excessiva. - Legislação e burocracia nacional. - Fraca competitividade turística do país.	- Estudar estratégias para ampliar, melhorar e baratear o transporte aéreo, ferroviário e rodoviário no Brasil. - Simplificar a legislação para abertura de novos negócios, inclusive a burocracia para a realização de parcerias com empresas estrangeiras. - Melhorar a política fiscal e tributária do setor (de pequenas a grandes organizações). - Avaliar a qualidade da formação superior e técnica em turismo e hotelaria. - Melhorar os planos promocionais de destinos turísticos e dar maior ênfase ao mercado doméstico. - Criar estratégias para aumentar a sensação de segurança nos destinos brasileiros.

Fator-chave 4

Como aproveitar a realização de megaeventos a favor do desenvolvimento sustentável da hotelaria brasileira?

Principais oportunidades e barreiras	Diretrizes estratégicas
Oportunidades a aproveitar ■ Perspectivas de crescimento econômico em longo prazo e por todo o país. **Barreiras a superar** ■ Risco de superoferta pontual no país. ■ Fraca competitividade turística do país. ■ Agravamento da crise internacional.	■ Estudar novos projetos hoteleiros com base nas perspectivas de desenvolvimento em longo prazo do destino, e não somente na demanda gerada pelo evento. ■ Estabelecer um limite para o número de projetos que possam receber incentivos públicos em cada destino, com base em estudos técnicos que estimem a capacidade de absorção de novos hotéis no mercado. ■ Além de criar estímulos a novos hotéis, estudar os *gaps* de competitividade da oferta atual e saná-los.

Fator-chave 5

Como assegurar competitividade à oferta hoteleira brasileira atual e futura?

Principais oportunidades e barreiras	Diretrizes estratégicas
Oportunidades a aproveitar ■ Perspectivas de crescimento econômico em longo prazo e por todo o país. **Barreiras a superar** ■ Falta de linhas de financiamento adequadas. ■ Carga tributária excessiva. ■ Fraca competitividade turística do país. ■ Nível de preços (ADR) moderado.	■ Criar estímulos públicos para projetos sustentáveis. ■ Investir em pesquisa e desenvolvimento para inovar e renovar a oferta. ■ Estabelecer processos de qualidade e de aumento de eficiência operacional nos hotéis. ■ Implantar sistemas práticos de gestão do conhecimento nas empresas hoteleiras. ■ Incentivar investimentos em TICs, especialmente em hotéis independentes. ■ Melhorar as políticas de gestão e formação de pessoal. ■ Adotar práticas de *revenue management* e de gestão baseada em resultados.

Fator-chave 6

Como promover um desenvolvimento desconcentrado (em tipos de produtos, regiões e cidades) da hotelaria brasileira?

Principais oportunidades e barreiras	Diretrizes estratégicas
Oportunidades a aproveitar • Perspectivas de crescimento econômico em longo prazo e por todo o país. • Parte da hotelaria mundial em crise. **Barreiras a superar** • Falta de linhas de financiamento adequadas. • Nível de preços (ADR) moderado. • Escassa demanda internacional. • Alto custo do terreno e de construção	• Aproveitar a visibilidade internacional brasileira e o momento ruim por parte da hotelaria internacional para estudar formas de viabilizar hotéis de grandes marcas no país. • Estudar a viabilidade de projetos *upscale* e de luxo nas principais cidades brasileiras. • Estudar a implantação de hotéis supereconômicos, econômicos e *midscale* em cidades brasileiras com boas perspectivas de crescimento econômico e que carecem de boas marcas, em pequenas e grandes cidades. • Aumentar o pontencial construtivo dos terrenos para diluir o seu alto custo entre uma maior área construída. • Criar uma forte campanha público-privada de incentivo e valorização do turismo doméstico de lazer para as classes média e alta em cidades com potencial turístico, incluindo os centros urbanos.

Seria natural que uma mesma diretriz estratégica pudesse valer como referência para diferentes fatores-chave. No entanto, optou-se por não as repetir para assim facilitar a compreensão e a análise das estratégias propostas.

Além de definir diretrizes estratégicas, também é importante que elas sejam priorizadas e que os responsáveis sejam estabelecidos. Normalmente, também seriam indicadas atividades-chave e indicadores de acompanhamento. No entanto, para o objetivo do livro, serão mencionadas somente a priorização das linhas de ação estabelecidas na tabela anterior e a sugestão dos grandes públicos envolvidos.

É importante salientar que todas as diretrizes estratégicas definidas são importantes para o desenvolvimento sustentável do setor hoteleiro no Brasil e que a priorização sugerida está baseada nos esforços necessários para realizá-las, no tempo de execução e no impacto dos resultados esperados.

Cada diretriz estratégica deve ser transformada em um plano de ação detalhado, com adaptações segundo as características das empresas e dos destinos aos quais seria aplicado. O governo e as empresas têm papéis importantes para sua efetiva implementação. Como *startup*, é sugerida a cada grupo a seguinte estratégia:

- *Governo*: criar uma linha de financiamento atrativa permanente para o setor, destinada a construção, renovação e transações hoteleiras. A criação da linha ProCopa, do BNDES, já foi um avanço. A prorrogação e o aprimoramento de fontes de crédito podem ser uma excelente oportunidade para estimular novos negócios hoteleiros no país.
- *Empresas*: usar, com responsabilidade, o modelo de condo--hotéis como estratégia de *funding* e buscar, gradativamente, outras alternativas de expansão no país.

Também os centros de estudos, de nível superior ou técnico, têm função fundamental no processo de desenvolvimento hoteleiro no Brasil. Eles serão os principais responsáveis por qualificar os profissionais do setor e continuar realizando pesquisas que assistam o crescimento ordenado e em benefício da sociedade no país.

Tabela 22 • Priorização e grupos responsáveis pelas diretrizes estratégicas para o desenvolvimento da hotelaria brasileira

	Diretrizes estratégicas	Grupos responsáveis
Prioridade 1	• Flexibilizar as exigências de garantia nas linhas de financiamento do BNDES (fator-chave 1).	Governo
	• Criar uma linha de financiamento permanente para o setor, inspirada no modelo norte-americano, destinada a construção, renovação e transações hoteleiras (fator-chave 1).	Governo
	• Realizar estudos sérios para analisar a viabilidade real de novos projetos hoteleiros (fator-chave 2).	Empresas
	• Fazer parcerias com desenvolvedores e fundos de investimento nacionais e internacionais (fator-chave 1).	Empresas
	• Usar, com responsabilidade, o modelo de condo-hotéis como estratégia de *funding* (fator-chave 1).	Empresas
	• Estudar novos projetos hoteleiros com base nas perspectivas de desenvolvimento em longo prazo do destino, e não somente na demanda gerada pelo evento (Copa do Mundo e Olimpíadas) (fator-chave 4).	Empresas
	• Estabelecer um limite ao número de projetos que possam receber incentivos públicos em cada destino, com base em estudos técnicos que estimem a capacidade de absorção de novos hotéis no mercado (fator-chave 4).	Governo
	• Estabelecer processos de qualidade e de aumento de eficiência operacional nos hotéis (fator-chave 5).	Empresas
	• Implantar sistemas práticos de gestão do conhecimento nas empresas hoteleiras (fator-chave 5).	Empresas
	• Adotar práticas de *revenue management* e de gestão baseada em resultados (fator-chave 5).	Empresas
	• Aproveitar a visibilidade internacional brasileira e o momento ruim por parte da hotelaria internacional para estudar formas de viabilizar hotéis de importantes marcas no país (fator-chave 6).	Empresas
	• Estudar a implantação de hotéis supereconômicos, econômicos e *midscale* em cidades brasileiras com boas perspectivas de crescimento econômico e que carecem de boas marcas, nas pequenas e nas grandes cidades (fator-chave 6).	Empresas

(continua)

	Diretrizes estratégicas	Grupos responsáveis
Prioridade 2	• Aumentar o potencial construtivo dos terrenos para diluir sem custo entre uma maior área construtiva (fator-chave 6).	Governo
	• Criar um sistema público-privado de inteligência de mercado no Brasil, envolvendo as universidades, com dados e estudos estratégicos sobre turismo e hotelaria (fator--chave 2).	Governo/ empresas/ universidades
	• Estruturar fundos imobiliários hoteleiros para transações e novas construções hoteleiras (fator-chave 1).	Empresas
	• Buscar alternativas de *funding* no mercado de capitais (fator-chave 1).	Empresas
	• Estabelecer formas legais ou por concessão de estímulos para que empresas privadas forneçam dados de desempenho hoteleiro ao governo para seu contínuo acompanhamento e elaboração de políticas públicas (fator-chave 2).	Governo
	• Melhorar a política fiscal e tributária do setor (de pequenas a grandes organizações) (fator-chave 3).	Governo
	• Criar estímulos públicos para projetos sustentáveis (fator-chave 5).	Governo
	• Incentivar investimentos em TICs, especialmente em hotéis independentes (fator-chave 5).	Governo
	• Melhorar as políticas de gestão e formação de pessoal (fator-chave 5).	Governo/ empresas/ universidades
	• Criar uma forte campanha público-privada de incentivo e valorização do turismo doméstico de lazer, para as classes média e alta em cidades com potencial turístico, incluindo os centros urbanos (fator-chave 6).	Governo/ empresas
	• Regulamentar os investimentos em condo-hotéis. A aprovação de condo-hotéis deveria requerer estudos de viabilidade de empresas independentes (fator-chave 6).	Governo

	Diretrizes estratégicas	Grupos responsáveis
Prioridade 3	• Simplificar a legislação para abertura de novos negócios, inclusive a burocracia para a réalização de parcerias com empresas estrangeiras (fator-chave 3).	Governo
	• Avaliar a qualidade da formação superior e técnica em turismo e hotelaria (fator-chave 3).	Governo/ universidades
	• Melhorar os planos promocionais de destinos turísticos e dar maior ênfase ao mercado doméstico (fator-chave 3).	Governo/ empresas
	• Criar estratégias para aumentar a sensação de segurança nos destinos brasileiros (fator-chave 3).	Governo/ empresas
	• Além de criar estímulos a novos hotéis, estudar os *gaps* de competitividade da oferta atual e saná-los (fator-chave 4).	Governo/ empresas
	• Investir em pesquisa e desenvolvimento para inovar e renovar a oferta (fator-chave 5).	Empresas/ universidade
	• Estudar a viabilidade de projetos *upscale* e de luxo nas principais cidades brasileiras (fator-chave 6).	Empresas
	• Estudar estratégias para ampliar, melhorar e baratear o transporte aéreo, ferroviário e rodoviário do Brasil (fator-chave 3).	Governo/ empresas

Considerações finais

Este capítulo será apresentado em três grandes grupos:

- Resumo dos principais resultados;
- CVM e a regulamentação dos condo-hotéis;
- Conclusões.

Resumo dos principais resultados

Neste item, destacam-se os principais resultados das pesquisas e entrevistas em profundidade com os especialistas do setor hoteleiro brasileiro. Os resultados serão mencionados por tópicos para facilitar sua interpretação.

Panorama da hotelaria brasileira

Apesar da evolução do turismo brasileiro na última década, persistem problemas estruturais que afetam negativamente o setor de meios de hospedagem quanto às suas necessidades de investimento. Há fortes indícios da existência de *gaps* de competitividade turística e hoteleira no país.

Principais pontos fracos do ambiente turístico e hoteleiro

Carga tributária, custos do terreno, legislação e burocracia, infraestrutura turística, custo das passagens aéreas, linhas de financiamento disponíveis, custo de construção, volume de demanda internacional e promoção turística.

Principais pontos fortes do ambiente turístico e hoteleiro

Desempenho do mercado hoteleiro, estabilidade política/econômica histórica e volume de demanda nacional.

Principais pontos fracos das redes hoteleiras presentes no país

Sustentabilidade ambiental, volume de investimento em inovação/renovação e certificação de qualidade.

Principais pontos fortes das redes hoteleiras presentes no país

Diária média compatível com a rentabilidade esperada e boa taxa de ocupação. No entanto, os índices de aprovação são moderados, principalmente com relação aos preços – um indício de que, em alguns destinos, a viabilidade de novos projetos deve ser estudada cuidadosamente.

Barreiras e riscos de investimento

O maior risco do setor hoteleiro no Brasil é o de uma superoferta em algumas cidades em decorrência da construção de condo-hotéis. Quanto às barreiras, os especialistas são categóricos: a falta de financiamento adequado é o principal limitador de investimentos hoteleiros contínuos no país.

Cinco principais barreiras para o desenvolvimento hoteleiro no Brasil

1) Escassez de linhas de financiamento adequadas.

2) Custos dos terrenos.
3) Carga tributária.
4) Legislação e burocracia nacional.
5) Custos de construção.

Outras barreiras de menor intensidade

Rentabilidade de outros investimentos imobiliários e carência de *partners* locais confiáveis.

Rentabilidade de outros investimentos imobiliários

Apesar de ainda ser uma barreira, a rentabilidade esperada para o negócio imobiliário de edifícios residenciais e comerciais está diminuindo, um dos motivos pelo quais está crescendo novamente o apetite dos desenvolvedores por hotéis em nível nacional.

Carência de partners locais confiáveis

Um especialista comentou que esse não é o principal problema do setor hoteleiro no Brasil, mas sim o perfil de busca por rentabilidade imediata das empresas, razão que também beneficiou a preferência dos desenvolvedores por investimentos imobiliários em residências, saletas e lajes corporativas nos últimos anos.

Falta de conhecimento sobre o mercado nacional

Outro especialista comentou que a falta de conhecimento sobre o mercado brasileiro e sobre a forma de fazer negócios no país dificulta bastante a realização de parcerias entre *players* nacionais e estrangeiros.

Principal risco: superoferta pontual

Somente um item foi indicado como de alto risco para a hotelaria brasileira – uma superoferta pontual no país. Esse risco está associado principalmente a algumas das doze cidades da Copa do Mundo de 2014. O cenário ainda é bastante diferente do vivido na crise de condo-hotéis do início dos anos 2000. No entanto, o risco de evolução para uma superoferta generalizada, apesar de menor, não é totalmente descartado. Incorporadores, investidores, redes hoteleiras e consultorias precisam estudar novas oportunidades de negócios com responsabilidade para não desencadear uma nova crise em médio prazo.

Ações de educação do mercado

Algumas publicações, como o *Manual de melhores práticas do Secovi* e o *Placar da hotelaria brasileira*, do FOHB e da HotelInvest, entre outros estudos de consultorias, são boas iniciativas que ajudam a educar o mercado e a diminuir a percepção de risco no setor.

Linhas de financiamento

Em razão da falta de financiamento em condições favoráveis para o setor hoteleiro no Brasil, a alternativa de expansão encontrada no país foi o condo-hotel, que, por sua vez, resultou em uma superoferta em diversos mercados nacionais.

Itens menos bem-avaliados

Garantias exigidas e incentivos para a compra de hotéis foram os dois itens menos bem-avaliados quanto às condições de financiamento hoteleiro no Brasil.

Os mais prejudicados

A escassez de financiamento adequado limita as oportunidades de obtenção de crédito, principalmente para empresas de pequeno e médio portes.

Garantias e burocracia, os grandes vilões

"Os prazos e as taxas de juros não são os ideais, mas são viáveis quando utilizados para projetos de bons mercados. O que inviabiliza a obtenção de crédito, muitas vezes, são a burocracia do processo e as garantias exigidas", afirmou um especialista. Da análise do pedido até a concessão do crédito, o processo costuma demorar seis meses.

Não existem incentivos para as transações

A respeito de financiamento para transações hoteleiras, mencionou outro especialista: "Não existe uma política de incentivo para a aquisição de empreendimentos já edificados. As linhas atuais são de bancos de mercado (comerciais), com taxas proibitivas".

Alternativa de *funding* hoteleiro

Por causa das dificuldades de financiamento no Brasil, a alternativa de condo-hotéis e de parcerias com *players* locais torna-se a mais atrativa como modelo de expansão hoteleira. O país encontra-se em um novo ciclo de desenvolvimento de condo-hotéis.

Expectativa de rentabilidade anual
(em TIR real, sem alavancagem financeira)[1]

As expectativas de rentabilidade no setor diferem bastante, dependendo do perfil do investidor. Os compradores individuais de condo--hotéis são aqueles que possuem menor exigência de retorno sobre o capital investido.

---

[1] Os valores indicados devem ser entendidos apenas como uma referência, pois a amostra do estudo é restrita para uma análise quantitativa consistente.

TIR média mínima esperada

Em média geral, os investidores de hotéis no Brasil têm uma expectativa de rentabilidade mínima de 13,8% para compra de ativos e de 16,3% para novos hotéis.

Os que menos exigem rentabilidade

No caso de compradores de condo-hotéis, a exigência mínima de rentabilidade é próxima a 7%.[2] Contudo, para garantir esse nível de rentabilidade para o investidor final, o desenvolvedor imobiliário exige projetos com retorno mínimo em torno de 20%.

Fundos de pensão nacionais

Em comparação com os demais investidores, os fundos de pensão nacionais são as organizações que provavelmente têm menor exigência de rentabilidade, com exceção dos compradores de condo-hotéis. Em média, a rentabilidade mínima é de 11% para a construção de hotéis.

Redes hoteleiras

Supostamente, para investir capital próprio na construção de propriedades, as redes hoteleiras exigem como média uma TIR mínima real de 16%. Na prática, são pouquíssimos os projetos com investimento direto nas redes. As estratégias de expansão *non-equity* predominam no país.

Fundos imobiliários

Ainda não são usados como um modelo de financiamento de novos empreendimentos no Brasil. Para transações imobiliárias, em média, a rentabilidade exigida nos projetos é de 12%.

---

[2] Os compradores de condo-hotel geralmente se atêm ao Return on Investment (ROI) do negócio. As expectativas de retorno, em geral, são a partir de 0,5% ao mês, além da possível valorização do ativo.

Fundos de investimento internacionais

Estão entre os que possuem uma das maiores exigências de retorno financeiro. Em média, podem chegar a 20% para a estruturação de novos negócios.

Redes Top 3

Supostamente, as redes Top 3 estão envolvidas nos projetos mais rentáveis do setor. Suas vantagens competitivas no país contribuem para a retenção das oportunidades *premium*.

Oportunidades (até 2020)

Há fortes indícios de que o Brasil apresenta diversas oportunidades de investimento em hotelaria, de norte a sul, principalmente em cidades a partir de 200 mil habitantes, em hotéis supereconômicos, econômicos e, também, com menor intensidade, no segmento *midscale*. As oportunidades em hotéis *upscale* e de luxo são mais restritas.

Perfis de investidores

O país apresenta oportunidades para diferentes perfis de investidores – fundos de investimento internacionais, estruturadores de fundos imobiliários, compradores de condo-hotéis, desenvolvedores, etc. Há espaço para todos, porém, o principal modelo de desenvolvimento ainda é o condo-hotel, liderado especialmente pelas empresas líderes de mercado.

Condo-hotel

o comprador de condo-hotéis foi indicado como o perfil de investidor mais atrativo para o setor. Esse modelo de investimento está sendo aplicado por todo o país, independentemente do perfil da cidade.

A grande oportunidade

Geralmente em hotéis supereconômicos, econômicos e, em menor intensidade, de padrão *midscale*.

Fundos imobiliários hoteleiros

Apesar de serem pouco populares, as tendências são de crescimento. "Esse cenário recente [de tendência de diminuição da taxa Selic em longo prazo], com as boas perspectivas da hotelaria no país e a visibilidade do setor gerada pela Copa do Mundo de futebol, aumentaram as possibilidades de estruturar com sucesso os fundos imobiliários hoteleiros no Brasil", alegou um dos especialistas. No entanto, em razão do aumento em curto prazo da taxa Selic, especialistas financeiros afirmam que dificilmente novos fundos imobiliários serão lançados no país antes de 2016.

Desenvolvedores imobiliários

Para os próximos anos, espera-se que a hotelaria continue despertando o interesse de grandes desenvolvedores do país graças, também, à desaceleração no ritmo de vendas de edifícios comerciais e residenciais. O modelo de condo-hotel voltou a estar entre as prioridades de investimento dos desenvolvedores.

Fundos internacionais

A tendência também é de que o mercado cresça. No entanto, em ritmo lento, e em ativos *premium* de cidades estratégicas. Esse perfil de investidor busca alta rentabilidade, liquidez e baixa exposição a risco, fatores difíceis de serem encontrados em um único projeto.

O target de demanda

As demandas doméstica, de negócios e eventos são os *targets* com melhores oportunidades para investimentos hoteleiros no Brasil.

As agências de viagens e operadoras de turismo

A demanda provinda dessas empresas não é avaliada como uma grande oportunidade hoteleira no país, principalmente pelas comissões cobradas por esses intermediadores. Porém, segundo um dos especialistas, agências e operadoras, inclusive as on-line, ainda são um forte canal de distribuição de demanda corporativa no Brasil.

As maiores incertezas

Sobre oportunidades em mercados *upscale*, há bastante heterogeneidade nas respostas, e no segmento luxo o predomínio é negativo. Em média, esses dois mercados (*upscale* e de luxo) são os de maior incerteza e, consequentemente, de maior risco.

Oportunidades em âmbito nacional

O Sudeste predomina entre as regiões com possíveis melhores oportunidades. Logo após, com menor intensidade, as regiões Sul e Centro-Oeste também foram avaliadas com pontuações mais notáveis.

Pequenas, médias e grandes cidades

As cidades com população a partir de 200 mil habitantes foram avaliadas como possíveis mercados de melhores oportunidades, especialmente os destinos com mais de 1 milhão de pessoas.

Estratégias de desenvolvimento e expansão

As estratégias variam para cada perfil de empresa. Em comum, todos pretendem crescer com contratos de administração, modelos de parcerias, construção de novos estabelecimentos e mudanças de marca em hotéis existentes. Investir capital próprio não está entre as prioridades.

Em desuso

As estratégias de expansão de menor interesse para a hotelaria brasileira são IPO, compra de hotéis de rede,[3] compra de hotéis independentes, investimentos com financiamento internacional e realização de contratos de arrendamento.[4]

As grandes estratégias

Entre as estratégias mais relevantes, encontram-se a realização de contratos de administração, a construção de novos hotéis, as parcerias com fundos de investimento e as parcerias com desenvolvedores locais. Também, embora com menor intensidade, as mudanças de marcas de hotéis existentes e a renovação da oferta existente.

Cada empresa uma realidade

Para cada grupo de rede hoteleira (nacional, internacional e Top 3), as estratégias de expansão prioritárias mudam. Em comum, os três grupos pretendem crescer com contratos de administração, modelos de parceria, construção de novos estabelecimentos e trocas de marca em hotéis existentes.

Redes nacionais

As cinco principais estratégias são construção de novos hotéis, realização de contratos de administração, mudanças de marcas de hotéis existentes, renovação da oferta existente e estruturação de condo-hotéis.

Redes internacionais

As cinco principais estratégias são realização de contratos de administração, parcerias com desenvolvedores locais, parcerias com

---

[3] Refere-se à média do mercado. Alguns *players* importantes, como a BHG, continuam investindo em aquisições de hotéis. Recentemente, a Accor também comprou propriedades do grupo Posadas.

[4] Apesar de ser menos comum, algumas redes ainda negociam contratos de arrendamento no Brasil. Porém, apenas em propriedades estratégicas e com clientes preferenciais.

fundos de investimento, construção de novos hotéis e mudanças de marcas em hotéis existentes.

As Top 3

Para a média das redes Top 3, as cinco principais estratégias são estruturação de condo-hotéis,[5] construção de novos hotéis, realização de contratos de administração, investimentos com financiamento nacional e parcerias com fundos de investimento.

Perspectivas gerais

Apesar das barreiras, dos riscos e *gaps* de competitividade do mercado hoteleiro do Brasil, os especialistas são otimistas quanto às perspectivas do setor e acreditam que os investimentos em hotéis no país serão cada vez maiores até 2020.

Exigência de TIR em declínio

A rentabilidade mínima exigida (sobre *equity*) para construir hotéis no Brasil diminuirá progressivamente. Contribuem para essa tendência a diminuição das taxas de juros (Selic) brasileiras em longo prazo e a menor percepção histórica de risco no país e no setor hoteleiro nacional.

Sustentabilidade

O Brasil está apenas no início de um longo ciclo sustentável de crescimento de oferta. Porém, persistem problemas estruturais que devem ser sanados para que a evolução do setor seja realmente saudável.

---

[5] Especificamente sobre a construção de novas propriedades, os condo-hotéis são a principal estratégia de *funding* utilizada, em especial, pelas líderes de mercado.

Um mercado em expansão

Apesar das barreiras atuais, os investimentos em hotéis no Brasil serão cada vez maiores. Os problemas de competitividade não cessarão os investimentos no setor, mas talvez limitem o seu potencial de desenvolvimento. O momento atual é favorável, e os *players* locais encontraram nos condo-hotéis, mais uma vez, uma alternativa de expansão.

Os pequenos também crescerão

Até 2020, diversas administradoras hoteleiras ganharão maior participação de mercado entre a oferta de rede no país. Contudo, os ativos *premium* (e mais rentáveis) provavelmente estarão com as líderes de mercado, especialmente em projetos voltados ao mercado econômico.

Alianças estratégicas

Sem investir capital próprio ou fazer alianças com desenvolvedores, empresas sem grande participação de mercado não conseguirão fortes crescimentos. Nesse cenário, as redes com marcas bem-estabelecidas no mercado brasileiro terão fortes vantagens competitivas.

Incerteza

Quanto às perspectivas de ganho de competitividade do setor, há muitas dúvidas, apesar de as avaliações serem predominantemente positivas.

CVM e os condo-hotéis

Em curto prazo, a regulamentação pela CVM do lançamento de condo-hotéis no Brasil pode diminuir o ritmo de expansão do setor. No entanto, em médio prazo, deve permitir a intensificação de novas modalidades de investimento, em linha com mercados mais maduros.

CVM e a regulamentação dos condo-hotéis

Há muito tempo, o desenvolvimento de condo-hotéis no Brasil é defendido e abominado por diferentes *players*. Por um lado, em razão da escassez histórica de financiamento, foi a forma que o mercado encontrou para crescer e para modernizar o parque hoteleiro nacional. Por outro lado, também foi a principal razão da construção desenfreada de empreendimentos, culminando em intensas superofertas e na destruição de valor dos ativos imobiliários. Historicamente, não são raros os casos de destinos que chegaram a taxas médias anuais de ocupação abaixo de 50% e à desvalorização do patrimônio a um terço de seu custo de construção. Nesses casos, o período de recuperação do mercado – de performance e de valorização patrimonial – nunca foi inferior a 10 anos.

Diante desse cenário, e em meio a um novo ciclo de desenvolvimento hoteleiro no país, a CVM anunciou em 2014 que passaria a regulamentar os novos lançamentos de condo-hotéis no Brasil. Segundo a CVM, a venda pulverizada de unidades hoteleiras sem seu aval é irregular e prejudicial à poupança popular. A reação do setor foi imediata. Incorporadores e redes dependentes do condo-hotel como estratégia de expansão empresarial afirmaram que essa alternativa de desenvolvimento se baseia na venda de um bem imobiliário, e não em uma opção de investimento, motivo pelo qual a CVM não deveria interferir no modelo de negócio. No entanto, a CVM entende que uma pessoa física compra um condo-hotel com o intuito de receber uma renda variável da operação hoteleira, com base nos lucros apurados. Além disso, o dono da propriedade não tem outra possibilidade de uso do imóvel que não o de integração ao *pool* de hospedagem. Sendo assim, o condo-hotel se configuraria, sim, como uma opção de investimento.

Deixando de lado discussões conceituais e jurídicas sobre a definição do condo-hotel como opção ou não de investimento, algo é claro:

a CVM já notificou diversos *players* com lançamentos recentes ou em vias de lançar projetos de condo-hotel, e tudo indica que a viabilização de novos empreendimentos nesse formato deverá passar por seu crivo. Na prática, alguns desenvolvedores já estão consultando a entidade sobre como proceder na estruturação e comercialização de novos estabelecimentos hoteleiros no país.

Entre as possibilidades discutidas no mercado, a primeira seria o pedido de dispensa de registro na CVM. Para tanto, uma possível alternativa seria mais transparência no processo de venda dos condo-hotéis, sendo exigida a publicação do estudo de viabilidade do projeto (feito por uma terceira empresa) e aprovação do material publicitário. No caso do fracionamento e venda do empreendimento hoteleiro por cotas, além das exigências mencionadas, pode-se restringir a comercialização a investidores qualificados (supostamente, aqueles com um patrimônio superior a R$ 1 milhão, dos quais ao menos R$ 300 mil em aplicações financeiras).

Apesar dos sinais de uma regulamentação iminente para o lançamento de condo-hotéis no Brasil, a discussão é recente e deve ser longa. Não se pode esquecer que a estruturação de um condo-hotel sempre requereu a aprovação de órgãos públicos e que, portanto, não é ilegal. Parte do setor hoteleiro e as incorporadoras defenderão a continuidade desse tipo de investimento no país, pois nele se baseiam seus modelos de negócio. Além disso, para a efetiva operacionalização da avaliação do lançamento de condo-hotéis, a CVM precisará sanar diversos gargalos. Entre eles, inúmeras dúvidas encontram-se sem respostas, entre as quais:

- Qual o tamanho da equipe necessária para analisar todos os pedidos de lançamento de condo-hotéis no Brasil, e quem pagará por esse custo?
- Quanto tempo o processo tardaria, e quais seriam os agentes envolvidos (incorporadores, operadoras hoteleiras, consultorias, etc.)?

- Serão necessários estudos de viabilidade para aprovar novos lançamentos? Em caso positivo, como garantir que os estudos sejam consistentes?
- Para o pedido de dispensa de registro na CVM, estuda-se a possibilidade de venda de condo-hotéis a investidores qualificados. Mas como classificá-lo, e ter um controle eficaz do processo de venda?
- No caso de regulamentação pela CVM, quais seriam os intermediadores de venda do condo-hotel: os corretores de investimento? E os tradicionais corretores imobiliários deixariam de atuar no setor?
- O que aconteceria com o mercado secundário de condo-hotéis?
- Conhecida a escassez de financiamento hoteleiro no Brasil, como serão viabilizados novos empreendimentos se os condo-hotéis deixarem de ser uma opção de fácil estruturação no país?

A verdade é que encontrar respostas a todas essas perguntas não será fácil. Porém, apesar de árduo, o caminho pode ser irreversível.

Conclusão

Em vez de finalizar o livro de forma tradicional, a seguir serão apresentadas as principais conclusões do estudo em resposta a algumas das principais perguntas estratégicas que permeiam o setor hoteleiro brasileiro e a sua perspectiva de desenvolvimento.

Perguntas estratégicas e conclusões do estudo

Como ponto de partida, a primeira conclusão é simples e direta:

O Brasil vive um novo ciclo de expansão da hotelaria – novamente com hotéis de baixo e médio conforto, destinados ao mercado doméstico corporativo e de eventos, com provável predomínio de alianças estratégicas, modelo de desenvolvimento por condo-hotel e outras estratégias *non-equity*.

Mas quais são as novidades?

Agora, de maneira mais descentralizada, está ocorrendo a expansão do setor em cidades de pequeno a grande porte e com perspectivas de participação ainda tímidas, mas com potencial de crescimento, e de novos *players*, como fundos imobiliários e de investimento internacionais. Além disso, o país caminha para condições de financiamento mais favoráveis. Portanto, a hotelaria do país tem dado um passo a mais para o desenvolvimento e a dinamização do setor.

Uma hotelaria mais dinâmica significa um setor mais competitivo?

Não necessariamente. A entrada dos novos *players* será gradual, e ainda há diversos *gaps* de competitividade no país. Sob a perspectiva pública, a infraestrutura, a promoção, a gestão e a legislação são insatisfatórias. Na perspectiva privada, ainda há ineficiência, baixa produtividade, pouca inovação e profissionalização e preocupação insuficiente com a qualidade. Isso para mencionar somente alguns exemplos.

E o financiamento mais favorável? Seu efeito não beneficiaria o setor?

Financiamento mais favorável significa *melhor que antes, mas ainda em processo de melhoria*. As taxas, os prazos e os volumes de crédito da última linha de financiamento disponível (ProCopa BNDES) eram razoáveis e compatíveis com a realidade macroeconômica brasileira. Porém, as exigências e a burocracia limitaram fortemente a capacidade de tomada de crédito pelo empresário – principalmente pelo pequeno e médio empreendedor. Tampouco sabemos se a linha do BNDES será prorrogada ou extinta. Na ausência de condições favoráveis de crédito, a estruturação de condo-hotéis é, mais uma vez, a principal estratégia de desenvolvimento de novos hotéis no país.

E o que implica um novo ciclo de desenvolvimento via condo--hotel?

Por um lado, é a alternativa de *funding* que o setor encontrou para continuar se expandindo e se modernizando. Por outro, essa estratégia de investimento tem aumentado o risco de superoferta em alguns mercados do país. Enquanto não se exigirem estudos de viabilidade para atestar a qualidade de investimentos por condo-hotel, todo o setor hoteleiro estará propenso a vivenciar novos períodos de crise. O *Manual de melhores práticas para hotéis de investidores imobiliários pulverizados*, lançado pelo Secovi, foi um avanço na tentativa de educar o mercado, mas ainda é insuficiente para barrar lançamentos imobiliários sem boas perspectivas de rentabilidade hoteleira. Esse modelo de expansão tem sido usado amplamente no país por pequenas a grandes empresas. Contudo, ele tem beneficiado mais as redes líderes de mercado, que aproveitam as oportunidades mais atraentes.

Logo, as líderes de mercado continuarão aproveitando as melhores oportunidades?

Certamente. Por um lado, todos devem crescer em número de hotéis e em faturamento. Em momentos favoráveis, há oportunidades para todos. No entanto, há diferenças contrastantes na qualidade da expansão de cada perfil de empresa. Entre as líderes do mercado brasileiro, encontra-se a maior parte dos melhores contratos – aqueles com taxas de remuneração mais altas e em localizações privilegiadas, com produtos mais competitivos e, consequentemente, mais rentáveis. Essas empresas deverão continuar conquistando as melhores oportunidades do setor. Suas vantagens competitivas e valor da marca lhes conferem uma posição privilegiada no país.

E os grandes *players* internacionais com pouca participação de mercado no Brasil?

No caso deles, é provável que, em médio prazo, tais companhias continuem sendo empresas de nicho, com atuação especialmente nos segmentos *upscale* e de luxo. Para um crescimento expressivo dessas empresas nos mercados econômico e *midscale*, grandes investimentos seriam necessários, com capital próprio e/ou por alianças estratégicas. Porém, até agora, não há evidências claras de que isso ocorrerá tão cedo. Além disso, algumas dessas empresas são contrárias ao modelo de condo-hotel, suas marcas são pouco conhecidas no país e o processo de negociação com investidores locais é mais lento (contratos em inglês, necessidade de aprovação da matriz, etc.), motivo pelo qual ainda são fortes os desafios para seu crescimento mais acelerado no território nacional.

E as empresas nacionais com menor expressão de mercado, como devem evoluir nos próximos anos?

Também devem crescer, mas com hotéis provavelmente menos competitivos do que as empresas líderes, sem produtos padronizados e, principalmente, em mercados secundários. O maior desafio que as redes nacionais enfrentarão será o de competir com marcas fortes e consistentes no Brasil. Deve-se pensar em sérios investimentos para diminuir esse problema. Enquanto tal realidade existir, tanto redes nacionais quanto internacionais com pouca participação de mercado terão maior dificuldade para se expandir com solidez. Evidentemente, em algumas regiões do país, a presença de redes nacionais é forte. Nesses mercados, sua marca é reconhecida e sua participação de mercado é, eventualmente, maior que a de grandes concorrentes internacionais. De qualquer forma, se tais empresas querem deixar de ser reconhecidas como marcas regionais para se expandir por toda a nação, diversos desafios deverão ser superados.

Levando em conta as perspectivas apresentadas, nenhuma rede com pouca expressão no país crescerá rápido, correto?

Não. As conclusões apresentadas referem-se à realidade média de mercado para cada grupo analisado. Existem marcas nacionais e internacionais de menor expressão no país que estão com perspectivas de expansão acelerada. Apesar de serem exceções, elas conseguirão aumentar sua participação de mercado. Para tanto, a realização de alianças estratégicas com desenvolvedores e a venda de condo-hotéis têm sido vitais.

A que principais riscos tanto pequenas como grandes redes e investidores estão sujeitos?

Além da superoferta em algumas cidades, o país precisa continuar crescendo em médio e em longo prazo para estimular uma maior demanda hoteleira e a consequente rentabilidade dos antigos e novos investimentos. Recentemente, a economia brasileira deu sinais de arrefecimento. Apesar de as perspectivas futuras ainda serem positivas, medidas corretivas devem ser tomadas para sanar os entraves à expansão econômica do país.

Em geral, o Brasil crescerá e, conjuntamente, o setor hoteleiro, certo?

É muito provável. Se a economia brasileira voltar a crescer mais nos próximos anos, haverá pressão de demanda por hotéis e novos projetos devem ser viabilizados. A hotelaria nacional é eminentemente independente e, em diversas cidades, pequenas e médias, já são requeridos hotéis de marca. Em momentos de expansão econômica, todos crescem pelo efeito país. Ou seja, não é tão difícil encontrar oportunidades, ainda mais em um mercado em processo de desenvolvimento. O problema surge quando cessa o período de abundância.

E qual é a principal recomendação geral para o setor hoteleiro no Brasil?

As estratégias de desenvolvimento não devem ser exclusivamente quantitativas, ou seja, implantar mais e mais hotéis. Desenvolver também implica aumento de qualidade, melhoria dos processos de gestão, ganho de eficiência operacional, adoção de políticas modernas de preço, implantação de sistemas de gestão do conhecimento e da qualidade, etc. As perspectivas apontadas pelos especialistas indicam dúvidas sobre o ganho de competitividade do setor, apesar de que quase todos mencionaram que os investimentos crescerão. A mensagem seria compatibilizar a expansão com a melhora da qualidade. E, para isso, as empresas e o governo têm tarefas a cumprir.

A CVM passará a regulamentar o lançamento de condo-hotéis no Brasil? Em caso positivo, como isso afeta as perspectivas de expansão do setor hoteleiro no país?

Ainda é cedo para afirmar com 100% de certeza, mas tudo indica que sim. A CVM já comunicou ao mercado que, no seu entendimento, o condo-hotel é um produto de investimento e que, como tal, deveria ser aprovado com base nas mesmas regras de lançamento de alternativas de investimentos similares no país. Diversas incorporadoras e redes hoteleiras foram notificadas e obrigadas a prestar esclarecimentos à CVM sobre seus projetos de condo-hotéis no território nacional. Em paralelo, alguns *players* já estão consultando a CVM para saber como proceder antes do lançamento de novos empreendimentos. Apesar da resistência dos setores de incorporação e de algumas redes presentes no país, tudo indica que a regulamentação pela CVM é um processo sem volta. A dúvida recai sobre a forma e o tempo em que isso ocorrerá. Em curto prazo, é natural que o ritmo de desenvolvimento de novos hotéis possa diminuir fortemente, pois mais de 80% da nova oferta viabilizada no país se concretiza via incorporação imobiliária. No entanto, em médio prazo, o setor precisará buscar novas alternativas de expansão, assim como já acontece em mercados maduros, como nos Estados Unidos e na Europa. Se, por um lado, a regulamentação limitará o crescimento rápido de novas propriedades, por outro lado futuros ciclos de expansão deverão ser mais contínuos e com menor risco de superoferta.

A forma dinâmica apresentada anteriormente objetivou destacar as perspectivas favoráveis a investimentos no setor hoteleiro brasileiro, mas com um alerta em razão da possível superoferta de condo-hotéis e dos atuais *gaps* de competitividade indicados pelos especialistas. Tanto no âmbito público como no privado, ainda são diversas as ações necessárias para que os problemas identificados sejam sanados.

Acredita-se que um setor maduro e profissional seja o caminho para o desenvolvimento sustentável almejado. Com qualidade em serviços e processos de gestão, adotam-se decisões conscientes quanto a investimentos e à operação dos empreendimentos existentes. Assim, o setor prepara-se não somente para períodos de expansão, mas também para as eventuais crises inerentes aos ciclos econômicos. Com profissionalismo, não há guerras de preços, o mercado não sofre tanto com diminuição de performance e as retomadas de crescimento são muito mais rápidas. Nesse ambiente, estão todos comprometidos com a qualidade e a competitividade do destino.

A seguir, são apresentadas doze mensagens que objetivam contribuir para a compreensão de temas-chave sobre a perspectiva de desenvolvimento hoteleiro no Brasil e para a definição de possíveis estratégias públicas e privadas no setor.

MENSAGEM 1. *Financiamento, financiamento, financiamento.*
O Estado deve levar em conta que a hotelaria é um setor estratégico não somente para o turismo, mas para toda a economia. É necessário criar estímulos à sua atividade. Não se trata de conceder benefícios, mas de permitir condições adequadas para a profissionalização do mercado, de pequenas a grandes empresas. Com financiamento é possível renovar propriedades, expandir-se e ganhar competitividade. Essa é uma necessidade permanente do setor, não somente no Brasil mas no mundo. Em um segundo momento, políticas orientadas para transações também são benéficas, pois ajudam a dinamizar o mercado e a orientar a gestão para a qualidade. Enquanto os bancos comerciais não tiverem condições macroeconômicas de oferecer linhas de financiamento hoteleiro competitivas, o governo deve compensar esse *gap*.

MENSAGEM 2. *Condo-hotel, a solução e o perigo.*
Sem condições adequadas de financiamento, o condo-hotel ainda é o modelo de investimento com maior probabilidade de utilização no setor hoteleiro nacional. As demais alternativas de *funding* têm menor representatividade no volume total de novas construções no país. Por um lado, trata-se de uma alternativa de expansão que tem sua importância. Por outro, permite o risco de que seu uso seja indiscriminado, acarretando uma nova superoferta. O setor já está mais experiente, mas esse risco ainda existe. É preciso cautela e compromisso dos desenvolvedores para um desenvolvimento sustentável. Em curto prazo, publicar estudos sobre o mercado, como o Secovi (2012), é uma boa iniciativa para diminuir o risco de superoferta no país. No médio prazo, devem-se adotar medidas legais que

assegurem um crescimento ordenado dos condo-hotéis, como exigir estudos de viabilidade para a aprovação dos projetos.

Mensagem 3. *Hotelaria brasileira e diferentes realidades.*
As perspectivas gerais da hotelaria no Brasil são favoráveis, e há oportunidades para diferentes perfis de investidores e de redes hoteleiras. No entanto, as líderes de mercado têm uma clara vantagem competitiva. As demais empresas deverão assumir mais riscos e ser mais agressivas em suas estratégias para crescer em velocidade similar e com produtos igualmente rentáveis.

Mensagem 4. *Hotelaria e megaeventos: cuidado.*
Não devem ser construídos novos hotéis no país exclusivamente para a Copa do Mundo, para as Olimpíadas ou para qualquer outro megaevento. Hotelaria é um negócio de longo prazo, e sua rentabilidade depende de um fluxo constante de demanda e receita.

Mensagem 5. *Desaceleração da economia brasileira: um risco em curto prazo.*
Apesar da recente diminuição da ocupação hoteleira no Brasil, as perspectivas em longo prazo ainda são positivas. Não há evidências de que o país entrará em uma crise permanente. Não se devem abandonar os planos de investimento no país. No entanto, é preciso cautela. Cada possibilidade de investimento deve ser estudada em detalhes.

Mensagem 6. *Os preços devem ser compatíveis com as expectativas de rentabilidade do negócio.*
Para os hoteleiros, a alta ocupação não deve ser sinônimo de bom desempenho. Buscar um posicionamento favorável de diária é essencial para rentabilizar o capital investido. Além disso, os preços baixos dificilmente induzem nova demanda no mercado; em con-

trapartida, geram guerra de preços entre os hotéis existentes. Em médio prazo, todos perdem, e voltar aos níveis anteriores de faturamento sempre é um processo lento e difícil. Políticas inteligentes de *pricing* devem ser incorporadas pelas empresas hoteleiras.

MENSAGEM 7. *As oportunidades nos segmentos de luxo e* **upscale** *são restritas, mas existem.*
Viabilizar projetos sofisticados no Brasil não é uma tarefa fácil, e a explicação para isso é simples: os custos de implantação e de operação ainda não justificam a expectativa de rentabilidade do negócio na maior parte das cidades brasileiras. Tais projetos precisam de terrenos *premium*, que são caros, e as diárias médias, em muitos destinos do país, são baixas ou moderadas nesse segmento de mercado. Isso não significa que não existam oportunidades para hotéis *upscale* e de luxo, mas elas são mais limitadas. As possibilidades de negócios com produtos de baixo e médio conforto são as mais comuns no território nacional.

MENSAGEM 8. *Não existe uma única estratégia de crescimento ideal para o Brasil.*
Não há uma receita. Tudo depende das características de cada empresa e de seu entorno. Porém, parece claro que, sem alianças estratégicas, o potencial de expansão no setor será limitado. Para empresas com menor participação de mercado, caso não queiram investir capital próprio, as parcerias serão a única solução.

MENSAGEM 9. *Sustentabilidade: uma estratégia de rentabilidade.*
Um hotel eficiente começa com um projeto eficiente. Devem-se estruturar novos projetos adequando-os a normas de certificação energética e ambiental. O BNDES estimulou essa estratégia com condições de financiamento melhores, em termos de taxas e prazo, o que certamente impactaria de maneira positiva a rentabilidade do projeto.

Mensagem 10. *O mito da demanda internacional.*

Há mais de dez anos, o nível de demanda turística internacional para o Brasil é praticamente idêntico, de pouco mais de cinco milhões. O país está longe dos principais emissores internacionais, as condições de acesso por via aérea são caras e difíceis, o mundo está em crise e os fluxos intrarregionais são os prioritários. Por que apostar nesse mercado se há um público doméstico com muito mais propensão de consumo turístico no país?

Mensagem 11. *Parcerias público-privadas.*

Gaps de competitividade turística no país só serão sanados com uma forte aliança público-privada. Deve-se pensar em novos modelos de gestão participativa e em uma contribuição mais ativa das empresas no processo de tomada de decisão sobre o turismo de uma cidade, inclusive para a criação de sistemas de inteligência de mercado, estratégias de marketing, tecnologia, etc.

Mensagem 12. *Estímulos governamentais: benefícios e riscos.*

Toda medida pública a favor do desenvolvimento hoteleiro no Brasil é bem-vinda. Porém, é necessário ter cautela e rigor técnico antes de realizá-las. A criação de estímulos impulsivos, de natureza tributária, legal ou outra, também pode gerar efeitos nocivos ao mercado, como uma superoferta não desejada.

Em geral, as perspectivas para o setor hoteleiro no Brasil são otimistas. Existe uma clara oportunidade para investimentos em hotéis no território nacional e *players* nacionais e internacionais estão ávidos por aumentar sua participação de mercado no país. Apesar das barreiras e dos riscos inerentes ao setor, o Brasil tem evoluído ao longo de sua história, e as tendências indicam que esse processo continuará. Evidentemente, os investimentos no país podem ser mais ou menos intensos, dependendo dos estímulos que se criem e das melhorias das deficiências atualmente existentes. Além disso, é importante que o processo de crescimento do setor se paute também pela qualidade e pelo ganho de competitividade. Isso é essencial para uma evolução ordenada e benéfica para empresas, para os destinos e para a sociedade. E, finalmente, não é demais lembrar que a implantação de um novo projeto nunca deve prescindir da realização de um sério e detalhado estudo de viabilidade.

Bons investimentos!

Apêndice

Questionário da pesquisa com especialistas

Perfil do respondente

1. Indique o perfil de empresa que você representa.
   a) Rede hoteleira internacional

   b) Rede hoteleira nacional

   c) Consultorias

   d) Entidades setoriais

   e) Outro (especifique)

2. Caso represente redes hoteleiras, indique a categoria na qual se enquadra sua empresa, considerando-se o número de apartamentos vinculados à rede no Brasil.
   a) Mais de 3 mil apartamentos

   b) Mais de 2 mil a 3 mil apartamentos

   c) Mais de 1 mil a 2 mil apartamentos

   d) Até 1 mil apartamentos

Panorama atual do setor hoteleiro no Brasil

1. Indique de 1 (péssimo) a 7 (excelente) como você avaliaria cada item a seguir, considerando-se as necessidades atuais de investimento no setor hoteleiro do Brasil.

	1 (péssimo)	2	3	4	5	6	7 (excelente)
Linhas de financiamento disponíveis							
Informações de mercado disponíveis							
Estudos estratégicos sobre o setor disponíveis							
Custos de construção							
Custos de terrenos							
Carga tributária nacional							
Disponibilidade de profissionais qualificados em nível estratégico							
Disponibilidade de profissionais qualificados em nível operacional							
Desempenho do mercado hoteleiro nacional (ocupação e ADR)							
Rentabilidade dos investimentos hoteleiros em comparação com investimentos imobiliários residenciais e comerciais							
Volume de demanda turística nacional							
Volume de demanda turística internacional							
Legislação e burocracia nacional							
Existência de parceiros locais confiáveis (desenvolvedores/investidores)							
Estabilidade política e econômica nacional							
Custo das viagens aéreas no país							
Níveis de segurança/violência no país							
Infraestrutura turística (aeroportos, estradas, etc.) no país							
Promoção turística dos destinos brasileiros							
Atratividade do setor turístico nacional							
Comentário (opcional):							

2. Dos itens anteriores, indique em ordem decrescente (do mais importante para o menos importante) a letra correspondente às cinco principais barreiras que desestimulam os investimentos em hotéis no Brasil.

   1ª principal barreira:

   2ª principal barreira:

   3ª principal barreira:

   4ª principal barreira:

   5ª principal barreira:

   Comentário (opcional):

3. Indique de 1 (péssimo) a 7 (excelente) como você avaliaria as linhas nacionais atuais de financiamento para investimentos em hotéis no Brasil, considerando os critérios a seguir.

	1 (péssimo)	2	3	4	5	6	7 (excelente)
Volume máximo de crédito permitido por empresa							
Volume total de crédito ao setor							
Taxas de juros cobradas							
Garantias exigidas pelas instituições financeiras							
Prazos para amortização do empréstimo							
Carência para pagamento do empréstimo							
Incentivos à renovação e à ampliação de hotéis							
Incentivos à construção de novos hotéis							
Incentivos à compra de hotéis existentes							
Comentário (opcional):							

4. Indique de 1 (péssimo) a 7 (excelente) como você avaliaria o setor de redes hoteleiras no Brasil, considerando os seguintes critérios:

	1 (péssimo)	2	3	4	5	6	7 (excelente)
ADR compatível com as perspectivas de rentabilidade do setor no Brasil							
Taxas de ocupação em níveis satisfatórios							
Volume atual de investimentos em renovação da oferta							
Volume atual de investimentos em inovação							
Diversificação da hotelaria nacional (existência de categorias de hotéis para todos os segmentos potenciais no país)							
Uso satisfatório de tecnologias de informação							
Eficiência operacional (gestão de custos)							
Práticas eficientes de *revenue management*							
Profissionalismo na gestão do setor							
Adequada política de gestão de pessoas							
Certificação de qualidade							
Atenção às necessidades e às expectativas do cliente							
Sustentabilidade ambiental							
Responsabilidade social e corporativa							
Gestão do conhecimento							
Comentário (opcional):							

5. Indique sua percepção sobre a rentabilidade mínima (em TIR real, sem alavancagem financeira) exigida por diferentes *players* para investir em hotelaria no Brasil, em compra e construção de novos hotéis. Leve em consideração os mercados com menor percepção de risco no país.

	TIR exigida para compra de hotéis	TIR exigida para construção de hotéis
Redes hoteleiras (com investimento de capital próprio)		
Redes hoteleiras (apenas para gerenciar hotéis de terceiros)		
Investidores/compradores individuais de flat		
Construtoras e incorporadoras imobiliárias		
Fundos de pensão nacionais		
Fundos imobiliários		
Fundos de investimento internacionais		
Comentário (opcional):		

Perspectivas da hotelaria no Brasil

6. Indique de 1 (muito baixa) a 7 (muito alta) como você avaliaria as oportunidades de investimentos hoteleiros no Brasil (em construção, compra, renovação de hotéis, etc.) no médio prazo (até 2020) em:

	1 (muito baixa)	2	3	4	5	6	7 (muito alta)
Hotéis *budget* (supereconômicos)							
Hotéis econômicos							
Hotéis *midscale*							
Hotéis *upscale*							
Hotéis de luxo							
Na região Sul							
Na região Sudeste							
Na região Centro-Oeste							
Na região Nordeste							
Na região Norte							
Em cidades com menos de 200 mil habitantes							
Em cidades com 200 mil a 500 mil habitantes							
Em cidades com mais de 500 mil até 1 milhão de habitantes							
Em cidades com mais de 1 milhão de habitantes							
Comentário (opcional):							

7. Indique de 1 (muito baixo) a 7 (muito alto) como você avaliaria os riscos de investir no setor hoteleiro no Brasil em médio prazo (até 2020), considerando-se os seguintes critérios:

	1 (muito baixo)	2	3	4	5	6	7 (muito alto)
Superoferta pontual em algumas cidades do país							
Superoferta generalizada em diversas cidades do país							
Forte impacto da crise econômica internacional no Brasil							
Forte crise econômica no Brasil (por outras razões que não a crise internacional)							
Aumento expressivo da inflação							
Guerra de preços entre hotéis							
Variação cambial							
Comentário (opcional):							

8. Indique de 1 (muito baixa) a 7 (muito alta) como você avaliaria a atratividade do setor hoteleiro no Brasil para os seguintes perfis de investidores em médio prazo (até 2020):

	1 (muito baixa)	2	3	4	5	6	7 (muito alta)
Compradores de flats/condo-hotéis							
Construtoras e incorporadoras imobiliárias							
Fundos de pensão nacionais							
Fundos imobiliários							
Fundos de investimento internacionais							
Comentário (opcional):							

9. Indique de 1 (muito baixa) a 7 (muito alta) como você avaliaria a representatividade de cada segmento de demanda a seguir como indutor dos investimentos hoteleiros no país em médio prazo (até 2020).

	1 (muito baixa)	2	3	4	5	6	7 (muito alta)
Demanda doméstica							
Demanda internacional							
Demanda de negócios							
Demanda de lazer							
Demanda de eventos							
Demanda de agências e operadoras de turismo							
Comentário (opcional):							

10. Indique de 1 (nada de acordo) a 7 (totalmente de acordo) o quão de acordo você está com as frases a seguir, considerando sua visão sobre as perspectivas de desenvolvimento em médio prazo (até 2020) da hotelaria brasileira.

	1 (nada de acordo)	2	3	4	5	6	7 (totalmente de acordo)
O Brasil está somente no início de um longo ciclo sustentável de crescimento de oferta							
Os hotéis do Brasil ganharão cada vez mais competitividade							
Sem investir capital próprio ou fazer alianças com desenvolvedores, empresas sem grande participação no mercado hoteleiro brasileiro não conseguirão fortes crescimentos							
Até 2020, diversas administradoras hoteleiras ganharão mais participação de mercado entre a oferta de redes no país							
A rentabilidade mínima exigida (sobre *equity*) para construir hotéis no Brasil tende a diminuir progressivamente							
Apesar das barreiras atuais, os investimentos em hotéis no Brasil serão cada vez maiores							
Comentário (opcional):							

Apêndice **265**

11. Avalie de 1 (nada importante) a 7 (muito importante) a relevância de cada item a seguir como possível estratégia de desenvolvimento em médio prazo (até 2020) de sua rede hoteleira no Brasil. Caso não trabalhe em uma rede hoteleira, responda à pergunta com base em sua percepção sobre a relevância de cada estratégia para o mercado brasileiro em geral:

	1 (nada importante)	2	3	4	5	6	7 (muito importante)
Compra de hotéis independentes							
Compra de hotéis de rede							
Construção de novos hotéis							
Renovação da oferta existente							
Trocas de operadoras hoteleiras em hotéis existentes							
Realização de contratos de franquia							
Realização de contratos de administração							
Realização de contratos de arrendamento							
Investimentos com capital próprio							
Investimentos com financiamento nacional							
Investimentos com financiamento internacional							
Venda de hotéis (a propriedade do imóvel) da rede para financiar novos empreendimentos							
Parcerias com desenvolvedores locais							
Parcerias com fundos de investimento							
Estruturação de flats/condo-hotéis							
IPO da empresa no Brasil							
Fusões com outras empresas hoteleiras							
Busca por certificações de eficiência energética e sustentabilidade ambiental							
Comentário (opcional):							

12. Dê suas considerações finais sobre o panorama atual e as perspectivas do mercado hoteleiro no Brasil.

Lista de figuras, gráficos e tabelas

Figuras

- Figura 1 - Fatores-chave de sucesso (FCS) do setor hoteleiro, 61
- Figura 2 - Análise dos requisitos de mercado do setor hoteleiro brasileiro, 155
- Figura 3 - Análise dos fatores-chave de sucesso do setor hoteleiro brasileiro, 157
- Figura 4 - As cinco principais barreiras ao desenvolvimento hoteleiro no Brasil, 159

Gráficos

- Gráfico 1 - Perfil dos entrevistados, 33
- Gráfico 2 - Estoque de hotéis e condo-hotéis no Brasil, 111
- Gráfico 3 - Evolução da oferta de redes hoteleiras no Brasil, 116
- Gráfico 4 - Evolução do *fair share* no mercado de redes hoteleiras no Brasil, 118
- Gráfico 5 - Concentração da oferta de rede hoteleira no Brasil, 119
- Gráfico 6 - Evolução do *fair share* das Top 6 redes hoteleiras presentes no Brasil, 120

- Gráfico 7 - Distribuição dos estabelecimentos de hospedagem nas capitais brasileiras por tipo e categoria (2011), 125
- Gráfico 8 - Performance dos hotéis urbanos no Brasil (2003 a 2012), 129
- Gráfico 9 - Performance hoteleira histórica acumulada das doze cidades-sede da Copa do Mundo de 2014 (2009-2011), 130
- Gráfico 10 - Performance hoteleira das doze cidades-sede da Copa do Mundo de 2014 por mercado (2011), 132
- Gráfico 11 - Crescimento médio anual nominal de RevPAR (2009 a 2011) nas cidades-sede da Copa do Mundo de 2014, 133
- Gráfico 12 - Avaliação de diversos elementos no país considerando as necessidades de investimentos hoteleiros no Brasil, 134
- Gráfico 13 - Avaliação de diversos elementos no país considerando as necessidades de investimentos hoteleiros no Brasil – nota média geral, 136
- Gráfico 14 - Avaliação do setor de redes hoteleiras no Brasil, 145
- Gráfico 15 - Avaliação do setor de redes hoteleiras no Brasil – nota média geral, 147
- Gráfico 16 - Riscos de investimento no setor hoteleiro brasileiro até 2020, 162
- Gráfico 17 - Riscos de investimento no setor hoteleiro brasileiro até 2020 – nota média geral, 162
- Gráfico 18 - Linhas de financiamento atuais para investimentos hoteleiros no Brasil, 169
- Gráfico 19 - Linhas de financiamento atuais para investidores hoteleiros no Brasil – nota média geral, 170
- Gráfico 20 - TIR mínima real exigida para investir no setor hoteleiro brasileiro, 177
- Gráfico 21 - Exigência mínima de TIR real (sem alavancagem) para investir em hotelaria na América Latina, 182
- Gráfico 22 - Oportunidades hoteleiras no Brasil por perfil do investidor, 185
- Gráfico 23 - Oportunidades hoteleiras no Brasil por perfil do investidor – nota média geral, 186
- Gráfico 24 - Oportunidades hoteleiras no Brasil por perfil da demanda, 190

- Gráfico 25 - Oportunidades hoteleiras no Brasil por perfil da demanda – nota média geral, 192
- Gráfico 26 - Sazonalidade da demanda hoteleira nas doze cidades-sede da Copa do Mundo de 2014 (taxa de ocupação mensal em 2011), 194
- Gráfico 27 - Oportunidades hoteleiras no Brasil por tipo de hotel, região e tamanho da cidade, 196
- Gráfico 28 - Oportunidades hoteleiras no Brasil por tipo de hotel, região e tamanho da cidade – nota média geral, 197
- Gráfico 29 - Estratégias para o desenvolvimento das redes hoteleiras no Brasil, 203
- Gráfico 30 - Estratégias para o desenvolvimento das redes hoteleiras no Brasil – nota média geral, 204
- Gráfico 31 - Perspectivas da hotelaria no Brasil até 2020, 214
- Gráfico 32 - Perspectivas da hotelaria no Brasil até 2020 – nota média geral, 215

Tabelas

- Tabela 1 - Indicadores macroeconômicos brasileiros (2000-2015), 18
- Tabela 2 - Indicadores turísticos brasileiros (2000-2012), 22
- Tabela 3 - Indicadores hoteleiros brasileiros (2003-2012), 26
- Tabela 4 - Exemplos de hotéis por categorias, 41
- Tabela 5 - Principais *stakeholders* do setor hoteleiro e suas funções primordiais, 45
- Tabela 6 - Requisitos de mercado do setor hoteleiro, 49
- Tabela 7 - Características dos contratos de gestão hoteleira, 92
- Tabela 8 - Vantagens e desvantagens do contrato de arrendamento para o proprietário e para o gestor hoteleiro, 97
- Tabela 9 - *Ranking* das Top 50 marcas hoteleiras presentes no Brasil, 112
- Tabela 10 - *Ranking* das Top 50 administradoras hoteleiras presentes no Brasil, 114
- Tabela 11 - Previsão da nova oferta no Brasil (2013-2016), 125
- Tabela 12 - Oferta e ocupação hoteleiras nas doze cidades-sede da Copa do Mundo de 2014 em finais de 2015, 126

- Tabela 13 - Capacidade hoteleira das doze cidades-sede da Copa do Mundo de 2014 *versus* oferta necessária segundo a FIFA, 127
- Tabela 14 - As cinco principais barreiras que desestimulam os investimentos hoteleiros no Brasil, 159
- Tabela 15 - TIR mínima real exigida para investir no setor hoteleiro brasileiro por perfil de investidor, segundo os especialistas, 183
- Tabela 16 - TIR mínima real exigida para investir no setor hoteleiro brasileiro por perfil de investidor, segundo os representantes das redes Top 3, 183
- Tabela 17 - População brasileira por região, 201
- Tabela 18 - Síntese das principais oportunidades potenciais de investimento em hotéis no Brasil por tipo de cidade, 202
- Tabela 19 - As cinco estratégias mais importantes e as cinco menos importantes para o desenvolvimento da hotelaria no Brasil, 207
- Tabela 20 - Análise SWOT do setor hoteleiro no Brasil, 220
- Tabela 21 - Fatores-chave e diretrizes estratégicas para estimular o desenvolvimento, 224
- Tabela 22 - Priorização e grupos responsáveis pelas diretrizes estratégicas para o desenvolvimento da hotelaria brasileira sustentável de hotéis no Brasil, 229

Bibliografia

ADIZES, I. *Managing Corporate Lifecycles: How to Get to and Stay at the Top*. Santa Barbara: The Adizes Institute Publishing, 2004.

AGARWAL, S. & RAMASWAMI, S. N. "Choice of Foreign Market Entry Mode: Impact of Ownership, Location and Internationalization Factors". Em *Journal of International Business Studies*. First Quarter, 1992.

AGGETT, M. "What Has Influenced Growth in the UK's Boutique Hotel Sector?". Em *International Journal of Contemporary Hospitality Management*, 19(2), 2007.

ALEXANDER, N. & LOCKWOOD, A. "International Diversification: a Comparison of the Hotel and Retail Sectors". Em *Service Industries Journal*, 16, 1996.

ALIOUCHE, E. & SCHLENTRICH, U. "A Model of Optimal International Market Expansion: the Case of US Hotels into China". Em *Management Science*, 1, 2011.

AMERICAN HOTEL AND LODGING ASSOCIATION (AH&LA). *Directory of Hotel & Lodging Companies*. Washington: 2009.

ANDERSON, E. & GATIGNON, H. "Modes of Foreign Entry: a Transaction Cost Approach and Propositions". Em *Journal of International Business Studies*, 17, 1986.

ANDRADE, N.; BRITO, P. L. & JORGE, W. E. *Hotel: planejamento e projeto*, 4ª ed. São Paulo: Editora Senac São Paulo, 2000.

ARAGÓN-CORREA, J. A. *et al*. "Environmental Strategy and Performance in Small Firms: a Resource-Based Perspective". Em *Journal of Environmental Management*, 86(1), 2008.

ASMUSSEN, M. W. "A farra dos flats: quem pagará a conta?". Em *Gazeta Mercantil*, São Paulo, 20-3-1998, *apud* SPOLON, A. P. G. *Chão de estrelas: hotelaria e produção imobiliária em São Paulo, 1995 a 2005*. Dissertação de mestrado. São Paulo: Universidade de São Paulo, 2006.

ASSOCIAÇÃO BRASILEIRA DA INDÚSTRIA DE HOTÉIS (ABIH). "Kit mídia ABIH nacional". Disponível em: http://abihnacional.com.br/kit-midia-abih-nacional/. Acesso em: 26-1-2014.

AZEVEDO, A. F. & PORTUGAL, M. S. "Abertura comercial brasileira e instabilidade da demanda de importações". Disponível em: www.ufrgs.br/ppge/pcientifica/1997_05.pdf. Acesso em: 11-3-2012.

BAILEY, R. & BALL, S. "An Exploration of the Meanings of Hotel Brand Equity". Em *The Service Industries Journal*, 26(1), 2006.

BANCO CENTRAL DO BRASIL (2014a). "Série histórica do demonstrativo de variação das reservas internacionais". Disponível em: www.bc.gov.br/?RED-SERIERIH. Acesso em: 1-7-2014.

_____. (2014b). "Boletim Focus" (17-1-2014). Disponível em: www.bcb.gov.br/?FOCUSRELMERC. Acesso em: 10-3-2014.

BANCO NACIONAL DE DESENVOLVIMENTO ECONÔMICO E SOCIAL (BNDES). (2001b). "Flats, apart-hotéis ou hotéis-residência: Caracterização e desempenho no Brasil e no município de São Paulo". *Setorial*, 14, Rio de Janeiro. Disponível em: www.bndes.gov.br/SiteBNDES/export/sites/default/bndes_pt/Galerias/Arquivos/conhecimento/bnset/set1407.pdf. Acesso em: 13-2-2012.

_____. (2013). "Informe Setorial – Programa BNDES ProCopa Turismo". Disponível em: www.bndes.gov.br. Acesso em: 16-6-2014.

_____. (2001a). "O segmento hoteleiro no Brasil". *Setorial*, 13, Rio de Janeiro. Disponível em: www.bndes.gov.br/SiteBNDES/export/sites/default/bndes_pt/Galerias/Arquivos/conhecimento/bnset/set1304.pdf. Acesso em: 13-2-2012.

_____. (2006). "Setor de Turismo no Brasil: segmento de hotelaria". *Setorial*, 22, Rio de Janeiro. Disponível em: www.bndes.gov.br/SiteBNDES/

export/sites/default/bndes_pt/Galerias/Arquivos/conhecimento/bnset/set2205.pdf. Acesso em: 13-2-2012.

_____. (2011). "Perspectivas da hotelaria no Brasil". *Setorial*, 33, Rio de Janeiro. Disponível em: www.bndes.gov.br/SiteBNDES/export/sites/default/bndes_pt/Galerias/Arquivos/conhecimento/bnset/set3301.pdf. Acesso em: 13-2-2012.

_____. (2012). "ProCopa Turismo – Hotel Sustentável". Disponível em: http://www.bndes.gov.br. Acesso em: 13-8-2012.

BAUM, A. & MURRAY, C. "Understanding the Barriers to Real Estate Investment in Developing Economies". Em X Conferência Internacional da LARES – Latin American Real Estate Society, 2010.

BAUM, J. A. C. & HAVEMAN, H. A. "Love thy Neighbor? Differentiation and Agglomeration in the Manhattan Hotel Industry: 1898-1990". Em *Administrative Science Quarterly*, 42(2), 1997.

BENAVIDES, M.; URQUIDI, A. & ROIG, S. "The Transmission of Knowledge by Means of Strategic Alliances: an Application in the Hotel Industry". Em *Journal of Transnational Management Development*, 8(3), 2003.

BENI, M. C. *Análise estrutural do turismo*. 8ª ed. São Paulo: Editora Senac, 2003a.

_____. *Globalização do turismo: megatendências do setor e a realidade brasileira*. São Paulo: Aleph, 2003b.

BENÍTEZ, J. M.; MARTÍN, J. C. & ROMÁN, C. "Using Fuzzy Number for Measuring Quality of Service in the Hotel Industry". Em *Tourism Management*, 28, 2007.

BEZERRA, M. M. O. *Turismo e financiamento: o caso brasileiro à luz das experiências internacionais*. Tese de doutorado. Campinas: Universidade Estadual de Campinas, 2002.

BIRD, R. *et. al.* "What Corporate Social Responsibility Activities Are Valued by the Market?". Em *Journal of Business Ethics*, 76(2), 2007.

BIZ, A. A.; GÂNDARA, J. M. & ARMARIO, J. M. "El uso de las tecnologías de la información y comunicación (T.I.C.) en la Gestión del Conocimiento: un análisis de las cadenas hoteleras en Curitiba (PR) – Brasil". Em *Conocimiento, Creatividad y Tecnología para un Turismo Sostenible y Competitivo – Actas del XII Congreso de la Asociación Española de Expertos Científicos en Turismo*. Universitat Rovira i Virgili, 2010.

BOEKER, W. "Organizational Strategy: an Ecological Perspective". Em *Academy of Management Journal*, 34(1), 1991.

BOSE, R. "Competitive Intelligence Process and Tools for Intelligence Analysis". Em *Industrial Management & Data Systems*, 108(4), 2008.

BOWEN, J. T. & CHEN, S. L. "The Relationship between Customer Loyalty and Customer Satisfaction". Em *International Journal of Contemporary Hospitality Management*, 13(4/5), 2001.

BRASIL. *Constituição da República Federativa do Brasil de 1998*. São Paulo: Saraiva, 2002a.

_____. Ministério do Turismo, Empresa Brasileira de Turismo. Deliberação Normativa nº 429 de 23 de abril de 2002, regulamento do sistema de classificação de meios de hospedagem. Rio de Janeiro: Embratur, 2002b.

_____. Ministério do Turismo. "Turismo no Brasil: 2011-2014". 2010a. Disponível em: www.dadosefatos.turismo.gov.br/dadosefatos. Acesso em: 11-3-2012.

_____. Ministério do Turismo (2007). "Plano nacional de turismo 2007/2010". Disponível em: www.dadosefatos.turismo.gov.br/dadose-fatos. Acesso em: 11-3-2012.

_____. Ministério do Turismo (2010c). "Dados do turismo brasileiro 2010". Disponível em: www.dadosefatos.turismo.gov.br/dadosefatos. Acesso em: 11-3-2012.

_____. Ministério do Turismo (2010d). "Sistema brasileiro de classificação de meios de hospedagem: cartilha de orientação básica, hotel". Disponível em: www.dadosefatos.turismo.gov.br/dadosefatos. Acesso em: 28-3-2012.

_____. Ministério do Turismo (2010e). "Sistema brasileiro de classificação de meios de hospedagem (SBClass): manual de identidade visual". Disponível em: www.dadosefatos.turismo.gov.br/dadosefatos. Acesso em: 28-3-2012.

_____. Ministério do Turismo (2012c). "Boletim desempenho das instituições financeiras federais no financiamento do setor de turismo". Disponível em: www.dadosefatos.turismo.gov.br/dadosefatos. Acesso em: 6-2-2012.

_____. Ministério do Turismo e Chias Marketing (2006a). "Plano de marketing turístico internacional do Brasil". Disponível em: www.dadosefatos.turismo.gov.br/dadosefatos. Acesso em: 14-3-2012.

_____. Ministério do Turismo e Fundação Getúlio Vargas (2005). "Pesquisa anual de conjuntura econômica do turismo". 2ª ed. Disponível em: www.dadosefatos.turismo.gov.br/dadosefatos. Acesso em: 12-4-2012.

_____. Ministério do Turismo e Fundação Getúlio Vargas (2009a). "Pesquisa anual de conjuntura econômica do turismo. 5ª ed. Disponível em: www.dadosefatos.turismo.gov.br/dadosefatos". Acesso em: 12-4-2012.

_____. Ministério do Turismo e Fundação Getúlio Vargas (2010b). "Estudo de competitividade dos 65 destinos indutores". Disponível em: www.dadosefatos.turismo.gov.br/dadosefatos. Acesso em: 11-3-2012.

_____. Ministério do Turismo e Fundação Getúlio Vargas (2010f). "Pesquisa anual de conjuntura econômica do turismo". 6ª ed. Disponível em: www.dadosefatos.turismo.gov.br/dadosefatos. Acesso em 12-4-2012.

_____. Ministério do Turismo e Fundação Getúlio Vargas (2011). "Pesquisa anual de conjuntura econômica do turismo". 7ª ed. Disponível em: www.dadosefatos.turismo.gov.br/dadosefatos. Acesso em: 12-4-2012.

_____. Ministério do Turismo e Fundação Getúlio Vargas (2012a). "Boletim de desempenho econômico do turismo", ano 8, nª 33. Disponível em: www.dadosefatos.turismo.gov.br/dadosefatos. Acesso em: 12-3-2012.

_____. Ministério do Turismo e Fundação Getúlio Vargas. "Proposta estratégica (s/a.). Prospostas estratégicas de organização turística da Copa do Mundo 2014". Disponível em: www.dadosefatos.turismo.gov.br/dadosefatos. Acesso em: 13-3-2012.

_____. Ministério do Turismo e Fundação Instituto de Pesquisas Econômicas (2012b). "Anuário estatístico de turismo – 2012", vol. 39 (ano-base 2011). Disponível em: www.dadosefatos.turismo.gov.br/dadosefatos. Acesso em: 6-2-2012.

_____. Ministério do Turismo e Fundação Instituto de Pesquisas Econômicas (2009b). Caracterização e dimensionamento do turismo doméstico no Brasil – 2007. Disponível em: www.dadosefatos.turismo.gov.br/dadosefatos. Acesso em: 6-2-2012.

_____. Ministério do Turismo, Fundação Instituto de Pesquisas Econômicas e SEBRAE (2006b). "Meios de hospedagem: estrutura de consumo e impactos na economia". Disponível em: www.dadosefatos.turismo.gov.br/dadosefatos. Acesso em: 6-2-2012.

BRASIL ECONÔMICO. "Após fusão, Allia inicia obras de dois novos hotéis". 2012. Disponível em: www.brasileconomico.com.br/noticias/nprint/95673.html. Acesso em: 28-8-2012.

BRAZIL HOSPITALITY GROUP. "Quem somos" (2012). Disponível em: http://www.bhg.net. Acesso em: 28-8-2012.

BROWN, J. R. & DEV, C. S. "Improving Productivity in a Service Business". Em *Journal of Service Research*, 2(4), 2000.

BRUCKS, M.; ZEITHAML, V. & NAYLOR, G. "Price and Brand Name as Indicators of Quality Dimensions for Consumer Durables". Em *Journal of the Academy of Marketing Science*, 28(3), 2000.

BSH TRAVEL RESEARCH (2005). "Hotéis econômicos no Brasil – 2005". Disponível em: www.bshinternational.com/TravelResearch. Acesso em: 10-2-2012.

_____. (2008). "Hotéis econômicos no Brasil – 2008". Disponível em: www.bshinternational.com/TravelResearch. Acesso em: 10-2-2012.

_____. (2009a). "Guia de oportunidade de investimento no Ceará". Disponível em: www.bshinternational.com/TravelResearch. Acesso em: 10-2-2012.

_____. (2009b). "Hotelaria de Luxo – São Paulo e Rio de Janeiro". Disponível em: http://www.bshinternational.com/TravelResearch. Acesso em: 10-1-2012.

_____. (2011). "Investimentos no Brasil: hotéis & resorts – 2011". Disponível em: www.bshinternational.com/TravelResearch. Acesso em: 10-2-2012.

_____. (2013). "Investimentos no Brasil: hotéis & resorts – 2013". Disponível em: www.bshinternational.com/TravelResearch. Acesso em: 26-1-2014.

BULL, A. *La economia del sector turístico*. Madri: Alianza Editorial, 1994.

BUTSCHER, S. A.; VIDAL, D. & DIMIER, C. "Managing Hotels in the Downturn: Smart Revenue Growth through Pricing Optimization". Em *Journal of Revenue and Pricing Management*, 8(5), 2009.

BUTUHY, J. C. "As leis municipais como fator de regulamentação da expansão hoteleira – o caso de São Paulo". Em *Revista Eletrônica de Turismo (RETUR)*, 4(1), 2005.

CAI, L. & Hobson, P. "Making Hotel Brands Work in a Competitive Environment". Em *Journal of Vacation Marketing*, 10(3), 2004.

CALDAS, P. D. *Uma abordagem na gestão de custos no setor de hospedagem dos hotéis nordestinos: um estudo de caso no Rio Grande do Norte e Pernambuco.* Dissertação de mestrado. Brasília: Universidade de Brasília, 2005.

CALLADO, A. L. C. *et al.* "Rentabilidade e indicadores de desempenho: uma análise do setor hoteleiro segundo as perspectivas do *balanced scorecard*". Em *Revista Pasos*, 9(1), 2011.

CAMARGOS, M. A. & DIAS, A. T. "Estratégia, administração estratégica e estratégia corporativa: uma síntese teórica". Em *Caderno de Pesquisas em Administração*, 10(1), 2003.

CAMISON, C. "Strategic Attitudes and Information Technologies in the Hospitality Business: an Empirical Analysis". Em *International Journal of Hospitality Management*, 19(2), 2000.

CANINA, L. & CARVELL, S. "Lodging Demand for Urban Hotels in Major Metropolitan Markets". Em *Journal of Hospitality & Tourism Research*, 29(3), 2005.

_____ & ENZ, C. A. "Revenue Management in U.S. hotels: 2001-2005". Em *Center for Hospitality Research Reports*, 6(8), 2006.

CARVALHO, C. E. *Relacionamento entre ambiente organizacional, capacidades, orientação estratégica e desempenho: um estudo no setor hoteleiro brasileiro.* Tese de doutorado. Biguaçu: Universidade do Vale do Itajaí, 2011.

CASTELLI, G. *Administração hoteleira.* 9ª ed. Caxias do Sul: EDUCS, 2001.

CHAN, E. S. W. & WONG, S. C. L. "Hotel Selection: When Price Is Not the Issue". Em *Journal of Vacation Marketing*, 12(2), 2006.

CHATHOTHA, P. K. & OLSEN, M. D. "Strategic Alliances: a Hospitality Industry Perspective". Em *Hospitality Management*, 22, 2003.

CHEN, J. J. & DIMOU, I. "Expansion Strategy of International Hotel Firms". Em *Journal of Business Research*, 58, 2005.

CHEN, M. J. "Competitor Analysis and Interfirm Rivalry: Toward a Theoretical Integration". Em *Academy of Management Review*, 21(1), 1996.

CHURCHILL, J. & PETER, J. *Marketing: criando valor para os clientes.* São Paulo: Saraiva, 2000.

CLARK, B. & MONTGOMERY, D. "Managerial Identification of Competitors". Em *Journal of Marketing*, 63(3), 1999.

COELHO, MHP. "Ocupação do setor de turismo no Brasil: análise da ocupação nas principais ACTs nos estados, regiões e Brasil". Em INSTITUTO DE PESQUISA ECONÔMICA APLICADA – IPEA, 2011. Disponível em: www.dadosefatos.turismo.gov.br/dadosefatos. Acesso em: 18-3-2012.

COLLINS, M. & PARSA, H. G. "Pricing Strategies to Maximize Revenues in the Lodging Industry". Em *Hospitality Management*, 25, 2006.

CONTRACTOR, F. & KUNDU, S. "Modal Choice in a World of Alliances: Analyzing Organizational Forms in International Hotel Sector". Em *Journal of International Business Studies*, 29(2), 1998a.

_____. "Franchising versus Company-Run Operations: Modal Choice in the Global Hotel Sector". Em *Journal of International Marketing*, 6(2), 1998b.

CRACOLICI, M. F. "The Attractiveness and Competitiveness of Tourist Destinations: a Study of Southern Italian Regions". Em *Tourism Management*, 30(3), 2009.

CROOK, T. R.; KETCHEN, D. J. & SNOW, C. C. "Competitive Edge: a Strategic Management Model". Em *Cornell Hotel and Restaurant Administration Quarterly*, 44(3), 2003.

CRUZ, D. F. & ANJOS, S. J. G. "La inteligencia competitiva aplicada a las redes hoteleras brasileñas". Em *Estudios y Perspectivas en Turismo*, 20, 2011.

DAMONTE, L. T.; DOMKE-DAMONTE, D. J. & MORSE, S. P. "The Case for Using Destination-Level Price Elasticity of Demand for Lodging Services". Em *Asia Pacific Journal of Tourism Research*, 3(1), 1998/1999.

DAVÉ, U. "US Multinational Involvement in the International Hotel Sector: an Analysis". Em *Services Industry Journal*, 4(1), 1984.

DELOITTE (2010). "Hospitality 2015: Game Changers or Spectators?". Disponível em: www.deloitte.com. Acesso em: 11-1-2012.

DEMIR, C. "How do Monetary Operations Impact Tourism Demand? The Case of Turkey". Em *International Journal of Tourism Research*, 6(2), 2004.

DEROOS, J. A. "Hotel Management Contracts – Past and Present". Em *Cornell Hospitality Quarterly*, 51(1), 2010.

DEV, C. S.; BROWN, J. R. & ZHOU, K. Z. "Global Brand Expansion: How to Select a Market Entry Strategy". Em *Cornell Hotel and Restaurant Administration Quarterly*, 48(1), 2007.

_____; ERRAMILLI, M. & AGARWAL, S. "Brands across Borders: Choosing between Franchising and Management Contracts for Entering International Markets". Em *Cornell Hotel and Restaurant Administration Quarterly*, 43(6), 2002.

_____; MORGAN, M. S. & SHOEMAKER, S. "A Positioning Analysis of Hotel Brands". Em *Cornell Hotel and Restaurant Administration Quarterly*, 36(6), 1995.

_____ *et al.* "Customer Orientation or Competitor Orientation: Which Marketing Strategy Has a Higher Payoff for Hotel Brands?". Em *Cornell Hospitality Quarterly*, 50, 2009.

DIAS, C. M. M. Home away from home: *evolução, caracterização e perspectivas da hotelaria, um estudo compreensivo*. Dissertação de mestrado. São Paulo: Universidade de São Paulo, 1990.

DIAS, R. & PIMENTA, M. A. *Gestão de hotelaria e turismo*. São Paulo: Pearson Prentice Hall, 2005.

DRIHA, O. M. *Evolución de la inversión hotelero-inmobiliaria española en el extranjero: 2000-2010*. Tese de doutorado. Alicante: Universidad de Alicante, 2012.

DUBÉ, L. & RENAGHAN, L. "Creating Visible Customer Value: How Customers View Best-Practice Champions". Em *Cornell Hotel and Restaurant Administration Quarterly*, 41(1), 2000.

DUNNING, J. & KUNDU, S. "The Internationalization of the Hotel Industry: Some New Findings from a Field Study". Em *Management International Review*, 35(2), 1995.

_____ & _____. "Multinational Corporations in the International Hotel Industry". Em *Annals of Tourism Research*, 4, 1982.

_____ & MCQUEEN, M. "The Eclectic Theory of the International Production: a Case Study of the International Hotel Industry". Em *Managerial and Decision Economics*, 2, 1981.

ECOLE HÔTELIÈRE DE LAUSANNE. *The Hotel Yearbook 2011*. Lausanne: Wade & Company S.A., 2011.

_____. *The Hotel Yearbook 2012*. Lausanne: Wade & Company S.A., 2012

EKINCI, Y.; PROKOPAKI, P. & COBANOGLU, C. "Service Quality in Cretan Accommodations: Marketing Strategies for the UK Holiday Market". Em *International Journal of Hospitality Management*, 22, 2003.

ENRIGHT, M. J. & NEWTON, J. "Tourism Destination Competitiveness: a Quantitative Approach". Em *Tourism Management*, 25(6), 2004.

ENZ, C. A. *Hospitality Strategic Management: Concepts and Cases*. New Jersey: John Wiley & Sons, Inc., 2010.

_____; CANINA, L. & LOMANNO, M. "Competitive Pricing Decisions in Uncertain Times". Em *Cornell Hospitality Quarterly*, 50(3), 2009.

ERNST & YOUNG (2011). "Global Hospitality Insights: Top Thoughts for 2011". Disponível em: www.ey.com/realestate. Acesso em: 10-3-2012.

_____. (2012). "Global Hospitality Insights: Top Thoughts for 2012". Disponível em: www.ey.com/realestate. Acesso em: 10-3-2012.

ERRAMILLI, M. K. "Entry Mode Choice in Service Industries". Em *International Marketing Review*, 7(5), 1990.

_____ & RAO, C. P. "Service Firms' International Entry-Mode Choice: a Modified Transaction Cost Approach". Em *Journal of Marketing*, 57, 1993.

EYSTER, J. "Hotel Management Contracts in the US: 12 Areas of Concern". Em *Cornell Hotel and Restaurant Administration Quarterly*, 38(3), 1997.

_____. "The Revolution in Domestic Management Contracts". Em *Cornell Hotel and Restaurant Administration Quarterly*, 34(1), 1993.

_____ & DEROOS, J. *The Negotiation and Administration of Hotel Management Contracts*. 4ª ed. Londres: Pearson Custom Publishing, 2009.

FANTINI, L. B. D. *Arquitetura hoteleira: avaliação de duas categorias na cidade de São Paulo*. 2 v. Dissertação de mestrado. São Paulo: Universidade de São Paulo, 2004.

FENG, R. & MORRISON, A. M. "Quality and Value Network: Marketing Travel Clubs". Em *Annals of Tourism Research*, 34, 2007.

FERNÁNDEZ, J. I. P.; CALA, A. S. & DOMECQ, C. F. "Critical External Factors Behind Hotels' Investments in Innovation and Technology in Emerging Urban Destinations". Em *Tourism Economics*, 17(22), 2011.

FLADMOE-LINDQUIST, K. & LAURENT, L. J. "Control Modes in International Service Operations: the Propensity to Franchise". Em *Management Science*, 41(7), 1995.

FÓRUM DOS OPERADORES HOTELEIROS DO BRASIL (FOHB) & HOTELINVEST (2010). "Placar da Hotelaria 2015: projeção da taxa de ocupação nas 12 cidades-sede da Copa do Mundo no Brasil". Disponível em: www.sp.senac.br/placardahotelaria. Acesso em: 10-3-2012.

_____. (2011). "Placar da Hotelaria 2015: projeção da taxa de ocupação nas 12 cidades-sede da Copa do Mundo no Brasil". 3ª ed. Disponível em: www.sp.senac.br/placardahotelaria. Acesso em: 10-3-2012.

_____. (2012). "Placar da Hotelaria 2015: projeção da taxa de ocupação nas 12 cidades-sede da Copa do Mundo no Brasil". 4ª ed. Disponível em www.sp.senac.br/placardahotelaria. Acesso em: 6-6-2012.

_____. (2014). "Placar da Hotelaria 2015: projeção da taxa de ocupação nas 12 cidades-sede da Copa do Mundo no Brasil". 6ª ed. Disponível em: www.sp.senac.br/placardahotelaria. Acesso em: 1-4-2014.

FRIGO, M. "Strategy-Focused Performance Measures". Em *Strategic Finance*, 84(3), 2002.

GÂNDARA, J. M.; HORRILLO, M. A. R. & HARO, C. S. "Gestión del conocimiento en cadenas hoteleras internacionalizadas: un análisis multicaso en la industria hotelera de Brasil". Em *Actas del XII Congreso de la Asociación Española de Expertos Científicos en Turismo*, 2010.

GARCÍA, F. & ARMAS, Y. "Relationship between Social-Environmental Responsibility and Performance in Hotel Firms". Em *International Journal of Hospitality Management*, 26(4), 2007.

GATIGNON, H. & ANDERSON, E. "The Multinational Corporation's Degree of Control over Foreign Subsidiaries: an Empirical Test of a Transaction Cost Explanation". Em *Journal of Law, Economics and Organization*, 4(2), 1988.

GAZETA DO POVO (2012). "Accor compra 29 hotéis na América do Sul do mexicano Posadas". Disponível em: www.jornaldelondrina.com.br/economia/conteudo.phtml?id=1275568. Acesso em: 28-8-2012.

GIAMBIAGI, F. *et al. Economia brasileira contemporânea*. 2ª ed. São Paulo: Elsevier, 2011.

GOBÉ, M. *Emotional Branding: The New Paradigm for Connecting Brands to People*. Nova York: Allworth, 2001.

GORINI, A. P. F. & MENDES, E. da F. "Setor de turismo no Brasil: segmento de hotelaria". Em *BNDES Setorial*, 22, Rio de Janeiro, BNDES, 2005. Disponível em: www.bndes.gov.br/SiteBNDES/export/sites/default/bndes_pt/Galerias/Arquivos/conhecimento/bnset/set2205.pdf. Acesso em: 13-2-2012.

GRAHAM, I. C. & HARRIS, P. J. "Development of a Profit Planning Framework in an International Hotel Chain: a Case Study". Em *International Journal of Contemporary Hospitality Management*, 11(5), 1999.

GUILLET, B. D.; ZHANG, H. Q. & GAO, B. W. "Interpreting the Mind of Multinational HotelInvestors: Future Trends and Implications in China". Em *International Journal of Hospitality Management*, 30, 2011.

GULATI, R. "Does Familiarity Breed Trust? The Implication of Repeated Ties for Contractual Choice in Alliances". Em *Academy of Management Journal*, 38, 1995.

HALL, C. M. *Tourism and Politics: Policy Power and Place*. Chichester: Wiley, 1996.

_____. *Planejamento turístico*. São Paulo: Contexto, 2001.

HANSON, B *et. al.* "Hotel Rebranding and Rescaling: Effects on Financial Performance". Em *Cornell Hospitality Quartely*, 50(3), 2009.

HARO, C. N. S. *Capital intelectual y gestión del conocimiento en el proceso de internacionalización de cadenas hoteleras a partir del paradigma de Dunning*. Tese de doutorado. Málaga: Universidad de Málaga, 2012.

HARRISON, J. S. "Strategic Analysis for the Hospitality Industry". Em *Cornell Hotel and Restaurant Administration Quarterly*, 44(2), 2003.

HASSANIEN, A. & BAUM, T. "Hotel Innovation through Property Renovation". Em *International Journal of Hospitality & Tourism Administration*, 3(4), 2002.

HAYES, D. K. & HUFFMAN, L. M. "Value Pricing: How Low Can You Go?". Em *Cornell Hotel and Restaurant Administration Quarterly*, 36, 1995.

HOLVERSON, S. & REVAZ, F. "Perceptions of European Independent Hoteliers: Hard and Soft Branding Choices". Em *International Journal of Contemporary Hospitality Management*, 18(5), 2006.

HORWATH HTL. (2012a). "Global Hotel Market Sentiment Survey March 2012". Disponível em: www.horwathhtl.com/hwHTL/Publications. Acesso em: 11-5-2012.

_____. (2012b). "Global Hotel Market Sentiment Survey August 2012". Disponível em: www.horwathhtl.com/hwHTL/Publications. Acesso em: 11-9-2012.

HOTEL INVESTMENT ADVISORS – HIA. "Lodging Industry in Numbers – Brazil". São Paulo: 2003, 2004, 2005, 2006 e 2007.

HOTELIER NEWS (2012). "FOHB aponta que plano Brasil maior traz avanços para a hotelaria". Disponível em: http://hoteliernews.com.br/2012/07/fohb-aponta-que-plano-brasil-maior-traz-avancos-para-a-hotelaria. Acesso em: 10-8-2012.

HOTELINVEST (2011). "Panorama da hotelaria brasileira 2010-2011." Disponível em: www.hotelinvest.com.br/panorama. Acesso em: 9-6-2012.

_____. (2012a). "Panorama da hotelaria brasileira 2011-2012". Disponível em: www.hotelinvest.com.br/panorama. Acesso em: 20-6-2012.

_____. (2013). "Panorama da hotelaria brasileira 2012-2013". Disponível em: www.hotelinvest.com.br/panorama. Acesso em: 26-1-2014.

HOY, F. & STANWORTH, J. *Franchising: an International Perspective.* Londres: Routledge, 2002.

HU, Y. & RITCHIE, J. R. B. "Measuring Destination Attractiveness: a Contextual Approach". Em *Journal of Travel Research*, 32(2), 1993.

HUSELID, M. A. "The Impact of Human Resources Management Practices on Turnover, Productivity, and Corporate Financial Performance". Em *Academy of Management Journal*, 38(3), 1995.

HVS (2008). "Brazilian Hotels and Global Recession: will Global Recession Impact Brazilian Lodging Markets?". Disponível em: www.hvs.com/ Library/Articles. Acesso em: 9-2-2012.

_____. (2009a). "HotelInvesting in Brazil". Disponível em: www.hvs.com/ Library/Articles. Acesso em: 9-2-2012.

_____. (2009b). "Brazilian Hotel Market Overview 2008-2009". Disponível em: www.hvs.com/Library/Articles. Acesso em: 11-2-2012.

_____. (2010a). "Brazilian Hotel Market Overview 2009-2010". Disponível em: www.hvs.com/Library/Articles. Acesso em: 11-2-2012.

_____. (2010b). "Financiamento para Hotéis". Disponível em: www.hvs. com/Library/Articles. Acesso em: 11-2-2012.

_____. (2010c). "The Obstacles do Make New Hotels Feasible". Disponível em: www.hvs.com/Library/Articles. Acesso em: 11-2-2012.

IGNARRA, L. R. *Fundamentos do turismo.* São Paulo: Pioneira, 1999.

_____ & FUNCIA, T. "Hotelaria econômica: administração de hotéis em um segmento promissor". Em *Observatório de Inovação do Turismo, 2 (edição especial – BSH International)*, 2007.

INFRAERO (2012). "Estadísticas". Disponível em: www.infraero.gov.br/ index.php/es/estadisticas-de-los-aeropuertos.html. Acesso em: 18-7-2012.

INGRAM, H. "Hospitality: a Framework for a Millennial Review". Em *International Journal of Contemporary Hospitality Management*, 11(4), 1999.

INGRAM, P. & BAUM, J. "Survival Enhancing Learning in the Manhattan Hotel Industry, 1898-1980". Em *Management Science*, 44(7), 1998.

_____ & INMAN, C. "Institutions, Intergroup Competition, and the Evolution of Hotel Populations around Niagara Falls". Em *Administrative Science Quarterly*, 41(4), 1996.

INSTITUTO BRASILEIRO DE GEOGRAFIA E ESTATÍSTICA – IBGE (2010). "Economia do turismo: uma perspectiva macroeconômica 2003-2007". Disponível em: www.ibge.gov.br/home/estatistica/economia/industria/economia_tur_20032007/. Acesso em: 18-2-2012.

_____ (2012a). "Pesquisa de serviços de hospedagem 2011: municípios das capitais, regiões metropolitanas das capitais regiões integradas de desenvolvimento". Disponível em: ftp://ftp.ibge.gov.br/Comercio_e_Servicos/Pesquisa_Servicos_de_Hospedagem/2011/psh2011.pdf. Acesso em: 23-4-2012.

_____ (2012b). Disponível em: http://www.ibge.gov.br. Acesso em: 19-7-2012.

INTERNATIONAL CONGRESS AND CONVENTION ASSOCIATION – ICCA (2014). Disponível em: www.iccaworld.com. Acesso em: 19-7-2012.

INTERNATIONAL MONETARY FUND (2012). "World Economic Outlook: an Update of the Key WEO Projections". Disponível em: www.imf.org/external/publications. Acesso em: 10-2-2012.

JANG, S. & TANG, C. "Simultaneous Impacts of International Diversification and Financial Leverage on Profitability". Em *Journal of Hospitality & Tourism Research*, 33, 2009.

JIANG, W.; DEV, C. & RAO, V. "Brand Extension and Customer Loyalty: Evidence from the Lodging Industry". Em *Cornell Hotel and Restaurant Administration Quarterly*, 43(4), 2002.

JOHNSON, C. & VANETTI, M. "Locational Strategies of International Hotel Chains". Em *Annals of Tourism Research*, 32(4), 2005.

JONES LANG LASALLE (JLL) (2008, 2009 e 2010). "Lodging Industry in Numbers: Brazil". São Paulo.

_____ (2011a). "HotelInvestment Outlook 2011". Disponível em: www.joneslanglasallehotels.com/hotels. Acesso em: 11-5-2012.

_____ (2011b). "Lodging Industry in Numbers: Brazil 2011". Disponível em: www.joneslanglasallehotels.com/hotels. Acesso em: 11-5-2012.

_____ (2012a). "Latin America HotelInvestor Sentiment Survey: May 2012". Disponível em: www.joneslanglasallehotels.com/hotels. Acesso em: 18-6-2012.

_____ (2012b). "Lodging Industry in Numbers: Brazil 2012". Disponível em: www.joneslanglasallehotels.com/hotels. Acesso em: 11-8-2012.

_____ (2012c). "Global Real Estate Transparency Index 2012". Disponível em: www.joneslanglasallehotels.com/hotels. Acesso em: 15-8-2012.

_____ (2013). "Lodging Industry in Numbers: Brazil 2013". Disponível em: www.joneslanglasallehotels.com/hotels. Acesso em: 26-1-2014.

_____ (2014). "Hotel Investment Outlook: Global 2014". Disponível em: www.joneslanglasallehotels.com/hotels. Acesso em: 15-6-2014.

JONES, P. "Multi-Unit Management in the Hospitality Industry: a Late Twentieth Century". Em *International Journal of Contemporary Hospitality Management*, 11(4), 1999.

KANG, K. H.; LEE, S. & HUH, C. "Impacts of Positive and Negative Corporate Social Responsibility Activities on Company Performance in the Hospitality Industry". Disponível em: *International Journal of Hospitality Management*, 29, 2010.

KAPLAN, R. S. & NORTON, D. P. *The Execution Premium: Linking Strategy to Operations for Competitive Strategy*. Boston: Harvard Business Press, 2008.

KARMARKAR, U. "Will You Survive the Services Revolution?". Em *Harvard Business Review*, 75, 2004.

KELLER, K. L. & LEHMANN, D. R. "How do Brands Create Value?". Em *Marketing Management*, 12(3), 2003.

KIM, B. Y. & OH, H. "How do Hotel Firms Obtain a Competitive Advantage?". Em *International Journal of Contemporary Hospitality Management*, 16(1), 2004.

KIM, J. & CANINA, L. "Competitive Sets for Lodging Properties". Em *Cornell Hospitality Quarterly*, 52(1), 2011.

KIM, W. G. & KIM, H. B. "Measuring Customer-Based Restaurant Brand Equity: Investigating the Relationship between Brand Equity and Firms' Performance". Em *Cornell Hotel and Restaurant Administration Quarterly*, 45(2), 2004.

KLEMENT, C. F. F. *Inovação em serviços: estudo de casos de uma organização da indústria hoteleira brasileira*. Tese de doutorado. São Paulo: Universidade de São Paulo, 2007.

KNOWLES, T. *Corporate Strategy for Hospitality*. Londres: Longman, 1996.

KOGUT, B. & SINGH, H. "The Effect of National Culture on the Choice of Entry Mode". Em *Journal of International Business Studies*, outono, 1988.

KWORTNIK, R. J. "Carnival Cruise Lines: Burnishing the Brand". Em *Cornell Hotel and Restaurant Administration Quarterly*, 47(3), 2006.

LAGE, B. H. G. *Turismo: teoria e prática*. São Paulo: Atlas, 2000.

LANE, V. & JACOBSON. R. "Stock Market Reactions to Brand Extension Announcements". Em *Journal of Marketing*, 59, 1995.

LAVILLE, C. & DIONNE, J. *A construção do saber*. Belo Horizonte: UFMG, 1999.

LEE, S. & PARK, S. "Do Socially Responsible Activities Help Hotel and Casino Achieve their Financial Goals?". Em *International Journal of Hospitality Management*, 28(1), 2009.

LEONARD-BARTON, D. *Wellsprings of Knowledge: Building and Sustaining the Sources of Innovation*. Boston: Harvard Business School Press, 1995.

LEONE, R. *et al.* "Linking Brand Equity to Customer Equity". Em *Journal of Service Research*, 9(2), 2006.

LEWIS, J. D. *Partnerships for Profit*. Nova York: Free Press, 1990.

LIMA, R. A. P. F. *O avanço das redes hoteleiras internacionais no Brasil: 1994 – 2002*. Dissertação de mestrado. São Paulo: Universidade de São Paulo, 2003.

LIMA Jr., J. R. & ALENCAR, C. T. "Foreign Investment and the Brazilian Real Estate Market". Em *International Journal of Strategic Property Management*, 12, 2008.

LITTLELJOHN, D. & BEATTIE, R. "The European Hotel Industry. Corporate Structures and Expansion Strategies". Em *Tourism Management*, mar. de 1992.

LIU, P. "Real Estate Investment Trusts: Performance, Recent Findings, and Future Directions". Em *Cornell Hospitality Quarterly*, 51(3), 2010.

LLOYD-JONES, A. R. & RUSHMORE, S. "Recent Trends in Hotel Management Contracts". Em *Real Estate Finance Journal*, 12(1), 1996.

LOCKYER, T. "Understanding the Dynamics of the Hotel Accommodation Purchase Decision". Em *International Journal of Contemporary Hospitality Management*, 17(6), 2005.

LUO, Y. *Entry and Cooperative Strategies in International Business Expansion*. Westport: Quorum Books, 1999.

MAHAJAN, V. V.; RAO, V. R. & SRIVASTAVA, R. "An Approach to Assess the Importance of Brand Equity in Acquisition Decisions". Em *Journal of Product Innovation Management*, 11, 1994.

MARKIDES, C. "A Dynamic View of Strategy". Em *Sloan Management Review*, 40, 1999.

MARODIN, T. G. & AMARAL, P. D. A. do. "Em busca da vantagem competitiva: uma análise do posicionamento estratégico da rede Atlantica de hotéis". Em *XIII Seminário da Associação Nacional de Pesquisa e Pós-graduação em Turismo*, 1-12, 2011.

MARQUES, J. A. *Introdução à hotelaria*. Bauru: Edusc, 2003.

MARTÍN, J. *Orientación al mercado y proceso de internacionalización de las empresas*. Tese de doutorado. Málaga: Universidade de Málaga, 2003.

MARTORELL CUNILL, O. *Cadenas hoteleras: análisis del top 10*. Barcelona: Ariel, 2002.

_____. *The Growth Strategies of Hotel Chains*. Vol. 1. Nova York: The Haworth Hospitality Press, 2006.

_____ & Forteza, C. M. *Estrategias de crecimiento de las cadenas hoteleras*. Madri: Editorial FITUR, 2003.

_____ & _____. "The Franchise Contract in Hotel Chains: a Study of Hotel Chain Growth and Market Concentrations". Em *Tourism Economics*, 16(3), 2010.

_____; _____ & ROSSELLÓ, M. "Valuing Growth Strategy Management by Hotel Chains Based on the Real Options Approach". Em *Tourism Economics*, 14(3), 2008.

MEDLIK, S. & INGRAM, H. *The Business of Hotels*. 4ª ed. Oxford: Butterworth – Heinemann, 2000.

MEURER, R. "International Travel: the Relationship between Exchange Rate, World GDP, Revenues and the Number of Travellers to Brazil". Em *Tourism Economics*, 16(4), 2010.

MIEYAL HIGGINS, S. "Independent Relish Individuality". Em *Hotel & Motel Management*, 221(21), 2006.

MIGUEL, I. C. *Uma análise do diferencial competitivo de hotéis associados a cadeias hoteleiras internacionais*. Dissertação de mestrado. Rio de Janeiro: Fundação Getúlio Vargas, 2001.

MINTZBERG, H.; AHLSTRAND, B. & LAMPEL, J. *Safári de estratégia*. Porto Alegre: Bookman, 2000.

_____ & QUINN, J. B. *O processo da estratégia*. Porto Alegre: Bookman, 2001.

MORGAN, M. S. & DEV, C. "Defining Competitive Sets of Hotel Brands through Analysis of Customer Brand Switching". Em *Journal of Hospitality & Leisure Marketing*, 2(2), 1994.

MULLIGAN, P. & GORGON, S. R. "The Impact of Information Technology on Customer and Supplier Relationships in the Financial Services". Em *International Journal of Service Industry Management*, 13(1), 2002.

NAMASIVAYAM, K.; ENZ, C. A. & SIGUAW, J. A. "How Wired Are We? Selection and Use of New Technology in US hotel". Em *Cornell Hotel and Restaurant Administration Quarterly*, 41(6), 2000.

NEVES, I. A.; SEMPREBOM, E. & LIMA, A. A. "Copa 2014: expectativa e receptividade dos setores hoteleiro, gastronômico e turístico na cidade de Curitiba". Em *Anais do SIMPOI 2011*, 2011.

NICOLAU, J. L. "Corporate Social Responsibility: Worth-Creating Activities". Em *Annals of Tourism Research*, 35(4), 2008.

_____ & SELLERS, R. "The Effect of Quality on Hotel Risk". Em *Tourism Economics*, 17(1), 2011.

O'CONNOR, P. *Distribuição da informação eletrônica em turismo e hotelaria*. Porto Alegre: Bookman, 2001.

O'NEILL, J. W. & CARLBÄCK, M. "Do Brands Matter? A Comparison of Branded and Independent Hotels' Performance during a Full Economic Cycle". Em *International Journal of Hospitality Management*, 30, 2011.

_____ & MATTILA, A. S. "Hotel Brand Strategy". Em *Cornell Hospitality Quarterly*, 51(1), 2010.

_____ & _____. "Hotel Branding Strategy: Its Relationship to Guest Satisfaction and Room Revenue". Em *Journal of Hospitality & Tourism Research*, 28(2), 2004.

_____ & _____. "Strategic Hotel Development and Positioning: the Effects of Revenue Drivers on Profitability". Em *Cornell Hotel and Restaurant Administration Quartely*, 47(2), 2006.

_____ & XIAO, Q. "The Role of Brand Affiliation in Hotel Market Value". Em *Cornell Hotel and Restaurant Administration Quarterly*, 47(3), 2006.

OLSEN, M. D.; WEST, J. J. & TSE, E. C. Y. *Strategic Management in the Hospitality Industry*. 4ª ed. New Jersey: Prentice Hall, 2008.

OLSON, M. S. & DEREK, V. B. *Stall Points, Most Companies Stop Growing – Your doesn't Have to*. New Haven: Yale University Press, 2008.

ORGANIZAÇÃO DAS NAÇÕES UNIDAS (ONU) (2011). "World Economic Situation and Prospects. Disponível em: www.un.org/development". Acesso em: 12-2-2012.

ORLITZKY, M.; SCHMIDT, F. L. & RYNES, S. L. "Corporate Social Responsibility and Financial Performance: a Meta-Analysis". Em *Organization Studies*, 24(3), 2003.

PACIELLO, P. M. R. *et al*. "Copa do Mundo de 2014 e a estabilização do mercado de *Real Estate*". Em *XI Conferência Internacional da LARES – Latin American Real Estate Society*, 2011.

PARKHE, A. "Interfirm Diversity, Organizational Learning and Longevity in Global Strategic Aliances". Em *Journal of International Business Studies*, 22, 1991.

PEDROSA, M. A. & SOUZA, E. C. L. "Atitude empreendedora no setor hoteleiro brasileiro: um estudo em pequenos e grandes hotéis no Distrito Federal". Em *Turismo Visão e Ação*, 11(3), 2009.

PEREIRA, L. L. & FERREIRA, W. R. "Avaliação da competitividade turística das cidades-sede da Copa do Mundo de 2014 por meio da Análise por Envoltória de Dados (DEA)". Em *VIII Seminário da Associação Nacional de Pesquisa e Pós-graduação em Turismo*. Balneário Camboriú, 2011.

PEREIRA, Y. V. & LUCENA, E. A. "O papel dos líderes nas estratégias da Accor Hotels do Brasil". Em *Turismo – Visão e Ação*, 10(1), 2008.

PÉREZ MORIONES, A. *El contrato de gestión hotelera*. Valência: Tirant Lo Blanch, 1998.

PETERAF, M. A. "The Cornerstones of Competitive Advantage: A Resource-Based View". Em *Strategic Management Journal*, 14(3), 1993.

PICCOLO, D. R. *Distribuição espacial da hotelaria de rede no estado do Paraná*. Dissertação de mestrado. Curitiba: Universidade Federal do Paraná, 2011.

PINHEIRO, J. L. A. *Hotelaria: um estudo de caso da Rede Othon de Hotéis*. Dissertação de mestrado. Rio de Janeiro: Fundação Getúlio Vargas, 2002.

PLA, J. & LEÓN, F. *Dirección de empresas internacionales*. Madri: Pearson Education, 2004.

PORTAL 2014 (2012). "A arena dos negócios da Copa". Disponível em: www.portal2014.org.br. Acesso em: 2-9-2012.

PORTER, M. "What Is Strategy?". Em *Harvard Business Review*, nov.-dez. de 1996.

PORTER, M. E. *Competitive Strategy: Techniques for Analysing Industries and Competitors*. Nova York: Free Press, 1980.

PRAHALAD, C. K. & HAMEL, G. "The Core Competence of the Corporation". Em *Harvard Business Review*, mai.-jun. de 1990.

_____ & RAMASWAMY, V. *O futuro da competição: como desenvolver diferenciais inovadores em parceria com os clientes*. Rio de Janeiro: Elsevier, 2004.

PRASAD, K. & DEV, C. "Model Estimates Financial Impact of Guest Satisfaction Efforts". Em *Hotel and Motel Management*, 217(14), 2002.

PREBLE, J.l; REICHEL, A. & HOFFMAN, R. "Strategic Alliances for Competitive Advantage: Evidence from Israel's Hospitality and Tourism Industry". Em *Hospitality Management*, 19, 2000.

PROSERPIO, R. *O avanço das redes hoteleiras internacionais no Brasil*. São Paulo: Aleph, 2007.

QUAN, D. C.; LI, J. & SEHGAL, A. "The Performance of Lodging Properties in an Investment Portfolio". Em *Cornell Hotel and Restaurant Administration Quarterly*, 43, 2002.

RAMÓN RODRIGUEZ, A. *La expansión del sector hotelero español*. Madri: Alfagráfic, 2002.

RAMOS, S. E. V. C. *A dinâmica da localização da hotelaria curitibana no período de 1966 a 2008*. Tese de doutorado. Curitiba: Universidade Federal do Paraná, 2010.

REVISTA HOTÉIS (2011). "Vai um empréstimo aí?". Ano 9, edição 98. Disponível em: www.revistahoteis.com.br/materias/7-Especial/173-Vai-um-emprestimo-do-BNDES-ai. Acesso em: 18-8-2012.

RIBEIRO, H. C. *A hotelaria na cidade de Porto Alegre: gestão de redes e gestão familiar*. Dissertação de mestrado. Caxias do Sul: Universidade de Caxias do Sul, 2005.

RICCI, G. L. *Desempenho e controle em pequenas e médias empresas: estudo do setor hoteleiro da região central do estado de São Paulo*. Dissertação de mestrado. São Carlos: Universidade de São Paulo, 2010.

RIVERS, M. J.; TOH, R. S. & ALOUI, M. "Frequent-Stayer Programmes: the Demographic, Behavioural, and Attitudinal Characteristics of Hotel Steady Sleepers". Em *Journal of Travel Research*, 30(2), 1991.

RUSHMORE, S. & BAUM, E. *Hotels and Motels: Valuations and Market Studies*. Chicago: Appraisal Institute, 2001.

_____ & GOLDHOFF, G. "Hotel Value Trends: Yesterday, Today and Tomorrow". Em *Cornell Hotel and Restaurant Administration Quarterly*, 38(6), 1997.

SAHAY, A. "How to Reap Higher Profits with Dynamic Pricing". Em *MIT Sloan Management Review*, 48, 2007.

SAKATA, M. C. G. *Tendências metodológicas da pesquisa acadêmica em turismo*. Dissertação de mestrado. São Paulo: Universidade São Paulo, 2002.

SANTOS, F. M. & BASTOS, J. M. "Notas sobre a expansão das redes hoteleiras nacionais e internacionais". Em *Anais do VI Seminário de Pesquisa em Turismo do Mercosul* (*Saberes e Fazeres do Turismo: Interfaces*), 2010.

SCOTT JR., A. F. "Franchising vs Company Ownership as a Decision Variable of the Firm". Em *Review of Industrial Organization*, 10, 1995.

SECOVI (2012). "Manual de melhores práticas para hotéis de investidores imobiliários pulverizados". Disponível em: www.secovi.com.br/files/Downloads/manual-hotelariapdf.pdf. Acesso em: 18-4-2012.

SHANE, S. "The Effect of National Culture on the Choice between Licensing and Direct Foreign Investment". Em *Strategic Management Journal*, 15(8), 1994.

SHARMA, A. & UPNEJA, A. "Factors Influencing Financial Performance of Small Hotels in Tanzania". Em *International Journal of Contemporary Hospitality Management*, 17(6/7), 2005.

SILVA, I. O. F. "O avanço da rede hoteleira em Salvador e na Costa dos Coqueiros: 1996 a 2006". Em *Obervatório de Inovação do Turismo*, 2(3), 2007.

SPOLON, A. P. G. *Chão de estrelas: hotelaria e produção imobiliária em São Paulo, 1995 a 2005*. Dissertação de mestrado. São Paulo: Universidade de São Paulo, 2006.

STANWORTH, J. & CURRAN, J. "Colas, Burgers, Shakes and Shirkers: Towards a Sociological Model of Franchising in the Market Economy". Em *Journal of Business Venturing*, 14(4), 1999.

SUCH DEVESA, M. J. *La financiación de la multinacionales hoteleras españolas*. Madri: Delta, 2007.

SWARBROOKE, J. & HORNER, S. *O comportamento do consumidor no turismo*. São Paulo: Aleph, 2002.

SZYMANSKI, D. M. & BUSCH, P. S. "Identifying the Generics-Prone Consumer: a Meta-Analysis". Em *Journal of Marketing Research*, 24(4), 1987.

TAVITIYAMAN, P.; QU, H. & ZHANGC, H. Q. "The Impact of Industry Force Factors on Resource Competitive Strategies and Hotel Performance". Em *International Journal of Hospitality Management*, 30, 2011.

TEIXEIRA, R. M. "Desempenho e obstáculo ao crescimento de pequenos negócios hoteleiros em Curitiba". Em *Turismo Visão e Ação*, 14(1), 2012.

_____. "Desempenho e obstáculos enfrentados para a sobrevivência e crescimento de pequenos negócios hoteleiros em Curitiba". Em *VII Seminário da Associação Nacional Pesquisa e Pós-graduação em Turismo*. São Paulo: Universidade Anhembi Morumbi, 2010.

THE EUROPEAN CONSUMER CENTRES' NETWORK – ECC-Net. *Classification of Hotel Establishments within the EU*. Cyprus, 2009.

THE WORLD BANK (2012). "Global Economic Prospects 2012: Uncertainties and Vulnerabilities". Disponível em: www.worldbank. org/reference. Acesso em: 12-2-2012.

THOMPSON JR., A. A. & STRICKLAND III, A. J. *Planejamento estratégico: elaboração, implementação e execução*. São Paulo: Pioneira, 2004.

TOLLINGTON, T. *Brand Assets*. Chichester: John Wiley & Sons Ltd., 2002.

TOMAÉL, M. I. *et al.* "A contribuição do processo de inteligência competitiva para a inovação nas organizações". Em VALENTIM, M. L. P. (org.). *Informação, conhecimento e inteligência organizacional*. Marília: Fundepe, 2006.

TOWNSEND, J. D.; YENIYURT, S. & TALAY, M. B. "Getting to Global: an Evolutionary Perspective of Brand Expansion in International Markets". Em *Journal of International Business Studies*, 40, 2009.

TSE, E. C. Y. "An Empirical Analysis of Organizational Structure and Financial Performance in the Restaurant Industry". Em *International Journal of Hospitality Management*, 10(1), 1991.

TURISMO VISÃO E AÇÃO. "Termos gerais em hotelaria". Em *Turismo – Visão e Ação*, 2(4), 2000.

TUZEL, S. "Corporate Real Estate Holdings and the Cross-Section of Stock Returns". Em *Review of Financial Studies*, 23, 2010.

VALLEN, G. K. & VALLEN J. J. Check-in, check-out: *gestão e prestação de serviços em hotelaria*. 6ª ed. Porto Alegre: Bookman, 2003.

VALOR ECONÔMICO (2010). "A indústria hoteleira no Brasil: mercado, perspectivas, perfis de empresas". Disponível em: www.valor.com.br. Acesso em: 13-3-2012.

WANG, D. S. & SHYU, C. L. "Will the Strategic Fit between Business and HRM Strategy Influence HRM Effectiveness and Organizational Performance?". Em *International Journal of Manpower*, 29(2), 2008.

WATKINS, E. "Readers React to Rate Dilemma". Em *Lodging Hospitality*, 59(8), 2003.

WEAVER, P. A. & HEUNG, C. O. "Do American Business Travellers Have Different Hotel Service Requirement?". Em *International Journal of Contemporary Hospitality Management*, 5(3), 1993.

WEI, S. *et al.* "Uses of the Internet in the Global Hotel Industry". Em *Journal of Business Research*, 54(3), 2001.

WONG, K. K. F. & KWAN, C. "An Analysis of the Competitive Strategies of Hotels and Travel Agents in Hong Kong and Singapore". Em *International Journal of Contemporary Hospitality Management*, 13(6), 2001.

WORLD ECONOMIC FORUM (2011a). "The Global Competitiveness Report 2011-2012". Disponível em: www.weforum.org/reports/global-competitiveness-report-2011-2012. Acesso em: 12-5-2012.

_____ (2011b). "The Travel & Tourism Competitiveness Report 2011: beyond the Downturn". Disponível em: www.weforum.org/reports/travel-tourism-competitiveness-report-2011. Acesso em: 12-5-2012.

_____ (2013). "The Travel & Tourism Competitiveness Report 2013: Reducing Barriers to Economic Growth and Job Creation". Disponível em: www3.weforum.org/docs/WEF_TT_Competitiveness_Report_2013.pdf. Acesso em: 26-1-2014.

YOUNG, S.; HAMILL, J. & WHEELER, C. *International Market Entry and Development*. Prentice Hall, 1989.

Este livro foi composto com as fontes Palatino Linotype e Amira,
impresso em papel offset 90 g/m² no miolo e cartão supremo 250 g/m² na capa,
nas oficinas da Vida & Consciência Gráfica, em Novembro de 2014.